玄武门的血

北溟玉 —— 著

中国文史出版社
CHINA CULTURAL AND HISTORICAL PRESS

图书在版编目（ＣＩＰ）数据

玄武门的血 / 北溟玉著 . -- 北京 : 中国文史出版
社 , 2022.9
ISBN 978-7-5205-3658-5

Ⅰ . ①玄… Ⅱ . ①北… Ⅲ . ①中国历史—唐代—通俗
读物 Ⅳ . ① K242.09

中国版本图书馆 CIP 数据核字 (2022) 第 164797 号

责任编辑：梁玉梅

出版发行：中国文史出版社

社　　址：北京市海淀区西八里庄 69 号院　　邮编：100142
电　　话：010-81136606 81136602 81136603（发行部）
传　　真：010-81136655
印　　装：北京新华印刷有限公司
经　　销：全国新华书店
开　　本：16 开
印　　张：18　字数：241 千字
版　　次：2023 年 3 月北京第 1 版
印　　次：2023 年 3 月第 1 次印刷
定　　价：56.00 元

· 目录 ·

第一章
一切的一切都始于这个男人

·

·

　　李渊之所以沉迷于声色犬马，醉心于收受贿赂，并非本性使然，而是为了作秀给隋炀帝看：表弟你可瞧好了，表哥我是一个生活奢侈、贪污腐化、没什么进取心的人。这样一个胸无大志的人，对皇帝陛下您能有什么威胁呢？

扒一扒李渊家的家族史

一切的一切，其实都始于这个男人——李渊。李渊，表字叔德，北周天和元年（566年）生于当时世界上数一数二的大都市长安（即今西安）。稍有点儿历史常识的人都知道，此人乃是中国历史上光芒万丈的大唐帝国的开国皇帝，庙号高祖，赫赫有名的唐太宗李世民正是他的儿子。

讲隋末唐初的历史，尤其是讲"玄武门之变"，李渊绝对是一个无法回避的角色。我们之所以无法绕开，除了因为他是李建成和李世民的老爹以外，还有一个很重要的原因，那就是：他的一系列错误决策直接促成了后来那场兄弟阋墙的人间悲剧。对于"玄武门之变"，李渊负有不可推卸的责任。

此外，李渊本身就是一个值得我们细细琢磨的人。咱们首先来了解一下李渊的家世。李唐皇室始终自称且坚称，上古时代与尧、舜、禹并称"四圣"的大贤皋陶是他们老李家的始祖。皋陶官居"大理"。"大理"大致就相当于今天的最高人民法院首席大法官。皋陶死后，他的绝大部分子孙就以祖先的官职——理——为姓氏。久而久之，"理"就慢慢地变成了"李"。李渊表示，皋陶肯定是他们家的祖先。所以，他当上皇帝之后，便追尊皋陶为德明皇帝。

这还不止，李渊和他的龙子龙孙们还说了，道教的创始人老子李耳也是他们的老祖宗。李耳头上的光环可要比皋陶多多了，他既是我国古代著名的思想家，也是享誉世界的文化名人。他老人家写了一篇名为

《道德经》的文章，只有区区五千多字，还不够本科生毕业论文的长度呢。结果，这篇文章居然被翻译成了一千多个外文版本，是被翻译成外语语种最多的中国书籍！

道教形成以后，李耳的自然属性发生了翻天覆地的变化，由凡夫俗子升格为神，成了著名的"太上老君"，位列仙班，长生不死，还曾经用火残忍地虐待过珍稀野生动物——石猴（孙悟空）。李渊的玄孙——唐明皇李隆基——在天宝二年（743年）尊奉李耳为皇帝，庙号大圣祖，又于天宝十三载上尊号为大圣祖高上大广道金阙玄元天皇大帝。

瞧瞧，李渊他们家的这些个祖先，不是圣人，就是神人。总而言之，言而总之，不是凡人。就照这阵势，李渊不当皇帝，那简直就是天理难容、人神共愤啊！如果真这么想，那李渊这小子估计都该乐得挠棺材板儿了。

事实上，并没有证据表明皋陶和李耳是李唐皇族的祖先，既没有遗传学的证据，也没有族谱学的证据。至于皋陶和李耳之间是否存在血缘关系，都需要打上一个大大的问号。所有的一切都是李唐皇族的一面之词，有点儿意淫的味道。

既然没有证据，那李渊为什么还要言之凿凿地说自己是皋陶和李耳的后代呢？这个问题的答案，我其实已经告诉大家了。内里隐含着这样一个逻辑：我家的祖先不是圣人就是神人，这说明我们李家有德。所以，我李渊和我的子孙们当皇帝那是天命所归，是理所应当的事。

事实上，已知最早的确信是李渊直系祖先的是这一位：李暠。论辈分，李渊应该称呼李暠一声"太太太太太爷爷"。此人在中国历史上也算是小有名气。他一手缔造了东晋十六国中的西凉王国，文韬武略均十分了得。李暠一生以恢复汉族正统为己任，虽然称王，但仍然对偏安江南的东晋王朝奉表称臣。他也是那个时期著名的文学家，一生"通涉经史"，"玩礼敦经"，著有《靖公堂颂》《述志赋》和《槐树赋》等多篇文章。

东晋安帝义熙十三年（417年）二月，李暠病逝，他的混蛋儿子李歆继位。李歆"繁刑峻法","大兴土木",搞得西凉"人力凋残,百姓愁悴",仅维持三年即为北凉所灭。李歆生子李重耳,李重耳生子李熙,李熙生子李天锡,李天锡生子李虎,李虎生子李昞。李渊正是李昞的儿子。

李渊后来能登上皇帝宝座,其实最应该感谢的人是他的爷爷李虎。因为,正是这位李虎为老李家的雄起打下了坚实的基础。老李家世代行伍,是关陇地区的军事贵族,不过只是小贵族。这是因为,老李家从李暠的儿子李歆以后就破落了,一直到李虎的父亲李天锡这一代,都只是中下层军官而已。

这种情况在李虎这一代发生了变化。李虎参与了好友兼长官宇文泰的政治投机。结果,宇文泰的事业像滚雪球一样越做越大。李虎沾了光,也是水涨船高,不断升迁。西魏大统十六年(550年),皇帝元宝炬颁发了一道敕书,将"柱国大将军"这一光荣称号授予八名高级军事将领,时人称为"八柱国家"。李虎正是其中之一。

北周建立的时候,李虎已经去世六年了。但是,他仍然被宇文氏列为开国第一功臣,赐姓大野氏,追封唐国公。李唐的国号就来源于李虎。

有这么厉害的父亲,李昞顺理成章地成为北周的骠骑大将军。后来,他和一个名叫普六茹那罗延的年轻人都娶了八柱国之一的独孤信的女儿做老婆。再后来,他协助连襟普六茹那罗延发动政变,夺取了北周的国家政权。再再后来,普六茹那罗延登基称帝,改国号为隋,并且恢复了自己的汉族姓名——杨坚。杨坚投桃报李,册封连襟李昞为唐国公。

李昞育有四子一女,长子李澄、次子李湛和三子李洪全都早死,只留下老四李渊和女儿同安公主。我一直怀疑,李渊这厮命太硬,克人。他有三个哥哥,按说唐国公的封号怎么轮都不会轮到他的身上。但是,三个哥哥竟然全都早逝,老李家的男儿就剩他一个了。紧接着,在他七岁那年,老爹李昞也死了,小屁孩儿李渊便承袭了唐国公的爵位。

大唐"第一家庭"成员简介

好了，了解完李渊的家族史，接下来再来了解一下他的家庭。

李渊的老婆窦氏是一个"怪胎"。根据《旧唐书》的记载，这位小娘子毛发系统极其发达，生来就是长发垂肩，三岁的时候头发已经可以当墩布使了。"后生而发垂过颈，三岁与身齐"，您瞅瞅，不是"怪胎"是什么？

我国古代十分讲究门当户对，身为唐国公李渊老婆的窦氏同样出身于世家大族。她的老爹是北周的上柱国窦毅，老妈则是北周武帝宇文邕的姐姐襄阳长公主。也就是说，她是北周武帝的皇外甥女。周武帝十分喜欢外甥女那满头飘逸的长发，于是便将她养在了宫中。

宇文邕很快就发现，他的外甥女虽然头发长，但见识可不短。当时，突厥已经成为帝国北方最严重的边患。迫于突厥"逼婚"的压力，周武帝不得不娶了突厥公主做皇后。可能是因为这位突厥公主长得比较含蓄，也可能是因为对包办婚姻不满，反正周武帝对突厥公主是既没有兴趣，也没有性趣。

年幼的窦小姐看在眼里，急在心中。逮着一个机会，她偷偷地对舅舅说："人家突厥比咱厉害，舅舅你要以天下的老百姓为重，学会控制自己的感情，不时地抚慰抚慰皇后。这个我就不说了，你懂的。如果突厥肯帮助咱们，那么南朝和东北的异族就不足为患了。"一个小孩，而且还是个女子，居然深知国际政治关系的要义，实在是不简单哪！

周武帝听了，暗暗称奇。打这以后，他真的就听了外甥女的建议，时不时地去"抚慰抚慰"突厥老婆。小两口儿的私生活和谐了，北周与突厥的关系也就和谐了。

名将长孙晟听说这件事之后，对窦氏惊为天人。这个老头考虑得比较长远："如此奇人，生下的孩子也必定不是凡人。咱家孩子以后可以考虑和她的孩子结亲。"后来，长孙晟去世以后，由他的大舅哥高士廉做主，将长孙晟的小女儿嫁给窦氏的二儿子李世民。这个女孩就是后来的长孙皇后。

窦小姐十二岁那年，中国发生了一件大事儿。北周外戚杨坚从宇文邕的孙子手上接管了国家政权，建立了隋朝。窦小姐听说此事后，直接从床上扑到地下，一边哭一边恨恨地说："可恨我不是男儿身，不能救舅舅一家。"

她爹老窦闻言大惊，一把捂住她的嘴："我的姑奶奶啊，小点儿声！"

害怕归害怕，不过事后，窦毅却为拥有这样的女儿而感到自豪。他对老婆说："咱们家闺女不是一般人，我们要为她好好挑选夫婿。"

这老两口都是急性子，说办就办。为了给女儿挑好夫婿，窦毅绞尽脑汁，最终想出了一个前无古人、后无来者的方法。他在大门前设了一道屏风，上面画了两只孔雀。窦毅说了，谁要是能用两支箭射中孔雀的眼睛，他就把姑娘许配给谁。

上柱国窦毅的女儿谁不想要啊？招亲那天，锣鼓喧天，鞭炮齐鸣，红旗招展，真是人山人海。来的人，里三层，外三层，挤满了半条街，伸手一试的也不在少数。但结果是，"前后数十辈莫能中"。

然后，李渊这小子就来了。只见他张弓搭箭，"嗖嗖"就是两箭。窦毅还没反应过来呢，就听见围观的人群一阵惊呼。两个十环，全都正中孔雀的眼睛。事已至此，还有什么好说的，李渊两箭就捡了一个漂亮媳妇儿。这件事实在是太精彩了，以至于一向板着面孔的史官都忍不住用略带调皮的笔触记述道："就这样，窦氏成了咱家陛下的人喽！"（"遂归于我帝。"）

婚后，李渊和窦氏的感情非常好，育有四子一女。长子李建成生于隋文帝开皇九年（589年）。女儿（名字不详，即后来的平阳公主）生于

玄武门的血

开皇十八年（598 年）。次子李世民生于开皇十八年十二月戊午日，也就是公元 599 年 1 月 23 日。三子李玄霸和李世民同年所生。四子李元吉生于隋文帝仁寿三年（603 年）。

李建成、李世民和李元吉是我们故事的主角，有关他们的情况以后介绍。我且在这里表一表李玄霸。

有人说了，你怎么会犯如此低级的错误，地球人都知道，李家老三名叫李元霸，你怎么叫他李玄霸呢？

嘿嘿，这就孤陋寡闻了。李三从娘胎里面出来的时候便叫李玄霸。一直到清朝康熙朝以前，历代的史书和人们都管他叫李玄霸。但是，到了康熙帝的时候，情况就发生了变化。大家都知道，康熙的名字叫爱新觉罗·玄烨。在那个年代，皇帝名字里的每一个字都是禁字，除了皇帝他妈能叫，其他人连说都不能说。也正是因为这个缘故，李玄霸就变成了李元霸。考虑到列位对"李元霸"这三个字耳熟能详，我便也称呼他为李元霸吧。

这李元霸不仅是个人名，更是个名人，其知名度之大，一点儿都不亚于李世民，甚至有过之而无不及。时至今日，甚至是普通的农村老大爷、老大娘都知道这个人，而且提起李元霸来是滔滔不绝、绘声绘色。这全都是拜《说唐》《兴唐传》《瓦岗英雄传》《隋唐演义》等通俗文学作品和《隋唐英雄传》等影视作品所赐。

根据《说唐》的记载，李元霸不是人，他是天上的大鹏金翅鸟投胎转世，"年方十二岁，生得尖嘴缩腮，一头黄毛簇在中间。戴一顶乌金冠，面如病鬼，骨瘦如柴，力大无穷。两臂有四象不过之勇，捻铁如泥，胜过汉时项羽。一餐斗米，食肉十斤。用两柄铁锤，四百斤一个，两柄共有八百斤，如缸大一般。坐一骑万里云，天下无敌"。

李元霸不仅长得奇怪，而且武功极其高强，在隋朝十八好汉当中排名第一。没人能在他的手下走上三个回合，真正是打遍天下无敌手。四明山一战，他击败十八路反王二十三万大军，打死大将五十员，赤手撕裂伍天锡、宇文成都两员猛将。紫金山一战，李元霸面对一百八十万军队毫无惧色，一对金锤好似苍蝇拍，只杀得尸山血海，迫使李密交出玉玺，十八路反王献上降表。

再然后，这位牛人在回家路上就被老天爷给干掉了，"只见风云四起，细雨霏霏，少顷虹电闪烁，霹雳交加。那雷声只在元霸头上噼里啪啦地响，犹如打下来的光景。元霸大怒，把锤指天大叫：'呔！你天为何这般可恶，照少爷的头响？也罢！'把锤往空中一撩，抬头一看，那四百斤重的锤掉将下来，'扑'的一声正中在元霸脸上，翻身跌下马来"。

如此看来，这李元霸是个典型的武夫，四肢发达，头脑简单。确切地讲，他不是头脑简单，而是个彻头彻尾的白痴。诸位想啊，正常人谁会用锤子去打天？李元霸简直就是傻蛋兼无敌猛霸王。

真的吗？真的——才怪！

《新唐书》对李元霸只有短短的一段记载："卫怀王玄霸字大德。幼辩惠。隋大业十年薨，年十六，无子。武德元年，追王及谥，又赠秦州总管、司空。以太宗子泰为宜都王，奉其祀，葬芷阳。泰徙封越，更以宗室西平王琼子保定嗣。薨，无子，国除。"

但仅从这一段当中，我们就可以推出如下几点：

首先，李元霸不是傻蛋，他的智商其实是非常高的，"幼辩惠"，不仅聪明，而且口才也很好。

其次，李元霸根本就没有参与隋末群雄的纷争。大业十年的时候，他已经死掉了。此时，很多反王尚未形成气候，他的老爹还没有造反呢。话说回来了，李元霸死的时候很年轻，只有十六岁，纵然他真有惊天地、泣鬼神的本领，可惜时不与之，英年早逝，徒唤奈何啊！

李渊其人

　　唐高祖李渊到底是一个怎样的人呢？这是一个值得认真探讨的问题。多年以来，呈现在我们脑海中的李渊，始终是一个以李世民大帝父亲的身份出现的李渊，始终是一个在李世民的光环照耀之下的李渊。我们认识李渊，评价李渊，总是离不开李世民的影子。

　　在很多以初唐为背景的文学影视作品当中，李世民都被塑造成一个相当有才且帅到掉渣的绝种好男人。他看到隋王朝气数将尽，为了拯救天下苍生，设计劝说自己的父亲，举起了反隋的义旗。他身怀韬略，南征北战，扫荡群雄，逐鹿宇内，为大唐打下了一片大大的疆土。他重情重义，对狭隘偏激、嫉贤妒能的大哥建成和四弟元吉百般忍让。最后，实在是被逼到了绝路上，他才在部下的怂恿下，不得不做出了反击。不仅如此，在私生活方面，李世民还是一个大众情人，无数个性迥异、美艳不可方物的女孩争着抢着往他的怀里钻。总而言之，李世民集人世间所有的优点于一身，完美得不能再完美了。

　　与之相反，李渊却被塑造成了反面的典型：他懦弱且愚忠，隋炀帝暴戾无常、鱼肉百姓，他却不敢起兵；他好色而迂腐，贪恋美色，生活奢侈，追求享乐；他才具微薄，无力驾驭群雄，大唐帝国实际上是他儿子李世民打下来的；他胸无大志，毫无心计，遇事手足无措，缺乏领袖才能……拜这些影视文学作品所"赐"，在很多人的印象当中，李渊都是一个微不足道，甚至可有可无的人。他之所以能登上皇帝宝座，仅仅因为他是英明神武的李世民大帝的父亲。

　　这是真的吗？未必！

　　这对父子反差的实质完全可以用一句话来概括，叫作：以坏衬好，方显世民本色。

今天，我要对李渊说一声："李渊，是时候了，掀起你的盖头来吧！"

翻开《旧唐书·高祖本纪》，我们会发现，李渊这家伙的仕途简直是顺得不能再顺了。

开皇元年（581年），李渊即被授予千牛备身的职务。有人问了，千牛备身到底是个什么职务啊？从字面意思来推断，是不是与孙大圣曾经干过的弼马温相类似的"弼牛温"啊？

错！大错特错！千牛备身与那泼猴完全扯不上关系。不过，倒是可以比照李连杰电影《中南海保镖》来理解。千牛备身基本上就是中南海保镖的意思，只不过还需要在后面加上一个"长"字。也就是说，李渊入仕的起点便是皇帝卫队的卫队长。这个没办法，谁让当朝皇帝是人家的姨夫呢！紧接着，李渊被下放外地锻炼，先后干过谯、陇、岐三州的刺史（相当于市长）。隋炀帝大业初年（605年），李渊百尺竿头更进一步，在荥阳、楼烦两郡干了一段时间的太守（相当于今日的省长）后，便迅速进入中央，担任殿内少监。八年后，李渊已经是正三品的卫尉少卿了。大业九年（613年），李渊又被迁为弘化郡太守，"知关右诸郡军事"，十二年（616年），迁右骁卫将军。一年后，李渊更是被任命为北方军事重镇太原的留守，成了威震一方的封疆大吏。

客观地讲，李渊的成长进步，确实有姨夫隋文帝、姨母独孤皇后和表弟隋炀帝"特别关照"的因素。但是，我认为，李渊官运亨通的主要原因，还是在于他出众的个人能力。事实上，李渊不是一般的有能力，而是超有能力。

首先，李渊的箭术十分高超，堪称当世一绝。前文已经提到他"雀屏中选"的传奇故事了。这里，我再补充一段真事。说是大业十一年（615年），李渊奉皇帝表弟之命，前往山西、河东镇压农民军，与母端儿率领的义军激战于龙门。

按说，一般的将帅都是站在阵中，拔出利剑，向前一挥，说些"兄弟兄们，给我上"之类的狠话，而后自己躲在后面，看着士卒们往前冲。

李渊不是，他用行动向众人证明了什么叫作将门虎子。地位荣耀的唐国公李渊居然仅带着十余骑出击。他连发七十箭，箭无虚发，一箭一个，硬是击溃了数千敌军，而且最后还从敌人的尸首上把这七十支箭完完整整地收了回来。

厉害不？传奇不？威武不？这是其一。

其二，李渊的四肢固然发达，但他的头脑更发达。大业十三年（617年），可恶的突厥再次兴兵犯境。时任太原留守的李渊奉命迎击突厥。当时，隋军主力未到，兵力严重不足，根本无法与突厥铁骑正面对抗，情势十分危急。

紧要关头，李渊却镇定自若，毫不慌乱。最令人称奇的是，他居然组织手下的小弟给突厥人表演射猎、赛马等文体活动。

这种严重不按常理出牌的行为把突厥人搞蒙了。不会吧？不打仗，却办起了那达慕？这里面一定有鬼！于是乎，突厥人一个个小眼瞪小眼，军心大动，不敢与隋军交战。李渊趁势反击，傻乎乎的突厥人措手不及，大败而归。

其三，李渊的人品非常好。《旧唐书》对李渊给予了相当高的评价，"（高祖）倜傥豁达，任性真率，宽仁容众，无贵贱咸得其欢心"。应该承认，这个评价基本属实。

先说"倜傥"。李渊兼任晋阳宫宫监的时候，就睡了皇帝的两个女人（此事以后会讲到）。当皇帝之前，他有五子三女，在当皇帝和太上皇的十八年间，他一口气接连生了十七个儿子、十六个闺女。诸位，你们说李渊倜傥不倜傥？

再谈"豁达"。玄武门事变那一天，李渊一下子就失去了两个心爱的儿子。按理说，老年丧子，白发人送黑发人，实乃人生一大悲事也，一个老人受此打击，应该是命不久矣。但实际的情形是，李渊在事变之后，仍然开心快乐地活了九年。够豁达吧？

其他的什么"宽仁容众""无贵贱咸得其欢心"也都是事实。要不然，史书也不会有"高祖历试中外，素树恩德，及是结纳豪杰，众多款附"的记载了。这样平易近人的领导，当然会有人来投靠了。

但"任性真率"这一点却完全是扯淡。一来，李渊不任性；二来，他也不是一个率真的人。恰恰相反，李渊实际上是一个伪君子。最喜欢干的事情就是忽悠，最擅长的就是装蒜。

这一点，从以下这件事就可以看出来。不知从何时起，隋都大兴（今陕西省西安市）的市里坊间突然流传起一段儿歌。这首儿歌很短，翻来覆去只有六个字："桃李子，有天下。"都不用翻译成白话文，大家就可以看出来，这句话的内容相当之大逆不道，预示着一个姓李的男人将会拥有天下。这首禁歌很快就传遍了大兴的大街小巷，最后都传到皇宫里面去了。

隋炀帝很快就听到了这首歌谣，气得嘴歪眼斜，暴跳如雷。发完飙之后，他就开始寻思：谁会是预言当中所说的姓李之人呢？杨广很快就锁定了表哥李渊。他下敕，让李渊从驻地弘化来谒见自己。

可巧，李渊当时偶感风寒，正卧病在床。他也没多想，还以为表弟要请他去喝酒呢，便以身体不适为由，婉拒了杨广。杨广还以为李渊是做贼心虚，疑心更重了。

李渊有个妹妹，就是后来的同安长公主。同安的女儿王氏是杨广的小老婆。

一天，杨广在行宫中溜达的时候，无意中碰到了王氏，便问道："你舅舅怎么不来啊？"

王氏回答说："我舅舅生病了。"

杨广听了，气就不打一处来，吹胡子瞪眼睛地说了一句相当真诚的话："他能死吗？"

当然了，重要的不是事件本身，而是这件事后李渊的反应。听说皇帝龙颜大怒后，李渊十分恐惧。他明白自己已经引起了隋炀帝的不满和猜忌。如果换作一般人，可能早已吓得手足无措了，而后便是绞尽脑汁、想尽办法地去解释、去弥补。

李渊的不同凡响之处在此时得到了最大限度的体现。史书是这么说的："高祖闻之益惧，因纵酒沉湎，纳贿以混其迹焉。"

什么意思呢？就是说李渊听了之后十分害怕，不过他却并没有解释辩白，而是终日纵情声色，饮酒作乐，还收起了黑金。关键是那个"混"字，相当有内涵。中国文字的博大精深之处就在于：有时候，一个简简单单的字的背后却隐藏着无数引人深思的韵味。李渊之所以沉迷于声色犬马，醉心于收受贿赂，并非本性使然，而是为了作秀给隋炀帝看：表弟你可瞧好了，表哥我是一个生活奢侈、贪污腐化、没什么进取心的人。这样一个胸无大志的人对皇帝陛下您能有什么威胁呢？

李渊的装蒜也确实收到了效果。杨广觉得，他的这个表哥不可能是那个预言之子。所以，就在大业十一年（615年），杨广放心地起用李渊，派他前往山西、河东镇压农民起义军。两年后，李渊便被提拔为太原留守。

抉择在"大隋号"行将覆没之际

李渊的表弟杨广是中国历史上有名的大暴君。这一点，地球人都知道。但是，大家可能不知道，杨广同时也是个大才子。才子隋炀帝，暴君隋炀帝，天使与魔鬼就这么奇迹般地融为一体了。中国历史有一条铁律：越是有才的暴君，越会败家，败得越快。杨广就堪称遵循这条铁律的领军人物。

杨广喜欢讲排场，所以他当上皇帝以后，大型工程是一个接着一个，修建东都洛阳、开凿大运河等，没完没了；他喜欢开疆拓土，所以隋朝连年对外用兵，平吐谷浑、打通西域、击西突厥、收服流求、攻拔林邑、宾服赤土等，同样是没完没了；他还喜欢出游，在位十三年，居然先后出游八次，其中三次是到风光旖旎的江南游玩……他所干的每一件事，都要花费大量的民脂民膏。很快，杨广就将他爹杨坚攒下来的家底败了个差不多。老百姓苦不堪言，怨声载道。

按说到了这个节骨眼儿上，隋炀帝也该警醒了。可是，他非但不节制自己的欲望，反而变本加厉，又要去征讨东北的强敌高句丽。终于，天下的老百姓受不了啦。

面对隋炀帝这个浑球儿，隋朝百姓忍啊忍，忍啊忍，差点儿忍成了忍者神龟，满以为自己的忍让会在有生之年满足皇帝陛下的欲望。谁承想，杨广这厮根本就是欲壑难填，给几分阳光他就要灿烂，给几分颜色他就想开染坊，蹬鼻子上脸。终于，他们忍无可忍了。

大业七年（611年），在第一次征辽战争的前夕，一个名叫王薄的人在长白山（在今山东省章丘境内）点燃了隋末农民大起义的烽火。为了吸引更多的百姓入伙，他还特地创作了一首《无向辽东浪死歌》："长白山头知世郎，纯著红罗锦背裆，长稍侵天半，轮刀耀日光。上山吃獐鹿，下山吃牛羊。忽闻官军至，提剑向前荡。譬如辽东死，斩头何所伤？"

王薄一夜成名，他的肖像画马上就贴遍了山东各州府郡县的城墙。那颗原本不值钱的脑袋现在也是有市无价。

偶像的力量是巨大的。受王薄的感召，越来越多的百姓揭竿而起，同隋炀帝死磕。王薄就好比是一串鞭炮上第一个被点燃的炮仗，他的爆炸引起了后面的连环爆炸。起义的烽火很快就席卷了山东全境。

到了这个时候，杨广还不警醒。第一次征讨高句丽失利后，他紧接着又发动了第二次征讨高句丽的战争。正是这场战争的发动，使得山东起义的星星之火飘散到全国各地。而且，一股新的力量也加入了造反大军的行列。

这股新的力量，就是隋朝的官吏们。

第一个吃螃蟹的人就是隋朝礼部尚书杨玄感。大业九年（613年）六月初三，杨玄感占据黎阳，起兵造反，兵力很快就发展到十万之众。虽然这次反叛在两个月后就被平定了，但杨玄感在隋朝的官员队伍中起到了十分不好的示范作用。

发生了这样的事情，隋炀帝理应认真反思，吸取教训才是。隋炀帝也确实这样做了，不过他思考的方向完全错了："玄感一呼而从者十万，益知天下人不欲多，多即相聚为盗耳。不尽加诛，则后无以劝。"结果，因杨玄感造反一事株连被杀者多达三万人，流放六千余人，搞得大隋朝的官僚集团人心惶惶，众人离心离德。

当然了，隋朝的官僚也并非全是酒囊饭袋，许多有识之士都建议隋炀帝攘外需先安内，停止征讨高句丽，休养生息，招安各路起义军，稳定国内形势。但是，一意孤行的隋炀帝就是要冒天下之大不韪，就是要强奸民意，他又发动了第三次征讨高句丽的战争，致使局势失控。三次征讨高句丽的战争，让大隋的国库出现了可怕的赤字。农民起义已呈燎原之势，大有席卷全国的势头。

罗艺、梁师都、刘武周、薛举等帝国官吏相继举起了反叛的旗帜。越来越多的隋朝官吏加入到反叛的行列当中。他们的倒戈成为压倒大隋这头骆驼的最后一根稻草。隋炀帝好像在玩打地鼠的游戏一般，这边摆平了一个，那边又冒出一个，疲于奔命，累得跟匹马似的。

"不是我不明白，而是这世界变化太快"，这句歌词可谓李渊此时心态的最佳写照。剧变的时事不断刺激着李渊的神经。眼看"大隋号"就要触礁沉没了，是继续为老杨家卖命、与之共存亡，还是自顾自、另谋出路呢？

有人说了，这还有什么可想的？赶紧跳槽啊。没错，这是一般人的选择。具体到李渊这里，情况就大不相同了。李渊压根就没考虑过跳槽的事情。因为，他无槽可跳。放眼天下，只有大隋托拉斯这一家国有公司，他能往哪里跳呢？当然了，还有一些草头王、草头皇创办的民营企业。但是，以李渊的身份，就算把他打死，他也不会去丢那个人。

李渊是一个精明的实用主义者，他可不会为了个"忠孝"的虚名，做行将倾覆的"大隋号"的陪葬人。于是，在亲信党羽裴寂、刘文静和二儿子李世民的鼓动下，李渊于大业十三年（617年）五月二十日，在晋阳正式起兵。七月，李渊以老四李元吉为镇北将军、太原留守，自己携长子李建成、次子李世民率三万精锐向西挺进。由于战略得当，这一年的十一月初九，李渊的义军便攻入了隋都大兴。

入主大兴之后，李渊并没有立即称帝，而是拥立隋炀帝的孙子代王杨侑为帝，是为隋恭帝，改大业十三年为义宁元年，将远在江都的隋炀帝尊为"太上皇"。李渊自封唐王，并身兼假黄钺、使持节、大都督内外诸军事、尚书令、大丞相等要职，将政治、经济、军事方面的大权通通收入囊中。在李渊的授意下，杨侑封李大为唐王世子，李二为京兆尹、秦国公，李四为齐国公。

翌年三月，隋炀帝在江都被杀。紧接着，五月二十日，正好是晋阳起兵一周年之际，李渊正式登上了皇帝宝座，改国号为唐，建元武德。大唐帝国就此诞生，中国历史又掀开了崭新的一页。

六月初七，李渊立长子建成为皇太子，次子世民为秦王，四子元吉为齐王。咱们的故事就从这一刻开始了……

第二章
李家三儿郎

·

·

　　李世民篡改史书已成史家定论。自古以来，从来没有哪个皇帝对自己起居注的关注程度能够超越李世民。为了以坏衬好，尽显世民本色，贞观朝的史臣们秉承唐太宗的心意，对李建成的历史活动和成就贡献，要么绝口不提，要么胡编乱造，以间接地彰显和衬托李世民的伟大功绩，从而给人们留下了一种"李世民暴力夺位既合情又合理"的历史印象。

我能看看起居注吗？

前文已经说了，李渊和老婆窦氏一共生育了四个儿子。三子李元霸早死，活下来的是长子李建成、次子李世民和四子李元吉。李建成生于隋文帝开皇九年（589年）。李世民生于开皇十九年（599年）年初。李元吉生于隋文帝仁寿三年（603年）。也就是说，李建成要比李世民大十岁，李世民则比李元吉大四岁。

俗话说得好，一龙生九子，九子各不同。李家三儿郎虽是一母所生，但性格却各有不同。咱们首先来了解一下老大李建成。

无论是过去，还是现在，世人对李建成的评价基本上呈一边倒的态势。他的形象相当欠佳，愚昧无能、阴谋家、贪酒好色……不一而足。我们之所以会对李建成有这样的认识，其实完全是拜唐史三大权威读本——《旧唐书》《新唐书》和《资治通鉴》——所赐。三者当中，刘昫挂名、赵莹等人编著的《旧唐书》问世最早，成书于五代后晋时期。宋祁、欧阳修等人编纂的《新唐书》次之，成书于北宋仁宗嘉祐五年（1060年）。司马光等人编写的《资治通鉴》最晚，成书于北宋神宗年间（1068—1085）。

三者有关初唐部分的史料来源却是一致的，都来自李世民本人的起居注。

我国古代有这样一项不成文的传统，即由史官负责记载君主每天的起居言行，称为"起居注"。起居注是编修国史的第一手资料。秉公执笔，如实记载，不虚美，不隐恶，这本是史家一贯坚持的神圣原则，即便是皇帝都无权过问。因此，历代帝王都不会去看起居注，以保证史官可以无所顾忌地履行自己的职责。这是自春秋以来近千年历史沉淀所形成的良好传统。一千年来，没有一位帝王看过自己的起居注。

但是，这个不成文的传统到了唐太宗李世民这里却被打破了。

贞观十六年（642年），心血来潮的唐太宗突然想到要看看自己的起居注。他问兼任史官的褚遂良："我说褚爱卿啊，我能看看自己的起居注不？"

褚遂良当时就被雷蒙了，想了好久，才委婉地回答："史官撰写起居注，绝对是秉笔直书，善恶皆记，这多少会起到规避君王恶行的作用。不过，迄今为止，还从来没听说过有哪一个君王会看自己的起居注。"

李世民有点儿不爽，便直接问褚遂良："那我要是有什么做得不对的地方，你也会记录下来吗？"

褚遂良被逼无奈，还是委婉地回道："这是我的职责啊，不敢不记。"

一旁的刘洎比较强硬："陛下你就死了这条心吧。就算是褚遂良不记，天下人也都会记着的。"

李世民十分不爽，但也只好把这口气强咽到肚子里。其实，早在贞观九年（635年），他就想揭开起居注的神秘面纱。

这一次，他找的是房玄龄："史官编写的起居注为什么都不让君王阅看呢？"

房玄龄说："陛下，这是因为史官要秉笔直书，如实记录君主的功过得失。君王如果看到关于自己过失的记载，就会不高兴。所以，史官都不敢给君王看起居注。"

李世民趁机表态："哦，这么做是对的。不过，朕想看看自己的起居注，好了解了解自己的过失，以便在以后的日子里加以改正。这样才能成为一个好君王嘛！"

房玄龄很为难。谏议大夫朱子奢也站出来阻止，说得比较委婉："陛下你英明神武，看看自己的起居注当然没什么了，可是您的子孙们如果群起而效仿怎么办？万一他们动了掩饰自己缺点和短处的念头，那以后还有信史可言吗？"

但很明显，李世民这一回是王八吃秤砣——铁了心了，脑袋摆得跟拨浪鼓似的，非要看这个起居注不可。房玄龄无奈，只好将起居注删节为实录给他看。

事实证明，李世民不是圣人。他对自己的许多恶行曲意隐瞒，授意史官进行了修改，从此就开了皇帝干涉史官的恶劣先例。

有关李建成其人的人品与事迹，便在改动之列。

李世民其实是非法暴力夺权，为了证明自己夺权的合理性，他便对李建成、李元吉等人肆意"抹黑"，将其塑造成愚昧无能、贪酒好色的反面典型。究其本质，无外乎就是以坏衬好，借以树立李世民伟大光荣正确的光辉形象。

清末民初思想家章太炎在《书唐隐太子传后》中明确指出："太宗既立，惧于身后名，始以宰相监修国史，故两朝《实录》无信辞。"

所以啊，《旧唐书》《新唐书》和《资治通鉴》中有关初唐历史的记载存在着很强的政治性和虚假性，相当一部分是不可信的。比较可信的典籍其实是这一本——《大唐创业起居注》。

为什么这么说呢？大家只要看看这本书的作者是谁就明白了。《大唐创业起居注》的作者赫然就是李渊的大将军府记室参军温大雅。温大雅本人亲身参与了自晋阳起兵到李渊称帝这三百五十七天内的所有重大历史事件。而且，他是以写日记的手法完成这本书的。也就是说，他每天看到一点儿，就记录下一点儿，并不是集中大量时间进行专门的写作，这就确保了第一手资料的真实性和准确性。

史书中的李建成好似一具木乃伊

好了，有了这个铺垫，我们重归主题，来看看真实的太子李建成究竟是一个怎样的人……

连日来，我埋头于书山之中，从那些浩如烟海的唐史资料之中，努力地搜寻着历史真相的蛛丝马迹。好在皇天不负有心人，经过连日的查阅与思考，我终于能够以高度负责的态度告诉大家：你们从两部唐书当中看到的那个李建成其实不是一个活着的人，而是一具木乃伊。在他的身躯面目之上，缠绕着一层又一层厚厚的纱布。正是这些纱布的存在，使得我们无法准确地认识这位失意的太子。

《新唐书·列传第四》只用了一句话，就概括了李建成的人品和性格："资简弛，不治常检，荒色嗜酒，畋猎无度，所从皆博徒大侠。"这句话翻译成现代汉语是这样的：李建成这个人啊，没什么才能和本事，资质平庸，吊儿郎当。而且，他奢侈腐化，荒淫好色，纵欲无度，尤其喜欢酗酒和打猎。物以类聚，人以群分，跟随他的那些人也都不是什么好东西，全是一些滥赌鬼和无业游侠之类的刁民。

如果这么看，这历史上的李建成比我们从影视文学作品当中看到的那个李建成还要逊色，还要坏。然而，从唐代开始，就已经有无数的史家和有识之士，通过细心的勘验发现，这完全是李世民编造的谎言。

历史上的李建成是否真的是一个资质平庸、能力泛泛的人？

答案当然是否定的。

西河之战是李渊晋阳起兵之后的第一仗，战略意义非比寻常。是谁仅仅用了九天的时间（含路上往来时间和吃饭休息时间）就拿下了西河？是谁在一路上与士兵们"等其甘苦，齐其休息"，遇到紧急情况，身先士卒，一马当先？又是谁沿途秋毫无犯，瓜果蔬菜都是用白银大钱买自老百姓的？答曰：李建成。

霍邑大捷以后，唐军在河东城下兵分两路。就在李世民沿渭水经略关中、西向包抄大兴的时候，是谁率军进屯永丰仓，紧紧地扼守住潼关，使得隋将屈突通无法西援大兴，使得中原的李密无法趁机入关，从而彻底扫清了李世民的后顾之忧？答曰：李建成。

大兴城下，义军与隋军鏖战数月，毫无进展。关键时刻，是谁的军队第一个突破大兴的城防，为这场旷日持久的战争画上了句号，李唐因此而得以建国，蜀地的势力因此而不得不依附于李唐，西秦霸王薛举所部也因此而成为独处西北的孤军？答曰：李建成。

玄武门的血

李建成，李建成，还是李建成……还用我多说吗？至于什么"荒色嗜酒""畋猎无度""所从皆博徒大侠"，更是子虚乌有。因为，即使我们翻烂了唐史，也找不到一个实例来证明李建成是那样的人。

"荒色"？怎么个荒法，是逼良为娼了，还是强抢民女了？荒了多少个女人，十个，一百个，还是一千个？这些女人姓甚名谁，哪里人氏，家住何处？完全没有提嘛！说李建成与李渊的女人勾搭成奸，请问谁看到了，此人又姓甚名谁，官居何职，家住何处？

这样的污蔑，就连司马光都看不惯了，他老人家义正词严地记述道："李建成和李元吉都曲意侍奉各位妃嫔，奉承、献媚、贿赂、馈赠，无所不用，以求得皇上的宠爱。也有人说他们与张婕妤、尹德妃私通，宫禁幽深神秘，此事无从证实。"

事实上，李建成仅有太子妃郑氏一个女人，膝下也仅有六子一女。

"嗜酒"？怎么个嗜法，是用勺子舀着喝，还是捧着酒坛子喝？多久喝一次？一次能喝多少？还是没有提。

至于"所从皆博徒大侠"，更是让人又好气又好笑。温大雅在《大唐创业起居注》中明确说了："太子及王俱禀圣略，倾财赈施，卑身下士，逮乎鬻缯博徒、监门厮养，一技可称，一艺可取，与之抗礼，未尝云倦，故得士庶之心，无不至者。"根据这条记载可以看出，李建成和李世民其实是同一类人，都是那种很得人心的主儿。

近代史学大家陈寅恪先生也曾说过："然高祖起兵太原，李建成即与太宗各领一军。及为太子，其所用官僚如王珪、魏征之流即后来佐成贞观之治的名臣，可知李建成亦为才智之人。至于李元吉者，尤以勇武著闻，故太宗当日相与竞争之人，绝非庸懦无能者。"

李世民篡改史书已成史家定论。自古以来，从来没有哪个皇帝对自己起居注的关注程度能够超越李世民。为了以坏衬好，尽显世民本色，贞观朝的史臣们秉承唐太宗的心意，对李建成的历史活动和成就贡献，要么绝口不提，要么胡编乱造，以间接地彰显和衬托李世民的功绩伟大，从而给人们留下了一种"李世民暴力夺位既合情又合理"的历史印象。

在这里，历史还真成了"被人随意打扮的小姑娘"。可惜啊，正如那句名言所说，"你可以欺骗所有人于一时，可以欺骗部分人于一世，但却无法欺骗所有人于一世"。被刻意包裹的历史总会存在着若干的缝隙，从这些缝隙当中总是不经意漏下些许历史本真的朦胧影子。这样，后人们就能透过这些影子去艰难地探索历史的本来面目了。

虽然朦胧，虽然艰难，但是真相终将大白于天下。

因为，历史始终还是无私的，公道自在人心。

雄才伟略的李世民

陕西武功，坐落在渭水北岸。这座城市虽然不算大，但却是渭河平原上农牧业发达的富饶之乡。此地地处关中，靠近长安，历来都是封建贵族的聚居地。

大隋开皇十八年十二月戊午日，也就是公元 599 年 1 月 23 日，李渊的二儿子就诞生在武功的一座别馆内。当时，李渊刚刚卸任谯州刺史，正在赶往岐州上任的途中。武功别馆很可能是李渊一家的中途落脚之所。

据史书记载，生李二的那天，发生了神奇的超自然现象：不知从什么地方冒出两条顽皮的龙，在武功别馆外打闹嬉戏个不停，整整折腾了三天，才意犹未尽地离去。据我之见，此事纯属扯淡。生下李二后，李渊就带着一家老小来到了岐州。

李二四岁那一年，突然有个书生要求见李渊。书生说了，他擅长看相，要给李渊看一看。李渊说，好啊，那你给我看看吧。

这个书生对李渊是左看右看，上看下看，最后得出一个结论：原来这个男人他不简单。该书生倒吸了一口冷气，失声说道："哎呀，你可是贵人之相啊！不止如此，您的儿子也是贵不可言啊！"

不一会儿，和尿泥（方言，形容幼儿）的李二被牵了进来。这个书生猛地一瞅，惊出一脑门子汗，再仔细一瞅，惊出一身冷汗："呜呼呀，这个娃娃不简单，别看他现在玩尿泥，长大后可了不得啊，有龙凤之姿、天日之表，不到二十岁的时候，他就可以济世安民了！"

李渊慌了："嘟，打住，太大逆不道了，现在是太平盛世，老百姓安居乐业，济的什么世，安的哪般民？"

于是，他赶紧给了书生一点儿钱，将其打发走了。

书生走后，李渊是越想越怕，担心书生将刚才的那番话外泄，届时老李家可要大祸临头了。想到此处，他赶紧派人去追杀那个书生。但是，神奇的事情出现了，那个书生居然"忽失所在"。

事后，李渊想想，这或许是冥冥中的天意吧，于是就取书生所说的"济世安民"，给李二取名为世民。

这个李世民从小就古灵精怪，滑头滑脑的。而且，他主意特别正，别人根本就不知道他在想什么。依当时的教育标准来看，这厮算不得什么好孩子，调皮捣蛋，不爱学习。这一点，李世民自己都承认："朕少不学问，唯好弓马。"

兴趣是孩子最好的老师。十来岁的时候，李世民已经阅尽了古今兵法，而且还揣摩出一套具有李世民特色的运用之道。他整日里东游西荡，到处结交朋友，轻财仗义，有侠士之风。

十六岁那年，李世民干了一件出格的事儿。

那一年，他表叔皇帝杨广去北边的雁门郡溜达，结果被突厥的始毕可汗包了饺子。杨广急了，赶紧下敕（隋唐时期，皇帝的命令不称诏，称敕），让各地官吏前来救驾。

皇帝被围，各地官吏当然急坏了，屯卫将军云定兴正是其中之一。话说这日，云定兴正在处理军务，突然卫兵来报，营门外有个少年要求投军。这个孩子正是离家出走的李世民。云定兴见李渊的儿子来投，当然就接纳了下来。

李世民给云定兴出了个金点子："始毕可汗之所以敢这么做，是料定咱们仓促之下无力救援陛下。依我之见，咱们应该玩疑兵之计。白天的时候，咱们广设旌旗，连绵数十里不绝；夜晚的时候，咱们要不停地鸣金敲鼓。这样，始毕可汗那个老东西一定以为有大批援军赶来，必定会望风而逃。"云定兴见他小小年纪就有如此见识，惊讶得不得了，就采纳了李二的建议。果然，云定兴的那点人马刚刚走到一半，突厥的大军就撤了。杨广在无形当中被自己的表侄给救了。

李世民在云定兴的手下干了一年多。后来，他听说皇帝表叔又去江都了，而且还杀死了很多忠直的谏官，便不禁慨叹："主昏若此，我在此何为？"

他是个有主见的人，此念一起，便无心为大隋朝效力了，索性辞别定兴，回家去了。大业十三年，李渊受诏为太原留守，他便跟着老爹李渊一起来到了太原。当时，有一路义军领袖名叫魏刀儿，挥军来攻太原。李渊可能是杀到兴头上了，一个不小心冲到了敌军的纵深地。等老李反应过劲儿来，傻眼了，这可咋整啊？

城头上的李世民见老爹身处险境，二话不说，单枪匹马就冲入了敌海当中。他是一边冲，一边射，所向披靡，硬是在万军当中将李渊给救了出来。李渊一把鼻涕一把泪地感叹，这个儿子没白生啊！

李渊的部下刘文静比较聪明，他看出来了，李世民这家伙不是一般人。他曾经偷偷地对自己的铁哥们儿裴寂说："李世民这小子从容大度好像汉高祖刘邦，英明神武则像魏太祖曹操，年纪虽小，但将来必非池中之物。"还真让刘文静给说中了，李世民确实不是盏省油的灯。别看他年纪小，可是有一肚子的花花肠子。李世民早就看出隋朝必亡。或许是年轻气盛，或许真是少年老成，反正李世民是非常果断，他觉得应该尽快竖起反隋的旗帜，再晚，胜利果实就被别人抢走了。

正好刘文静也有这个意思，他和李世民一拍即合，两人又撺掇裴寂入伙，组成三人帮一起去劝说老李。岂料，李渊也正有此意，扭捏作态了一番，最终也同意了。

晋阳起兵以后，李世民充当了义军的先锋打手，一路上攻城略地，所向披靡，为建国大业立下了汗马功劳。

丑娃李元吉

李元吉丑得惊世骇俗。

李家四兄弟，老大建成一表人才，风流倜傥。老二世民也是一副魁伟的男人模样（具体参见李世民的宫廷画像），老三元霸虽然早年夭亡，但想来也不至于太差。唯独这李四却是丑得出奇。

丑到什么程度呢？他刚生下来的时候，老妈窦氏只看了他一眼，心就变得拔凉拔凉的。窦夫人不愿意抚养这个丑儿，就命人把他丢弃在荒郊野外。侍女陈善意人如其名，觉得这样太过残忍，又偷偷地将李元吉抱了回来，秘密抚养。

等到李渊回家后，陈善意便将详情告诉了李渊。手心手背都是肉，李渊倒是不嫌弃儿子丑，李元吉这才保住了小命。常言道，儿不嫌母丑，其实倒过来说也是成立的，做母亲的怎么会嫌弃自己的孩子呢？李元吉的丑，居然让生身母亲都无法忍受，其丑简直无法想象。兴许，李元吉也是一个天使，但很不幸，他是脸先着地的，摔残了。

虽然不招老娘待见，但是李元吉依然顽强而执着地活着。和许多孩子一样，有一件事情对李元吉十分之重要，那就是玩。但是，找谁玩呢，或者说谁可以陪他玩呢？这是个问题。父母是没指望了，三哥死得早，也没指望；二哥不爱吃喝玩乐，只爱行军打仗，更没指望；只有找大哥了，那个比自己大十四岁的大哥。

所幸，这一次，李元吉并没有一如既往地失望。因为，在李建成这里，他找到了作为孩子所应享有的快乐，甚至还找到了他从未体验过的父母般的关爱。

因为，李建成也很闲。和李世民不一样，李建成是嫡长子，在未来能够继承唐王爵位的人只能是他，他是李家未来的希望。所以，必须要像保护珍稀野生动物一样保护他。正是出于这样的想法，李渊每次出征都把李建成留在家中。这样，李建成就有了大把大把的时间，可以和家人们进行广泛而深入的情感交流。

正是在这样的主客观条件下，李元吉和李建成走到了一起。

列位，你们说说看，李元吉到底对谁的感情更深？是成天吃睡玩乐在一起的大哥建成，还是一年都见不了几次面的二哥世民？

一般而言，缺少父母关爱的孩子容易人格不健全，性格怪异。李元吉正是这样的人。他为人非常暴戾，好勇斗狠。李元吉有一个不良癖好，经常让手下的奴隶和侍妾披着铠甲，相互打斗。结果，每次都搞出人命。

有一次，李元吉参与游戏，自己也被别人刺中了。他的奶娘陈善意看见了，十分心疼，就不让李元吉再玩了。李元吉暴跳如雷，居然命人将自己的救命恩人兼奶娘，像五马分尸那样给活活地拉死了。

李元吉还特别喜欢打猎。光是装载打猎工具的车，他就有三十辆之多。他曾经声称："我宁三日不食，不能一日不猎。"打猎也行，你打你的猎，别骚扰百姓啊。他偏不，每次打猎，都要践踏民田，有的时候打不着猎物，就拿老百姓家的牲畜来充数。结果，"境内六畜，因之殆尽"。

李元吉府上的大门从来都不关。因为，他每天晚上都要出去找妞，门得给他留着。良家妇女被他祸害了不少。他还喜欢在大街上射箭，看到百姓躲避弓箭的狼狈样子，他就开心得哈哈大笑。

典型的变态！其实，从心理学的角度而言，这都是以外在的强悍来掩盖内心的脆弱，以行为的放荡来弥补内心的孤寂。

其实，他是一个可怜人。

当然，可怜之人必有可恨之处。

如果大家以为李元吉是个庸才，那就大错特错了。事实上，李元吉还是有两把刷子的。他天生力大无穷，这一点和李元霸很像。而且，李元吉的武功也不赖，可能是当世使槊（就是长矛）的第二高手。正因如此，李渊才会在起兵之后，任命他为晋阳留守，把看守老巢的任务交给他。李世民手下有二十五员大将，打头的便是李元吉。我想，这不是偶然的。

嫡长子继承制：这是传统

人人皆知，我中华乃礼仪之邦。"礼"在我们这个古老的国家中占有十分重要的地位，虽然看不见，摸不着，但是它却主宰着国人的思想和行为，并贯穿于国家的各项规章制度，其根基之深厚、力量之强大，是没有人可以忽视的。

中国之所以能成为礼仪之邦，要归功于两位古人，一个是周公（其实周公姓姬名旦），另一个则是孔子。

西周成王时期，周公"制礼作乐"，将"礼"确定为国家与社会运行的基本准则，并制定了一系列的制度。到了春秋时期，孔子继承了周公的衣钵，将周公倡导的"礼"进一步发展成一套系统的治国方略，即礼治。后来的儒门弟子虽然在不同的历史时期有过不同程度的创新和扬弃，但在宣扬和维护礼的基本原则方面均是不遗余力。我国"礼仪之邦"的美名，就是在一代又一代儒生的不懈努力下形成并传承下来的。

在古代中国，凡事都要讲求个"礼"字。大到祭祀社稷、行军打仗，小到迎来送往、婚丧嫁娶，家庭和社会生活的各个方面都有相应的礼仪规范。甚至于夫妻之间的性生活都有特定的礼仪称谓，最文雅的说法叫作"敦伦"，最含蓄的说法则是"行周公之礼"。

表面上看来，礼是一套毫无强制力的形式和程序。实际上，礼是一种文化精神，而且这种精神具有极其强大的力量。因为，礼的本质是社会共同体在对礼的具体内容和形式高度认可的基础上日渐形成的对礼的崇拜和习惯性遵循。这句话说得有点儿玄乎了，换个简单的：礼之所以具有强制力，是因为它体现了社会共同体的共同价值取向，任何一个敢于违背礼仪规范的人，都将受到社会舆论的普遍谴责。

接下来，我就以自己的切身经历为例，给大家详细地解释一下。

2009 年 9 月初，我的奶奶无疾而终。在接到爸妈的电话后，经部队领导批准，我马上赶回老家奔丧。

刚一进院门，我姑姑就给我披上了孝服。让我十分不解的是，她故意把我的孝服弄得歪七斜八的。我就问了，为什么？家姑答曰：丑孝丑孝嘛，越丑越好！她的回答激发了我强烈的求知欲，我刨根问底地追问，她却答不出个所以然了。

让我分外不解的事情还有很多。比如说，每来一拨儿奔丧的人，大家都要陪着在灵堂前烧纸钱，所有的女眷必须放声大哭，哭得越响越好，否则会被人认为不孝敬母亲或者婆婆。还有就是，儿子辈的孝帽上必须用麻绳缝个"十"字，像我这样的孙辈则只能用红布缝个"十"字了。我家最年长的那位大爷俨然一副治丧总指挥的派头，以无比权威的口吻告诉人们应该这样，不应该那样，好不威风。我本着不耻上问的态度虚心求教，为何非得如此这般？我大爷却只能用"风俗"和"传统"这样的字眼来搪塞我。

这就是传统的力量。现在，我们切回正题。

一言以蔽之，李建成拥有李世民永远都无法企及的一个天然优势，那就是他嫡长子的身份。

大家都知道，我国古代的婚姻制度是一夫一妻多妾制。也就是说，一个男人可以有 N（N ≥ 1）个女人。对于皇帝而言，理论上，他的这个 N 可以趋向无穷大。古人说得好，"普天之下，莫非王土；率土之滨，莫非王臣"，全天下都是皇帝的，更何况这世间的女人呢？除了自己的老娘和女儿，皇帝想要哪一个女人都可以。

无穷大当然是不可能实现的，不过，皇帝的 N 却比普通人的 N 大多了。历代帝王，最少的也得有十多个女人，而像晋武帝司马炎那样的则有数千个女人。

那时根本就没有计划生育这一说，而且节育措施也没现在这么多、这么有效。更何况，皇帝基本上都喜欢寻欢。伴随着肉欲的满足，一个严重的问题产生了：王子、公主大量出现。虽说膝下子女成群，可以尽享天伦之乐。但是，当皇帝考虑到自己的身后大事时，他就得挠头了。

因为，皇位只有一个，可供选择的人却有很多。这么多的子女，你说选谁吧？选了这个，那个不服，造反怎么办？况且，即便这一代平稳地解决了问题，到了下一代皇帝当政的时候，不仅他有一大群子女吵着嚷着要接班，他的兄弟姐妹们也会哭着闹着要当老大。万一控制不住，这些人就会为了利益置骨肉亲情于不顾，相互残杀。而内讧往往会让一个王朝轰然崩溃。这才是最可怕的。这真是一个棘手的问题！

商朝的兴衰沉浮就很能说明这一点。商朝的王位继承制度比较特殊，以兄终弟及为主，以父死子继为辅。国学大师王国维曾经做过一个统计："自成汤至于帝辛，三十帝中，以弟继兄者凡十四帝……其以子继父者，亦非兄之子而多为弟之子。"而根据《史记·殷本纪》的记载，商朝"自中丁以来，废嫡而更立诸弟子，弟子或争相代立"，结果造成了"比九世乱""诸侯莫朝"的混乱局面。相反，自康丁以下，四世传子，王室反倒比较安定。这就说明，单纯的父死子继模式要比父死子继与兄终弟及相结合的模式稳定得多。

到了商朝晚期，父死子继模式进一步发展成为由嫡长子继承王位的模式。

嫡子（女），说白了，就是正室妻子所生的子（女）。与之相对的是庶子（女），就是侧室小妾所生的子（女）。《增韵·释嫡》是这么解释"嫡"的："嫡，敌也，言无可敌也。"简言之，嫡就是无敌的意思。由此可见，嫡子（女）在家中的地位要高于庶子（女）。尤其是嫡长子，地位最高，又被称为家督。

倒数第二位商王是帝乙。帝乙有三个儿子，长子名叫启，最小的儿子名叫辛。启虽然是长子，但是他的母亲并非是帝乙的正妻，所以，启就无法继承帝位。与之相反，辛虽然是幼子，但是他的母亲是正宫，所以辛才是嫡长子，他也因此得以继承了父亲的王位。这位辛就是历史上臭名昭著的商纣王。

这个故事说明：在商朝晚期，已经按照由嫡长子继承王位的模式来确定最高权力的归属了。基于商朝的经验和教训，西周建立之后，周公"制礼作乐"，将由嫡长子继承王位的模式正式确立为一种制度，这就是嫡长子继承制，并延续到了秦汉以降。

其实呢，嫡长子继承制＝男性主义＋父死子继＋嫡长主义。

第一重——男性主义，就是说只有男性可以成为皇位的继承人，女性完全不具有继承权。道理很简单，男尊女卑，女人只是男人的附属品。

第二重——父死子继，对男性主义做了进一步的限定：并不是所有的皇室男性都可以继承皇位，只有皇帝本人的儿子才有这个资格，皇帝的弟弟们可没有这个福分。很明显，这就从根本上否定了兄终弟及的模式。作为皇帝弟弟的你，不仅输给了他，还输给了他的儿子，你就是一个天生的失败者。当然了，也有例外，那就是皇帝没有儿子，只能由自己的弟弟来继承皇位。不过，这种情形在中国封建史上并非常态。

把女人和兄弟们排除在皇位继承人的范围外后，问题还是没有得以解决。因为，皇帝自己也有一大群的儿子。于是，周公又加了一个第三重——嫡长主义。

《春秋公羊传·隐公元年》很好地概括了嫡长主义的内容，一句话，十四个字："立嫡以长不以贤，立子以贵不以长。"

先说"立嫡以长不以贤"。这句话的意思是说，成为皇位继承人的条件很简单，只要你是皇后所生的长子，皇位就是你的。至于你的能力是否强、素质是否高，这并不在考虑范围之内。摊对了娘，赶上了点儿，占住了这两条，你就是未来的皇帝。

"立子以贵不以长"其实是对"立嫡以长不以贤"的补充。它针对的是一种特殊情况，即皇后没有儿子，且皇帝不愿意因此而废掉皇后。

"不孝有三，无后为大"，通常情况下，皇后如果生不出孩子，皇帝完全可以此为由将其废除，然后从有儿子的嫔妃当中选一个立为皇后。这样，"子以母贵"，原本是庶子，因为母亲摇身一变成了皇后，自己也就在一夜之间变成了嫡子。这种情况虽说特殊，但仍然符合"立嫡以长不以贤"的精神。

最另类的情况是，皇帝并不打算废掉无子的皇后。这样，皇帝的儿子们就全是庶子了，没一个嫡子。这时候挑选继承人，可就不看他在兄弟们当中的次序了，而是要看他的母亲是不是皇帝当前最宠爱的妃子了。皇帝喜欢哪个妃子，自然也就喜欢他俩爱情的结晶。这就是"立子以贵不以长"。

嫡长子继承制或许在某时对某人是不公平的。也许，身为庶子的你确实比身为嫡子的他更有能力。但是，从长远的角度而言，这项制度断绝了相当一部分人的"非分之想"，最大限度地降低了皇室成员之间为争夺权位而发生流血争斗的可能，有效地维护了皇权的威严和国家的稳定。

为了较大的长远利益，有时宁可牺牲较小的短期利益，这就是我们中国人的处世哲学。

通过嫡长子继承制，皇位继承人的归属问题终于得到了很大程度的缓解。为什么是"缓解"而不是"解决"呢？因为，这个问题根本就无法完全解决。

制度是死的，但人却是活的。皇帝也是有血有肉的人，他也有自己的喜恶。虽然你是嫡长子，但是老爹就是看不上你，你无论怎么努力，他都觉得你不行。为了把你拿下，他宁愿和礼法制度对抗，无视民意，别人也不能把他怎么样。因为，天老大，他老二。虽然你是个庶子，但是老爹就是觉着你好，你明明贪恋女色，他却说你是继承了他的风流倜傥；你明明懦弱怕事，他却说你是性格宽厚。不管怎么样，他就是要把皇位给你。

不过，这样的事情虽然在中国历史上时有出现，但毕竟不是主流。因为，当这种制度衍生为传统之后，它就被赋予了深入人心的惯性力量。任何一个试图违背它的人，都会遭到卫道士的强烈谴责和反对。因为，一旦有人（主要是皇帝）违背了这种制度，就会产生不良的示范作用，就会对这种制度的理论基础产生强烈冲击，进而影响政权和国家的稳定。所以，历朝历代，正统的儒生都坚定不移地支持和拥护嫡长子继承制。

也正因如此，在绝大多数情况下，皇帝都是会遵循礼法原则和大臣们的意愿的。不到万不得已，他是断然不会公开站到礼法的对立面的。

李建成的天然优势，就在于他是嫡长子。因为他是嫡长子，所以李渊称帝还不到一个月，就立他为太子，压根儿就没考虑劳苦功高的李世民；因为他是嫡长子，所以正统观念强的大臣和儒生们都会站到他这一边，舆论也必然会向他倾斜。

这个天然而强大的优势，李世民就是坐上洲际导弹都撵不回来。

大唐好男儿李世民的秀场

问鼎长安、称帝建国只不过是李渊父子万里长征的第一步而已。虽然"唐"的大旗是竖起来了，但是刚刚建立起来的大唐王朝还只是一个地域性的割据政权，其势力范围仅限于关中（今陕西）和河东（今山西）的部分地区。天下尚有大大小小、许许多多的割据政权。

不过，就当时的情形来看，除李唐外，实力比较强大、有可能问鼎江山的还有八路人马，我称之为"八巨头"。

农民军方面，经过数年的扰攘，最终形成三支较大的武装力量：

一是由李密领导的主要活动在中原地区的瓦岗寨起义军。

二是由窦建德领导的主要活动在河北、山东地区的起义军。

三是由杜伏威和辅公祏领导的主要活动在江淮地区的起义军。

隋朝叛臣方面，除李渊外，最终也形成了五大军事集团：

其一是活动在东都洛阳及其附近地区的王世充军事集团。

其二是盘踞在江都附近的宇文化及军事集团。

其三是活动在陇右地区的薛举军事集团。

其四是活动在代北地区的刘武周军事集团。

最后一个则是控制了整个长江中游和大部分南部中国的萧铣。

李密和宇文化及率先出局。若论当时的头号种子选手，非瓦岗寨的李密莫属。但是，王世充趁李密与宇文化及斗个两败俱伤之际，集中优势兵力突然发难，瓦岗军遭到惨重失败，从此翻盘无望。头号种子选手李密的率先出局，成为这场争皇马拉松大赛开赛以来的最大冷门。走投无路的李密只好去投奔李渊。

不久，企图东山再起的他被李渊给干掉了。

宇文化及没坚持几天，也被窦建德给消灭了。

在各路诸侯当中，实力比李唐强盛的多得是，称帝建国的也不止李唐一个，唐并不是最佳的绩优股。但后来发生的事实告诉我们，这是一支潜力股。因为，它有一个别人没有的人，这个人就是李世民。

李唐统一全国的战争，基本上就是大唐好男儿李世民的个人秀。李世民充当了这场战争的主力打手，几乎包圆了所有的对外战争。有人问了，李渊为啥不让李建成去呢？

原因有两条：

第一，李世民比他哥能打。李建成是太子爷，他要是有个什么闪失，那可怎么得了？

第二，李渊要培养李建成另一方面的能力——治国理政的能力。李渊深知，作为一个庞大帝国的统治者，单单具备军事统率能力是不够的。道理十分之简单，可以马上得天下，却不可以马上治天下。诚然，作为一个帝王，必备的军事能力是不可或缺的，但更为重要的则是理政治国的能力。因为，皇帝一生的大部分时间都是在处理政务中度过的。遇到打仗的场合，除非到了极端必要的时候，否则皇帝根本用不着亲自出马。李渊之所以不让老大去，这是一个更深层次的原因。

风餐露宿、冲锋陷阵这种苦活儿、累活儿，就全部交给世民去做吧，反正这娃从小就好这口，你就好好学习学习怎么处理政务、治理国家吧！所以，李渊就在二子之间做了一个明确具体的分工：太子李建成主内，主要负责处理国家大事，同时负责防御北方的棘手邻居突厥；秦王李世民主外，主要负责扫平其他的割据势力，领导对敌军事斗争。

为了帮助李建成快速成长，李渊还特意为他请了两个家教：礼部尚书李纲和民部尚书郑善果。为什么不请兵部尚书，而要请礼部尚书和民部尚书呢？原因上面已经说了。

但李渊忘记了一个道理，多劳者必多得。在东征西讨的倥偬生涯中，李世民的军事才能和豁达气度给他的部下和对手们留下了极为深刻的印象，无数当世猛将都心甘情愿地拜倒在李世民膝下，愿为他效犬马之劳。渐渐地，李世民收的小弟越来越多，威望越来越高，实力越来越强。

当这种情形积累到一定程度的时候，问题就要不可避免地产生了。

第三章
世民收小弟，多多益善

·

·

　　温大雅有个好习惯，喜欢记日记。尤其是晋阳起兵后，他坚持每天记日记，一直写到李渊称帝之日。后来，他将这三百五十七天的日记整理成 一本书，就是《大唐创业起居注》，流传至今。这本书成为我们研究初唐历史的第一手资料。

温大雅和长孙无忌

别看李世民年纪轻，二十刚出头，手下的小弟已经有一大帮了。史书上说，"自隋大业末，群雄竞起，皆为太宗所平，谋臣猛将，并在麾下"，的确不是虚谈。

这些小弟大致可以分为两类：第一类，国产派，这些人打一开始就跟着李世民；第二类，进口派，这类人原先都是其他各路诸侯的人，后来发现了李世民的好，便陆陆续续地投了过来。有人说了，这不就是嫡系与旁系的分别吗？还真不是，因为李世民用人不拘一格，唯才是用，并不讲求亲疏之分。

我先给大家简单介绍一下国产派的基本情况。

首先推出的就是《大唐创业起居注》的作者温大雅，因为他入伙的时间最早。温大雅，表字彦弘，是土生土长的太原人，"性至孝，少好学，以才辩知名"。

这是一个相当有个性的人。这一点，从他屡次弃官不做上就可以看出来。大业末年，温大雅正在司隶从事的岗位上，他"见隋政日乱"，居然"谢病而归"；后来，可能是因为拗不过他家老爷子，温大雅又跑出来做官了。不久之后，温老爷子驾鹤西去、重返瑶池，温大雅便以丁忧为名，再次去职。他的贤明和气节在太原当地颇为有名。李渊镇守太原期间，对温大雅"甚礼之"。

晋阳起兵后，李渊即将温大雅"引为大将军府记室参军，专掌文翰"。这一次，温大雅算是跟对人了，陆续升迁，从黄门侍郎一路升到陕东道大行台、工部尚书，在李世民手下做事。李世民也正是在这个时候，将温大雅招为小弟的。

温大雅有个好习惯，喜欢记日记。尤其是晋阳起兵后，他坚持每天记日记，一直写到李渊称帝之日。后来，他将这三百五十七天的日记整理成一本书，就是我之前提到的《大唐创业起居注》，流传至今。这本书成为我们研究初唐历史的第一手资料。

温大雅以下，就是李世民的大舅哥长孙无忌了。

魏晋南北朝时期，长孙一族是赫赫有名的世家望族。其实，长孙氏是拓跋氏的一个分支。长孙氏的祖先是北魏献文帝的三哥（名字不详）。他因为"宣力魏室，功最居多"而成为"宗室之长"，因而改姓为长孙氏。

长孙无忌的七世祖长孙道生是北魏的司空、上党靖王；六世祖长孙旃乃是北魏的特进、上党齐王；五世祖长孙观则是北魏的司徒、上党定王；高祖长孙稚官至西魏太保、冯翊文宣王；曾祖长孙子裕是西魏的卫尉少卿、平原郡公；祖父长孙兕是北周的开府仪同三司，袭平原县公；父亲长孙晟官至大隋右骁卫将军。

这是一个典型的老牌贵族家庭。

不过，长孙无忌虽然出身官宦人家，但是他"好学，博文史，性通悟，有筹略"，实在是贵族子弟当中不可多得的人才。

长孙无忌之所以会站到李世民这一边，原因有二：其一，他的老妹是人家李世民的媳妇儿，这叫作"沾亲"。其二，用老北京的话来说，他和李世民是发小，两人打穿开裆裤的时候就在一起了，这叫作"带故"。义军渡过黄河后，长孙无忌便赶到长春宫谒见李渊，被授为渭北道行军典签。打这以后，他就跟着自己的妹夫兼发小，东征西讨，出谋划策，再无动摇。

房杜组合

长孙无忌以下，就是人见人爱、花见花开的"房杜组合"了。

房玄龄，名乔，字玄龄。房玄龄的出身不错，宦官世家。他的老爹就是有隋一代有名的大才子房彦谦。

房玄龄是一个天才，"幼聪敏，博览经史，工草隶，善属文"。幼年时候的他曾经跟随父亲去过京师大兴。当时，正是大隋王朝的上升时期，所有人都认为"天下宁晏""国祚方永"。唯独房玄龄却不以为然，反而偷偷地对其父说了这么一通大逆不道的话，说什么文帝其实没啥德行，废长立幼，自取灭亡。这还不算啥，最要命的是他说大隋朝"终当内相诛夷，不足保全家国。今虽清平，其亡可翘足而待"。

他老爹听了这番话，伸手就给了他两巴掌：你个毛孩儿，懂个屁啊，让你再胡说。但后来的历史证明，这个小毛孩儿的话准得可怕。

十八岁那年，房玄龄中了进士，被朝廷授为羽骑尉，从此进入仕途。人的名、树的影，当时的吏部侍郎高孝基见到他的时候"深相嗟挹"："哎呀，我阅人无数，从来没见过像这个娃这样的人。他将来一定能成就一番惊天动地的事业。"

高侍郎是个典型的圆滑政客，嘴倒是甜，可他并没有给房玄龄提供什么机会。一直到大业十三年，房玄龄还只是一个小小的隰城尉。

但就在这一年，发生了一件改变房玄龄一生命运的大事：

李渊父子在晋阳起兵了。

房玄龄敏锐地感到，这是一个出人头地的绝佳契机。当然了，李世民并没有像刘备那样，三顾茅庐来请他。没关系，咱可以毛遂自荐嘛，房玄龄拄着手杖，主动找上了李世民的门。

李世民在识人用人这一块确实可圈可点。他一见房玄龄，"便如旧识"，当即"署渭北道行军记室参军"。这一次，房玄龄算是撞了大运，找到了明君。他"馨竭心力，知无不为"，将自己的全部聪明才智无私地奉献给了李世民。

最难能可贵的是，房玄龄一心为公，全然没有半点儿私心。多年来，他默默无闻地充当着"才探"的角色，为李世民发现和搜罗了大量的人才，却丝毫不担心长江后浪将他这个前浪拍死在沙滩上。每次作战结束后，众人都忙着聚敛财宝珍玩，只有他"先收人物，致之幕府。及有谋臣猛将，皆与之潜相申结，各尽其死力"，俨然有西汉萧何的风范。有部下若此，实在是领导的幸事啊。

杜如晦，表字克明。和房玄龄一样，此人同样是个"官五代"。史载，"如晦少聪悟，好谈文史"。和房玄龄的遭遇有些雷同，杜如晦在"隋大业中以常调预选"。大隋吏部侍郎高孝基看到他，同样是惊为天人："公有应变之才，当为栋梁之用。"

看看人家高侍郎，多会说话，见谁就说谁好。不过，依我之见，这人就是个卖嘴皮子的家伙。因为，他同样也没给杜如晦提供什么特别的机会。杜如晦入仕的起点仅仅是滏阳尉。杜如晦完全就没把小小的县尉放在心上。不久，他索性辞官不做，当起了陶渊明第二，过着"采菊东篱下，悠然见南山"的逍遥日子。

武德元年（618年），李渊正式称帝建唐。李世民听说大兴本地有一才子名叫杜如晦，此人足智多谋，便将杜如晦召进府中任兵曹参军。

当时，大唐政权刚刚建立，地方官吏的需求量极大。于是，李渊便就近从各王府的幕僚中挑选人手，调任外地。李世民的秦王府人才济济，所以"被外迁者众"，杜如晦也名列其中。

房玄龄听说这个消息以后，便赶紧来见李世民。他对李世民说："咱们府中的幕僚虽然被调走很多，但是大都不足珍惜。唯有杜如晦这个人，才智出众，处事果断，是个不可多得的人才。如果您只想维持当下的状态，那么他对您来说是无用的；可是，如果您想成就大业，那么就一定要将这个人留下来。"

李世民听了，恍然大悟，还一个劲儿地埋怨房玄龄："尔不言，几失此人矣！"

于是，李世民立刻向李渊上书，终于将杜如晦留在了身边。

从此以后，杜如晦跟随李世民左右，"参赞机戎"，成为李世民智囊集团中的核心人物。房玄龄善于谋划，杜如晦长于决断，两人相得益彰，时人有"房谋杜断"的美誉。

侯君集和段志玄

侯君集也是李世民的老班底了。看过电视剧《贞观长歌》的朋友，对此人应该不会感到陌生。

在《隋唐演义》当中，侯君集是瓦岗寨李密手下的一员将领，飞檐走壁，轻功无敌，江湖人送外号"小白猿"。演义毕竟是演义，基本上不能信，历史上的侯君集与此大不相同。

一来，侯君集压根儿就没有投过瓦岗寨，他从一开始就是李世民的人；二来，侯君集也不会什么轻功，他倒是想飞檐走壁，但很可惜，他飞不起来。

这是一个被历史严重贬低了的人。侯君集之所以会得到这般待遇，和他后来走上反叛道路有很大关系。其实，此人乃是隋末唐初杰出的军事人才，为李唐的江山社稷立下了汗马功劳。

《旧唐书》对他的基本概括是："性矫饰，好矜夸，玩弓矢而不能成其艺，乃以武勇自称。""好矜夸"确是事实，"玩弓矢而不能成其艺，乃以武勇自称"就是胡扯了。侯君集武功高强，射术一流，怎么会是"不能成其艺"呢？况且，他也并非自己标榜自己勇武，事实上，他就是很厉害。

侯君集作为李世民忠实的追随者而备受器重。他之所以会受到李世民的信任，我认为，原因有三：其一，和秦叔宝、尉迟敬德等将才不同，侯君集可谓是智勇双全的帅才；其二，和以李世勣（即徐世勣，《隋唐演义》中徐茂功的原型）为代表的外来户相比，侯君集一开始就是李世民的人，政治上相对更可靠；其三，侯君集的祖先也是关陇军事贵族集团中的成员，和李世民出身一样。

段志玄和他的父亲段偃师的命运，注定要和李氏父子缠绕在一起。

段偃师早先是太原郡的司法书佐，在李渊手下做事。后来，老段头跟着李渊起兵，最后官至郓州刺史。当年，段志玄跟着老爹在晋阳的时候，就跟李世民关系不错。

李渊晋阳起兵的时候，段志玄一个人就招募来一千多人马，被授为右领大都督府军头。一路上，他每战都是先锋。唐军分兵西进后，段志玄跟着刘文静在潼关阻击隋将屈突通。

有一次，战斗进行至艰难时刻，刘文静的大军已经被隋军击溃了，段志玄的脚也被流矢射中。但他担心会动摇军心，所以就强忍着疼痛，一声不吭，最终大破隋军。屈突通东逃之时，也是段志玄穷追不舍，最终将屈突通擒获。

神拳太保秦叔宝

进口派的代表首推秦琼秦叔宝。

此人也是一个大名人。在《隋唐演义》当中，秦叔宝胯下一匹黄骠马，掌中一对四棱金装铜，擅使一把虎头錾金枪，人送外号"马踏黄河两岸，铜打三州六府，威震山东半边天，神拳太保小孟尝"。秦叔宝是该书的书胆，人生经历十分坎坷。其实，历史上的秦叔宝，其人生比演义中还要坎坷。

他先后追随过六位主人。

大业中期，他跟随隋朝名将来护儿。来护儿对秦叔宝十分器重。秦叔宝的母亲去世之时，来护儿曾经专门派遣使者吊唁。有的军官就埋怨了："士兵阵亡或者家属去世，这样的情形有很多很多，但将军你从来都没有过问，为什么唯独对这个秦叔宝如此礼遇呢？"

来护儿是这样回答的："秦叔宝这个人啊，勇悍无比，而且有志气有节操，以后肯定会飞黄腾达，我怎么能因为他现在很落魄就把他看得很卑贱呢？"

来护儿死后，秦叔宝改投到另一员名将张须陀的门下，并跟随张须陀攻打下邳的农民军领袖卢明月。当时，卢明月的部下达十万之众，张须陀部仅有一万多人马，双方实力对比悬殊。张须陀只好在距离农民军六七里的地方安营扎寨。双方相持十余天，张须陀部粮饷耗尽，便将退兵一事提上了议程。

张须陀在会上对众将说："敌人见到我们退却，必定会派出轻骑追击，届时他们营内空虚，我们只要派出一支千人的分队，就可以打败他们。不过，这件事挺危险的，你们谁愿意去啊？"

大家都不是傻子，危险系数这么高的事情谁都不愿意去做。一时间，气氛无比尴尬。这个时候，秦叔宝和罗士信二人站了出来，要求承担此项艰巨任务。结果确如张须陀所料，隋军大破卢明月，"明月以数百骑遁去，余皆虏之"。

秦叔宝一战成名，"勇气闻于远近"。

随后，秦叔宝又跟随张须陀征讨其他农民军，屡建战功。但隋王朝已经烂到了骨子里，以张须陀个人之力是无力回天的。大业十二年（616年），张须陀与瓦岗寨义军领袖李密在大海寺（今河南省荥阳市东北）展开决战。

所谓"道高一尺，魔高一丈"，这一回，张须陀算是碰到敌手了。李密巧设埋伏，张须陀部果然中伏。张须陀本来已经冲出了包围圈，但是见到部下无法突围，便返身去救，在千军万马之中四进四出，最终力竭战死。

战后，秦叔宝只得率领残兵投靠了隋将裴仁基。

但在不久后的大业十三年（617年）四月，裴仁基在武牢与李密交战失利，投降了瓦岗军。

这样，秦叔宝又成了李密手下的一名将领。

李密素闻秦叔宝大名，对他十分器重，"以为帐内骠骑，待之甚厚"。李密亲自挑选了八千名最勇猛的士兵，组成"内军"，与今日的特种部队或者海军陆战队颇为类似，两千人划为一队，共分四队。秦叔宝和程咬金正是其中的两名内军统领。李密曾经志得意满地说："此八千人可当百万。"

在李密的眼中，秦叔宝堪称当世最勇敢、最厉害的将领。

不久之后，李密率部与宇文化及大战于黎阳童山。在这场战斗当中，李密被流矢射中，从马上跌落下来，当场就背过气儿去了。紧要关头，只有秦叔宝一人誓死护卫，最终才保得李密平安。随后，秦叔宝又集合散兵败将，向宇文化及发动了猛烈的反扑，最终将其击败。

但是，在这场战役当中，瓦岗军遭到了严重削弱。洛阳的王世充趁此良机，对瓦岗军发动了猛烈进攻。邙山一战，瓦岗军遭到决定性的惨败。李密率少数人马远赴关中，投奔李渊去了。秦叔宝、程咬金突围不成，只得投降了王世充。

混世魔王程咬金

提起程知节，相信知道的人并不多。不过，提起"半路杀出个程咬金""程咬金的三板斧"这两句俗语，中国人耳熟能详。程知节就是程咬金，咬金是他的字。

在《说唐》《隋唐演义》《兴唐传》等系列话本历史演义小说中，程咬金出身贫苦人家，因出生之时，口含金块，所以名为程咬金。他使一柄六十四斤重的宣花板斧，来来去去就是"切西瓜""掏耳朵""剔牙齿"这几招，人送外号"混世魔王"。而且，他还是演义当中的第一福将，活了一百多岁，历经高祖、太宗、高宗、武则天、中宗、睿宗六朝。

这当然与历史上的程知节严重不符了。事实上，程咬金出身官宦人家，乃世家大族之后。他的曾祖父程兴是北齐兖州司马；祖父程哲是北齐的晋州司马；老爹程娄官至北齐济州大中正。程咬金也没活一百多岁，他生于隋文帝开皇九年（589年），卒于唐高宗麟德二年二月初七（665年2月26日），享年七十六岁。

程咬金"少骁勇，善用马槊"。大业晚期，他聚集数百名乡党，"共保乡里，以备他盗"。看来，程咬金还是有几分侠义心肠的，努力保一方平安。后来，程咬金投靠了瓦岗寨义军领袖李密，做了"内军"的四名骠骑之一。

唐武德元年（618年）九月，王世充率两万精兵，在通济渠（今河南省孟州市境内）上架起三座桥梁，与瓦岗军展开决战。当时，瓦岗军以大将单雄信的骑兵为先锋。王世充大军到达以后，立刻向单雄信部发起猛烈攻击。

单雄信难以抵挡，向李密求援。李密立刻派程咬金和裴行俨前往救援。裴行俨率先赶到，岂料"为流矢所中，坠于地"。程咬金见战友有难，连杀数人，终于将裴行俨救起。由于载了两个人，程咬金的战马负担过重，被王世充军追上。程咬金始终不忍将裴行俨丢下，结果被敌人一槊刺穿了身体。程咬金回身折断其槊，将执槊之敌追斩于马下。王世充军不敢追赶，二人这才得以安全返回本军。

此战，由于李密指挥不力，瓦岗军包括程咬金和裴行俨在内，共十余员骁将遭受重创，实力大损。不久，李密战败降唐，瓦岗义军失败。

程咬金无奈之下，只得随秦叔宝投降了王世充。

王世充对他二人倒是不错，虽然不至于像曹操对待关羽那样"三日一小宴，五日一大宴"，但也是高官厚禄、锦衣玉食。然而，秦叔宝和程咬金很快发现，王世充为人狡诈，并不值得他们拼死效命。

程咬金曾对秦叔宝说："王世充肚量狭小，满嘴跑火车，还爱讲迷信，根本就不是什么拨乱反正的明主！"

秦叔宝亦有同感，于是两人开始找机会离开王世充。

武德二年（619年）二月十九日，王世充兴兵犯境，与李世民交战于九曲（今河南省宜阳县西北）。双方设定阵脚，排好阵形，就等主帅一声令下，开磕。这厢王世充正与李世民搭话呢。突然，他发现一小队人马向唐军冲去。王世充纳闷了，这是谁啊，没有我的军令怎么能擅自出击呢？

他定睛这么一瞧，看清楚了，原来是秦叔宝、程咬金、吴黑闼、牛进达、李君羡、田留安等数十骑。

王世充大声喝问："你们要干什么？"

秦、程等人勒住缰绳，拨转马头。

秦叔宝下马躬身，客气地向王世充说道："谢谢你对我们的恩宠，但是我们不愿意服侍你，就此告别。"

王世充正要回答，只见程咬金冲他揖了揖手，直愣愣地说道："你这个人生性多疑，且耳根子比较软，容易相信小人的话，不是我想托付的那种明主。咱们就此拜拜了。"

王世充又惊又气，却也只能眼睁睁地看着秦、程等人纵马冲入唐军的营中。

秦叔宝和程咬金归唐之后，被唐高祖李渊指派到李世民帐下效力。

这两人本来就是奔着李世民来的，李渊这么安排，正好遂了两人的意。李世民早已听说他们的名声，对二人礼敬有加，任命秦叔宝为马军总管、程咬金为左三统军。

宁服三斗葱，不逢屈突通

在隋末唐初，提起屈突通这个人，那可真是无人不知、无人不晓。

史书对屈突通给予了相当高的评价，说他"性刚毅，志尚忠悫，检身清正，好武略，善骑射"。

开皇年间，屈突通担任亲卫大都督。隋文帝派遣他到陇西检查战马的牧养工作。刚正不阿的屈突通秉公执法，一下子就查出了隐藏的战马两万多匹。隋文帝龙颜大怒，气得肺都快要炸了，下令把太仆卿慕容悉达和下属监牧官吏一千五百人全部杀掉。

就在这时，屈突通却站出来为这些人说起了话："人死不能复生，陛下您以仁义治理天下，怎么能因为牲畜的缘故就杀掉这么多人呢？"

隋文帝很生气，瞪着眼睛骂他。换作一般人，可能早已经被吓得屁滚尿流了。可屈突通这家伙就是和皇帝较上劲儿了，他认真地说："如果您非要处死他们，我愿意代他们受死，希望能以我一人之死，挽救这数千人的性命。"

隋文帝被感动了，最终赦免了这一千五百人的死罪。

屈突通，还有他的弟弟屈突盖，就是这么刚正不阿，六亲不认，以至于当时的人们这么评价他们兄弟二人："宁食三斗艾，不见屈突盖；宁服三斗葱，不逢屈突通。"

李渊父子晋阳起兵后，镇守河东的屈突通奉命截击。但是，李渊父子在渡河后，兵分两路，李世民、刘弘基部沿渭河北岸西进，迂回包围大兴，而李建成、刘文静部则屯驻永丰仓，将屈突通挡在了潼关。

不久之后，大兴陷落，远在潼关的屈突通听到这个消息之后，伤心欲绝。痛定思痛之下，他留部将桑显和镇守潼关，自己则带兵向洛阳进发，想要投靠王世充。

屈突通前脚刚走，桑显和后脚就投降了刘文静。刘文静派遣桑显和与副将窦琮、段志玄、长孙顺德率领精兵追击，在稠桑追上了屈突通。

窦琮让屈突通的儿子屈突寿去劝降他的父亲。

屈突通远远看见屈突寿，破口大骂："从前你我是父子，现在你我就是仇人。"

说罢，他还命令自己的部下向屈突寿射击。

这个时候，桑显和站了出来，又给屈突通破碎的心捅了一刀，他在阵前对着自己原先的部下大呼："你们的故乡亲人都在关西，跑到关东干啥去呀？"

这招比较狠，桑显和的部下都放下了武器。

穷途末路的屈突通自知再也无力回天，他翻身下马，面向东南方

（江都的方向）跪下，泪流满面地说："臣力屈兵败，不负陛下，天地神祇，实所鉴察。"

且说屈突通遭生擒以后，被解送长安。李渊见了，逗他说："为什么咱哥儿俩这么晚才相见呢？"

屈突通流着眼泪说："我不能尽臣子的本分，力屈被擒，对不起代王（杨侑），是国家的耻辱啊。"

李渊听了，由衷地感叹："隋室忠臣也。"

李渊也充分展示了自己的豁达大度，不仅释放了屈突通，而且还授他为兵部尚书，封蒋国公，在李世民麾下担任行军元帅长史。李世民也正是在这个时候，将屈突通发展成了自己人。

瞧瞧李世民，年纪轻轻，小弟一箩筐，个顶个的强。就这，李世民还不知足，还在不停地招徕人才，这可真是"世民收小弟，多多益善"！

但是，以上诸人还不是李世民最给力的小弟。

在李世民的一班小弟当中，分量最重的其实是这一位——刘文静。但很不幸，他快要死了。

第四章
刘文静之死：唐版诸葛亮的悲惨结局

●

●

　　从遇见李世民的那一刻起，刘文静就被这个年轻人的气质深深折服了。这种感觉怎么说呢，就好像《武林外传》里面的一段插曲："自从那天在同福客栈遇到你，就像那花儿开在春风里。"从此以后，刘文静坚定了一个信念：誓死追随李世民，直到天荒地老。当然，鬼精鬼精的李世民也一眼看上了他。

　　"你选择了我，我选择了你"，两人就这样走到了一起。

吾二人相得，何患于卑贱？

刘文静可谓是骨灰级的唐朝元勋了。实事求是地说，李唐开国第一功臣，应该就是这个刘文静。他风度翩翩且聪明睿智，颇有点儿诸葛亮、刘伯温的风范。

刘文静出身不错，宦官世家。他的爷爷刘懿用官至石州刺史。老爹刘韶早年战死，被隋朝廷追授为上仪同三司。靠着老爹的福荫，刘文静继承了上仪同三司的荣誉称号，并出任晋阳令。正是在晋阳，刘文静结识了一个让他前半生爱、后半生恨的朋友——裴寂。

裴寂，表字玄真。和刘文静一样，他也是宦官子弟。不过，起点时的裴寂可比刘文静差多了。他很小的时候就没了爹娘，成了一个破落户，是几个哥哥将他拉扯大的。十四岁的时候，裴寂靠着先人的那点功劳，才补了一个州主簿的位置。因为囊中羞涩的缘故，他曾经徒步前往大兴。途经华岳庙时，既无助又无望的裴寂祭拜上天并祈祷道："我现在穷困潦倒，敢问上天，我这辈子还有富贵的希望吗？如果有的话，就赐给我一个吉祥的梦吧。"

说来也巧，就在当天夜里，他还真做了一个吉祥的梦。在梦中，一个白发老人对他说了："你小子不要着急，你是大器晚成，三十岁以后才会得志，而且最后将位极人臣。"

大业年间，裴寂终于熬到了晋阳宫副监的位置。

他就是在这个时候和刘文静结为朋友的。

两人都将对方视为知己，交情好得不得了，晚上在一起睡觉都嫌不够亲密。裴寂曾遥望城头的烽火，联想到自己的遭际，不由得仰天长叹："唉，你看看我这一辈子，家道中落，穷困潦倒，又四处颠沛流离，还有什么前途啊！"

刘文静比较乐观，笑着回答说："只要你我二人意气相投，还用担心将来会卑贱吗？"

果然，裴寂与刘文静并没有等太久。

大业十三年（617年），有一位皇亲国戚调任太原留守兼晋阳宫宫监。此人就是李渊。

刘文静通过一段时间的观察，发现李渊这个人其志不小，便主动投到了李渊的门下。到了李渊门下后，他才发现，老李家厉害的人太多了，其中最牛的是老李的二小子李世民。

从遇见李世民的那一刻起，刘文静就被这个年轻人的气质深深折服了。这种感觉怎么说呢，就好像《武林外传》里面的一段插曲："自从那天在同福客栈遇到你，就像那花儿开在春风里。"从此以后，刘文静坚定了一个信念：誓死追随李世民，直到天荒地老。当然，鬼精鬼精的李世民也一眼看上了他。"你选择了我，我选择了你"，两人就这样走到了一起。

古有隆中对，今有牢中对

李世民正想着和刘文静商量商量怎么办呢，刘文静却突然出事儿了。这都是让他亲家给害的。刘文静的亲家就是大名鼎鼎的瓦岗帮老大李密。想当初，杨玄感起兵造反的时候，手下的第一智囊就是李密。后来，杨玄感被隋炀帝给拾掇了，李密溜了，最后溜到了瓦岗寨。杨广下令严办李密的家人亲戚，刘文静赫然榜上有名，被就地关入了晋阳的大牢。

小弟入狱，可急坏了李世民，他不顾身份地跑到牢中看望刘文静。

李世民来了，刘文静乐了，因为他早料定李世民会来找他。

刘文静笑着说："天下已经大乱了，除非有商汤、周武王、汉高祖、光武帝这样的有才之人，否则根本无法安定。"

李世民也乐了，反问他："你怎么知道现在没有这样的人呢？恐怕是常人看不出来吧？好了，别绕弯子。我今天入监探视，就是来与你商量大事的。"

刘文静胸中早有丘壑，他微微一笑，侃侃而谈："现在，李密正在围攻洛阳，皇帝被困于江都。大大小小的各路人马不可胜数。各地的百姓为了躲避战乱，纷纷逃入太原。只要你们父子能够应天顺人，登高一呼，马上就可以招来大批的英雄。再加上你父亲本身就有数万人马。咱们乘虚入关，直捣大兴，用不了半年，就可以成就帝业了。"

果然，后来李氏父子仅用了半年就攻入大兴。秀才不出门，便知天下事，此言不虚也。刘文静蛰伏晋阳，却对天下大势了如指掌。瞅瞅这阵势，整个一唐朝版的隆中对，不，确切地说，应该是牢中对。

李世民听了，茅塞顿开，为之一振，欣然表示同意。总的方向虽然明确了，可是，矛盾的主要方面——李渊的态度仍然不明。

这该如何是好呢？

刘文静想到了好友裴寂。

刘文静为什么会想到裴寂呢？

因为裴寂和李渊的关系非常好，好得不得了。

李渊除了太原留守的职务外，还有一个兼职——晋阳宫宫监。他的副手，也就是副宫监，正是这位裴寂裴大人。两人的关系处得十分之和谐融洽。官方的表述是这样的："延之宴语，间以博弈，至于通宵连日，情忘厌倦。"

乍听乍看之下，"情忘厌倦"，好像很高雅。其实，如果翻译成白话文，你就会发现，这俩家伙待在一起根本就没干什么正事儿：在酒席上侃大山，侃累了就开始赌钱，赌累了之后，接着再侃大山，一玩起来就没个正形，通宵达旦，连着好几天。

名副其实的酒肉朋友！

但是呢，话又说回来，酒肉朋友未必就不是真朋友。道理很简单，不管是什么样的朋友，都会在一起吃吃喝喝。老李和裴寂虽然没干什么正事儿，但是他们的确结下了深厚而真挚的友谊。

当此关键时刻，为了提高说服李渊的几率，刘文静就想到了李渊和裴寂的这层关系。

裴寂和李渊的关系实在是太好了，以至于连李世民都要讨好裴寂。李世民从自己的小金库里拿出数百万交给龙山县令高斌廉，让他和裴寂赌博，故意输给裴寂。裴寂因此赢了很多钱，心情大爽，每天都跟在李世民屁股后面。李世民趁机将自己的想法和盘托出，裴寂当即答应，帮助李世民说服李渊。

裴寂也不敢直接去劝李渊造反，便想了一个损招：让晋阳宫中的尹美人和张美人陪李渊睡觉。为什么说这个招很损呢？因为晋阳宫是皇帝的行宫，晋阳宫中的美人可是皇帝的女人，如果睡了皇帝的女人，那可是"秽乱宫掖"的死罪啊！那么，犯了死罪的李渊会不会引颈就戮呢？答案当然是否定的。

问题是，李渊也不傻，他敢睡皇帝的女人吗？他当然不敢，破折号，在清醒的状态下。裴寂借口请李渊喝酒，将他灌了个烂醉。第二天，李渊酒醒之后，发现自己的身边睡了两妞儿。李渊还以为自己做梦呢，仔细一瞅，差点吓得昏死过去。亲娘咧，这不是皇帝的张美人和尹美人吗？

裴寂趁机摊牌："您家老二已经开始聚集兵马，打算起兵了。之所以让我老裴出此下策，其实是因为事态紧急。现在天下大乱，城门之外，到处都是盗贼。如果您还要执着于小节，很快就要大祸临头了。但是，如果您起兵举义的话，肯定能够拥有天下。大家已经达成了一致意见，您看怎么样啊？"

谁承想李渊这老东西还是死活不听。躲在幕后的李世民就站不住了，着急忙慌地跳了出来。李渊见李世民来了，吵着嚷着要将李世民送官。过了一会儿，他可能是琢磨过来了，反过来又安慰李世民："我很爱你，怎么忍心告发你呢？"（高祖初阳不许，欲执世民送官，已而许之，曰："吾爱汝，岂忍告汝邪？"）

中国的文字很精深，尤其是读史的时候，一定要细心细心再细心。不知道大家是否注意到上文中的那个"阳"字。问题的奥秘就在于这个"阳"字。"阳"在文言文里有多种意思，其中一个常用的解释就是"表面上"。上面这句中的"阳"字正应该解释为"表面上"。如此看来，李渊其实一直都在伪装，甚至连李世民和裴寂都瞒过了。

不管怎样，事情就这么成了。这可真是你忽悠我、我忽悠你，谋反把我们忽悠到一起啊！

玄武门的血

多年友谊，毁于一旦

但刘文静并没有在立功的道路上裹足不前。举事之初，李渊的群众基础还很薄弱。是刘文静出了个金点子，以隋炀帝的名义发了一道敕书，说是要征集太原等地二十岁以上、五十岁以下的男丁入伍，以征讨高句丽。结果，老百姓上了当，怨声载道，天天咒骂隋炀帝。很多人都动了造反的念头。

李渊的副手王威、高君雅二人阻碍起兵大事，又是刘文静挺身而出，抢先诬告二人勾结突厥，意图谋反。李渊顺势出招，巧妙地除掉了这两块绊脚石。还是这个刘文静，出使突厥，不仅稳固了后方，而且还从突厥借来了五百勇士、两千战马。

晋阳起兵之初，李渊首开大将军府，刘文静就是军司马，直接参与军事策划；进军路上，刘文静还曾亲自领军出战，潼关隋军就是他和李建成一手击溃的。

刘文静为大唐帝国做出了卓越贡献。入主长安后，李渊当上了唐王和大丞相，他随即就让傀儡皇帝杨侑（杨广的孙子）册封刘文静为鲁国公，授光禄大夫，转大丞相府司马。

称帝后，李渊又征拜刘文静为纳言。

世所公认，刘文静是一个非常有才华、有智慧的人。但是，大家可能不知道，他同时也是一个嫉妒心极重的人。其实，刘文静嫉妒谁都可以，唯独不应该嫉妒裴寂。正是这个不该有的嫉妒要了他的小命。

好奇害死猫，嫉妒却能害死人。

刘文静自己却有充分的理由去嫉妒裴寂：他的才干和功劳远在裴寂之上，但他的职位却在裴寂之下。这让他情难以堪，以致郁结心中，表现出来就是"意甚不平"。其实，刘文静这么想，倒也属于人之常情。

反观裴寂，除了在起兵之初从隋炀帝的腰包中拿出铠甲四十万领、彩布五万段、大米九万斛和五百零二个女人（含张、尹二女）给李渊外，其间确实鲜有建树。他之所以能够"转大丞相府长史，进封魏国公，食邑三千户"，位在刘文静之上，说穿了，还是因为他和李渊关系好。

不公平，确实不公平。但是，这个世界本来就是个不公平的世界。很多东西和事情是无法用大道理来解释的。有些人生来就擅长玩弄权术，有些人生来就会搞关系，可有些人却怎么学也学不会。这是让人十分无奈却又真实存在的事实。一个人想要活得舒服，活得自在，心胸就一定要豁达，要学会理性地看待世间的种种不公。不然，轻则自我折磨，抑郁伤身；重则铤而走险，自取灭亡。

刘文静就是一个想不开的人。思想上想不开，行为上就做不开。每次廷议，凡是裴寂所支持的，刘文静就一概反对；凡是裴寂所反对的，刘文静就一概拥护。是非对错被搁置，国利民益被忘却，剩下的就是一口气了。裴寂也不是傻瓜，二人因此结怨。

多年的友谊就此毁于一旦。

高鸟逝，良弓藏

但是，裴寂有大哥大李渊罩着，刘文静毕竟动不了人家。于是，郁闷的刘文静就经常拉着弟弟通直散骑常侍刘文起借酒浇愁。心里面不爽，酒至酣处，免不了就会发发牢骚。刘文静有时候还会拔出刀子，对着柱子一顿乱砍，一边狠狠地砍，一边恨恨地说："必当斩裴寂耳！"

刘文静的轻率举动恰恰犯了人臣的大忌。要知道，一个帝王最忌讳的事情就是群臣党争。而今，刘文静与裴寂水火不容。两人意见相左并非是因为对事情的看法不一致，而是因为彼此怄气，互不相服。这种泼妇斗嘴式的争吵于公于私都有百害而无一利。

碰到这种情况，皇帝通常会来个一刀切，各打五十大板，最多搞个三七开。但是，别忘了，裴寂和李渊的关系不一般，两人除了是君臣，更是相亲相爱的哥们儿。而刘文静呢，他和李渊就是单纯的上下级关系。况且，对于刘文静这样的牛人，李渊本来就"素疏忌之"。于是，偏情的李渊就打算把这一百大板通通打在刘文静的屁股上。

说来也巧，存心作死的刘文静主动给李渊提供了一个这样的机会。不知是何原因，刘文静的家中屡屡有妖精作祟。刘文起关心哥哥，便从外面请来一个巫师作法除妖。可巧刘文静的一个小妾失了宠，一朝变作长门怨妇。这小妾因爱生恨，就把这件事告诉给了自己的哥哥。她哥哥听说之后，决心为妹妹做主，便上书诬告刘文静图谋不轨。

李渊立即将刘文静投入大牢。刘文静极力辩白，顺带还坦然承认了自己对裴寂的嫉妒之情："今寂为仆射，据甲第，臣官赏不异众人，东西征讨，家口无托，实有觖望之心。"

当时，李唐正被刘武周的部将宋金刚打得落花流水，连"龙"的故乡——晋阳都丢了。李渊的心情十分不好，听了刘文静的话，就说了八个字："文静此言，反明白矣。"

我仔细研究了这两句话，都没有搞清楚其中的因果关系。哦，因为刘文静嫉妒裴寂，所以他就会造反？真不知道李渊究竟从哪里看出刘文静有造反之心的？这也太偏心了吧？

李世民一听老爸的口气，知道要坏事儿了，便赶紧为刘文静说好话："当年咱们举兵之初，是刘文静最先定下了妙计，而后才告知裴寂的；入主京城以后，他和裴寂的待遇却有所差别，他难免会有一点儿不满意。不过，刘文静只是发发牢骚而已，他可不敢谋反，请陛下明断。"

李世民的这番话却得罪了一个人。

于是这个人站了出来，说了如下一番话："刘文静的才华和谋略，堪称当世第一。但是，他的性格比较粗糙，比较阴险。听他所说，明显已经有谋反的心思了。现在，天下还没有平定，外有强敌环伺，如果赦免了刘文静，恐怕有意想不到的后患啊。"

正是这句话要了刘文静的命，说这句话的人赫然便是裴寂。

刘文静临刑之前，悲不自胜，仰天长叹："高鸟逝，良弓藏，故不虚也。"

时为武德二年（619年）九月初六，李唐建国尚不足两年。

这一年，刘文静仅五十二岁。

刘文静是李世民最早、最忠诚、最有智慧的粉丝。他的英年早逝，是李世民的莫大损失。刘文静死了，一了百了，却把更大的难题留给了李世民。为了救刘文静，李世民得罪了裴寂。裴寂是一个正统思想极重的人，在李建成与李世民之间，他本来就更倾向于李建成。此次李世民口出不逊，他嘴上虽然不说什么，心中却是恨李世民恨得要死。

就这样，裴寂在无形之中被推到了李建成一边。李世民注定要在将来为现在的冒失付出沉重代价了。李世民本来就看不上裴寂，见他害死了刘文静，便有心找他算账。但是，他现在没有时间，因为有一件无比棘手的事情正等着他来处理……

第五章
东方时空：讲述刘武周被平背后的故事

·

·

　　李元吉硬着头皮跃上马背，咬了咬牙，挺枪向尉迟敬德刺去。结果还是一样的尴尬，一连三次，李元吉手中的长槊都被尉迟敬德活生生地抢了去。李元吉好不尴尬，脸皮红一阵儿白一阵儿，脑袋比屁股都大了。这次丢人可丢到家了！

龙的故乡丢了

武德元年八月（618年），八巨头之一的薛举病亡；十一月，浅水原一战，薛举之子薛仁杲被李世民击败，薛举势力至此败亡。薛仁杲的败亡意味着唐王朝在西北的主要威胁已经解除。至此，李唐东进南下的后顾之忧不复存在。

这件事情深深地刺激了李渊东北方向上的老邻居、八巨头之一的刘武周。

刘武周，原籍河间景城，后随父母迁居马邑。此人乃隋末枭雄之一，生得十分给力。据载，某年某月的某一天，他爹刘匡和老婆赵氏坐在院子里乘凉。突然，有一个雄鸡模样的东西，划着长长的光线飞入了赵氏的肚子里。赵氏吓坏了，赶紧抖落衣服，却什么都没有。但不久之后，她就怀孕了，生了个带把的，就是刘武周。

瞅瞅，挺具有古典浪漫主义色彩吧？这还不算啥，《隋唐演义》的说法更离谱，说刘武周其实是二十八宿中的昴日鸡下凡，还说他脑袋后面长了一个鸡冠子，就差说刘武周的脚丫子是三个趾了。吾不语怪力乱神，这些迷信的东西不足为信，在此郑重声明。

刘武周"骁勇善射"，喜欢"交通豪侠"。啥是豪侠呢？说白了，就是古惑仔，就是大混混。他哥哥刘山伯总是数落他："你交友不慎，咱们家迟早灭族。"但刘武周不听，还是我行我素。后来，杨广发布诏书，征召士兵去攻打高句丽。刘武周一个冲动便报了名，并在第一次征讨高句丽的战役中立了点小功，被授为建节校尉。

二次征讨高句丽归来，刘武周回到第二故乡马邑，并当了一名鹰扬府校尉。王仁恭对刘武周格外重视，让他当了自己的亲兵统领。我相信，如果王仁恭有未卜先知的本领，知道刘武周的肚子里面装了些什么样的下水，打死他都不会做这个决定。

刘武周其实是个狼心狗肺的人，王仁恭对他如此恩宠信任，他却和王仁恭的小妾对上了眼儿。这对男女一来二去，就从地下滚到了床上。刘武周知道，天下没有不透风的墙，王仁恭迟早会知道这件事，到时候，王仁恭肯定轻饶不了他。于是，他决定抢先下手，做掉王仁恭。

大业十三年二月初八，刘武周带着小弟张万岁等人，在府衙刹掉了王仁恭的脑袋。他提溜着王仁恭的脑袋在郡里转了一圈，全郡无人敢动。刘武周也是隋朝官员，擅杀朝廷命官，该当何罪，他当然很清楚。于是，刘武周一不做二不休，开仓放粮，招兵买马，举起了反隋的旗帜。他自称太守，遣使向突厥始毕可汗称臣，换得了突厥的支持，从此称霸代北。

刘武周也是个明白人，他知道，李唐在扫荡完薛举之后，下一个目标必然是自己。他决定先发制人。武德二年（619 年）三月，刘武周突然发难，以大将宋金刚为西南道大行台，率两万精兵，南下进攻李唐。

这个宋金刚肌肉健硕，力大无穷，且谋略过人，堪称勇敢与智慧的化身。事实证明，此人端的是厉害。他四月袭破榆次，五月攻陷平遥，六月占领介州，进展极为迅速。

当时，李渊刚刚审理完刘文静一案。收到警报之后，他赶紧任命裴寂为晋州道行军总管，督军抗击宋金刚。论吃喝玩乐拍马屁，裴寂绝对是一等一的高手，说起打仗，他也是一等一的高手，只不过是倒数的那一种。八月，度索原一战，唐军被宋金刚打得全军覆没，光杆司令裴寂用了一天一夜，灰溜溜地逃回了晋州。

这可把太原留守李元吉给吓坏了。他二话不说，带着自己的大小老婆弃城而走，连夜狂奔回长安。李唐的龙兴之地旦夕之间就沦于宋金刚之手。消息传来，李渊自杀的心都有了。他语带哭腔地说："晋阳强兵数万，食支十年，兴王之基，一旦弃之。"

这还远不算什么，紧接着宋金刚攻陷晋州，进逼绛州，占据龙门，攻占浍州，一路高歌猛进、所向披靡。

他的快速突进引发了一连串的连锁反应。夏县人吕崇茂聚众起义，自号魏王，响应刘武周。据守蒲坂的隋朝旧将王行本也与宋金刚眉来眼去，勾搭成奸。

宋金刚仅用了半年多一点儿的时间，就将大半个山西收入囊中。至此，李唐在黄河东岸的势力范围只剩下晋西南一隅之地。本来就不大的国土转瞬丢了一半，朝野大震。李渊慌了神，召集群臣开会，讨论御敌之策。

玄武门的血

李渊有些过度悲观了，甚至想放弃河东，收缩兵力，固守关中。这个时候，李世民跳了出来，强力反对。他认为，晋阳是大唐的龙兴之地，是国家的根本，不能轻言放弃；而且，河东地区是大唐控制范围内比较殷实富裕的地区，国家的财政税收主要靠这里了，丢了河东，以后就得勒紧裤腰带过日子了。所以，李世民强烈要求，率兵出击宋金刚。

李渊知道儿子很能打，见他这么有信心，便转了念，让李世民率军出征。十一月，李世民趁黄河冰冻的机会，率军渡河，征讨宋金刚。他屯兵柏壁，却对宋金刚避而不战。一时间，双方陷入了对峙僵持。这个时候，夏县的吕崇茂正闹得欢呢。李世民便抽出一支人马，由叔叔永安王李孝基带领，前去攻打夏县。

这个李孝基和李渊是叔伯兄弟，他爹是李渊的四叔。李孝基也很能打，十二月的时候，他已经将吕崇茂死死地围在了夏县。眼见城池将破，吕崇茂只得向宋金刚求援。宋金刚严重地鄙视了吕崇茂，连个李孝基都打不过，好了，好了，我就派手下第一猛将去支援你吧。

这员猛将，大家应该都知道，他的名字叫作尉迟敬德。

尉迟敬德，跟我混吧！

尉迟敬德绝对可以算得上是五千年中华文明史上最知名的历史人物之一了。在任何一部讲述初唐历史的评书、小说或者电视剧中，都有此人的身影。时至今日，乡野村夫提起尉迟敬德，如数家珍，滔滔不绝。

但是，大家真的了解他吗？不见得。不信，就考大家一个简单的问题：尉迟敬德是什么族？有人说了，难道不是汉族吗？当然不是！尉迟敬德实际上是个彪悍的羌族汉子。

大业末年，尉迟敬德从军于高阳，"讨捕群贼，以武勇称，累授朝散大夫"。刘武周占据马邑造反后，便将尉迟敬德招入麾下。他骁勇异常，极善使槊，号称天下第一，威震代北。

李孝基在关键时刻犯了麻痹大意的错误。就在他以为必胜无疑的时候，尉迟敬德的援军突然出现在他的后方。城中的吕崇茂趁势出击，与尉迟敬德里应外合，夹击李孝基。这一仗，唐军败得实在是太惨了，又一个全军覆没。李孝基与陕州总管于筠、工部尚书独孤怀恩、内史侍郎唐俭等人全部被俘。后来，李孝基图谋逃归李唐，事泄被杀，成了李唐在统一全国的过程中牺牲的第一位王。

李世民听说宋金刚派人去救援吕崇茂，担心李孝基出事，赶紧派秦叔宝等去救，但已经来不及了。尉迟敬德打了个大胜仗，高兴坏了，哼着小曲儿往回走。路过美良川的时候，傻眼了，中伏了。

秦叔宝虽然没赶上救援李孝基，但他左思右想，也不能白来一趟啊，否则回去怎么和李世民交代！于是，他就在美良川设伏。果然，得胜的尉迟敬德未加防备，被秦叔宝一顿暴揍，灰头土脸地跑了。

这回，桀骜不驯的尉迟敬德可算是遇到对手了。不久之后，宋金刚又派他率兵前去救援王行本。这一回,李世民亲自出马,亲率三千骑兵连夜抄近道,截击尉迟敬德军。尉迟敬德此次败得更惨,仅与部将寻相逃脱,其余人马全都被李世民给包了饺子。

武德三年(620年)四月,宋金刚终于因粮尽而支持不住,从柏壁向北撤退。李世民一直等的就是这个机会,立即率军追击。宋金刚在前面狠狠地跑,李世民在后面快快地追,"一昼夜行二百余里"。

终于,李世民在雀鼠谷追到了宋金刚,一日八战,宋金刚八战八败,损兵数万,逃往介休去了。李世民不依不饶,继续追击。介休大战,宋金刚彻底失败,率残部投奔突厥。

刘武周的势力随后瓦解。

尉迟敬德未能突围,被困在了城中。李世民觉得这厮挺厉害的,起了爱才之心,就派人去劝降:"跟我混吧!"尉迟敬德见大势已去,便献城投降。李世民非常高兴,任命他为右一府统军,让他继续统领旧部八千人。

此举引发了唐军众将的不满,其中闹得最厉害的是屈突通。屈突通认为,尉迟敬德和宋金刚关系不错,将来铁定会反叛,劝李世民将他杀掉,但李世民每次总是摇头不语。

疑人不用,用人不疑!

谁才是真正的天下第一?

很快,有一条消息传入了齐王李元吉的耳朵中。说是秦王李世民新收了一个小弟,名叫尉迟敬德,此人有万夫不当之勇,极善使槊,号称天下第一，单枪匹马往来于敌阵之中，如履平地。

李元吉听了，勃然大怒。因为他也擅长使槊，并且多年以来，他始终认为有且只有自己才是货真价实的天下第一。现在，冷不丁地冒出一小子，居然大言不惭地说他是天下第一，真是太气人了！李元吉决定去找尉迟敬德单挑，让大家伙儿都看看，谁才是真正的天下第一。

这天，李元吉找到李世民，强烈要求同尉迟敬德切一切、磋一磋。

李世民见他如此认真，不好拒绝，只得同意。

李元吉想得还挺周到，为了避免发生流血受伤的不愉快场景，他命人把槊刀去掉，只用杆来刺。正在这个时候，大老粗尉迟敬德却突然冒出一句："殿下，我看您就不用这么做了。您即使有槊刀，也伤不了我一根汗毛。我把自己的槊刀摘了就可以了。"

李元吉先是惊讶，继而又是怒火中烧。没想到这个大黑脸居然如此嚣张，敢当众下他的面子。好啊，你可真狂啊，那就别怪我长槊无眼了。其实，李元吉误会了。尉迟敬德完全没有蔑视他的意思，他就是自信心爆棚。

李元吉求胜心切，操起长槊，向着尉迟敬德就刺过去了。

一次，没刺着，失误，一定是失误。

两次，没刺着，这个黑鬼反应还挺快嘛。

三次，还是没刺着，果然有两把刷子……

N次，不给面子，你就不能待在那儿，让我刺一下吗？

怯懦悄悄爬上了李元吉的心头，事实证明，尉迟敬德确实厉害。李元吉知道，自己可能真打不过这个黑鬼。他有心趁早收手，正要开口，有一个声音飘入了耳中："敬德啊，躲槊和夺槊，哪个更难？"

说话的是李世民。

尉迟敬德老实回答："夺槊更难。"

李世民征战多年，当然知道夺槊更难。他这么一问，是考虑到尉迟敬德再厉害，也未必能从四弟手中夺得长槊。李世民有心让弟弟挽回面子，所以就让尉迟敬德和李元吉再较量一下夺槊。

李元吉硬着头皮跃上马背，咬了咬牙，挺枪向尉迟敬德刺去。结果还是一样的尴尬，一连三次，李元吉手中的长槊都被尉迟敬德生生地抢了去。李元吉好不尴尬，脸皮红一阵儿白一阵儿，脑袋比屁股都大了。这次丢人可丢到家了！

李元吉从来都不是一个宽宏大量的人。他恨尉迟敬德让自己当众出丑，更恨李世民存心让自己难堪。那个恨啊，犹如滔滔江水连绵不绝，又如黄河泛滥，一发而不可收。

我要报复！

不倒翁

李世民当然没看出弟弟怀恨在心，他现在正高兴呢！

因为，害死刘文静的元凶裴寂此刻正在天牢里面蹲着呢！

裴寂败归长安以后，被李渊一顿奚落："你是怎么搞的?! 给你那么多的人马去对付宋金刚，你却败得如此惊天动地！你丢不丢人?!"裴寂耷拉个脑袋，低头无言。

盛怒之下的李渊下令将他关入天牢，交有司审讯。

李世民心中偷乐，丧师失地，这可是大罪啊，裴寂就算不死，也得变成臭咸鱼，翻身无望了。可是，现实很快就让他失望了。没过多久，裴寂又被释放了，不仅释放了，而且李渊对他的恩宠反较以前有增无减。

什么叫不倒翁? 这就叫不倒翁！

李渊对裴寂的好是常人难以理解和想象的。李渊每天上朝，都要在自己的龙椅旁给裴寂设一个专座，两人一起处理国家大事。在房间里谈话，面对面坐着都嫌不够亲密，愣是要把裴寂拉到自己的床上。裴寂说东，李渊绝不说西。裴寂说坐，李渊绝不说站。见了裴寂不叫裴爱卿，而是叫裴监（相当于我们现在的"张总""刘董"等称呼）。有人状告裴寂谋反，李渊不仅不相信，反而带着三名妃子以及美酒佳肴到裴寂府上搞慰问晚会。

一次，李渊甚至还推心置腹地对裴寂说出这样一番话："我们老李家本来就是世家大族，所以起兵不到一年，就成就了帝王之业。哪像以前那些朝代的君主，起于微贱，苦心经营，才最终拥有了江山。老裴你也是出身官宦人家，历任要职，出身刀笔小吏的萧何、曹参也没法和你比。千百年以后，只有你和我无愧于前人啊！"

李世民傻了眼。他毕竟还是年轻，根本无法理解李渊和裴寂之间的特殊感情。想当年，李渊兼任晋阳宫宫监的时候，他的副手正是这位裴寂裴大官人。两人相处得很好，"延之宴语，间以博弈，至于通宵连日，情忘厌倦"。李渊最终下定决心举兵，裴寂的劝谏之功可谓大矣。

李渊在晋阳起兵之后，裴寂特意拿出了大手笔来襄助自己的好朋友。他利用职务之便，一口气提供给义军铠甲四十万领、彩布五万段、大米九万斛。当然了，这些东西也不是裴寂自个儿掏的腰包，隋炀帝当了冤大头。不过，李渊依然万分感激裴寂，从此在心中给老裴重重地记上了一笔。

李渊也是个知恩图报的人。他进入长安后不久，即让傀儡皇帝杨侑提拔裴寂为大丞相府长史，进封魏国公，食邑三千户；此外，还赏赐给裴寂良田一千顷、豪华别墅一栋、布匹四万段。李渊给裴寂这么大的好处，其感激之情、信任之意可见一斑。

后来，李渊打起了龙椅的主意。当然了，他本人是绝对不会说"我想当皇帝，你们拥立我吧"之类的话。李渊的矫揉造作别人看不出来，却逃不过裴寂的眼睛。傀儡皇帝提出退位让贤的想法之后，李渊拼命地推辞。大臣们纷纷劝说，可李渊偏偏要讲究"高风亮节"，就是不上座。

关键时刻，又是裴寂跳了出来，他引经据典地劝李渊说："夏桀和商纣王败亡之时，他们的儿子都在。但是商汤和周武王却并没有臣服于他们的后代，而是自己当了天下之主。"裴寂的潜台词其实是这样的：想要成为一代明君，就不能执着于迂腐的礼法观念。对一个人的忠诚是小忠，对天下人的忠诚才是大忠。他还撂下了狠话："我的权位和俸禄都是大唐给的，如果你不当大唐的皇帝，我就辞官不干了。"

他的表态给李渊挣足了面子。在裴寂的一手策划之下，李渊高高兴兴、体体面面地登上了皇帝的宝座。登基之日，李渊才对裴寂说出了自己的真心话："我能有今天，全都拜你所赐啊！"

所以，裴寂在李渊心目中的分量无人可及，他和李渊的亲密劲儿让李家兄弟都羡慕得眼发红。

放眼满朝，有谁能有这般恩宠？

李世民再牛，暂时也不敢对老爹的哥们儿怎么样。

第六章
决战武牢：李世民的巅峰之战

·
·

在唐军的大营中，王世充与窦建德终于相逢了。如果说相逢是首歌的话，王窦的相逢注定是一首悲情的绝唱。一个枭雄和一个英雄被另一个枭雄给打败了。这个时代既是属于他们的，也是属于李世民的，但是归根结底，还是属于李世民的。然而，从这一刻起，属于他们的时代已经过去了，未来只属于李世民一人。

战神来踢馆

如果我们拿房地产的眼光看当时群雄征战的情形，是这样的。

从晋阳起兵发展到现在坐拥西北江山，大唐集团已经从举事之初毫不起眼的中小企业成长为房地产界一颗冉冉升起的璀璨新星。此时的大唐集团要钱有钱，要人有人，实力雄厚得不得了，俨然一副业界辛迪加的派头。然而，胃口越撑越大的李氏父子是不满足于仅仅做一个区域性的辛迪加的。在他们的内心深处，有一个更为狂野、更为宏大的目标：成为全中国房地产界的超级托拉斯。

为了实现从辛迪加到托拉斯的跨越式发展，大唐集团在先后盘下陇西和代北这两块极具升值潜力的地产之后，又把目光投向了当时最为火爆的地产——中原地区。可是，十分不巧的是，这个地区已经有公司在开发了。它们是宇文化及房地产集团、瓦岗寨股份有限公司、窦建德房地产开发集团和洛阳房地产股份有限公司。这几家公司可以说是当时中国实力最为雄厚的房地产巨擘。在强手环伺中，大唐集团想要进军中原，委实是一件十分困难的事情。

其实，大唐集团很早以前就盯上中原这块风水宝地了，只是由于当时实力不够，无法与这几家大公司抗衡，所以只好暂时先开发西北的土地。等到完成了资本的原始积累之后，再进军中原。

但是，李唐并非全然没采取任何行动，他们在中原地区采取了小规模的蚕食战略，今天从王世充手里夺一个县，明天从窦建德的嘴里抠一个郡。这种小打小闹倒也有好处，无论是王世充还是窦建德，都觉得犯不着为了几座小城而与李唐发生大规模的冲突。

现在，随着刘武周的败亡，挺进中原的条件终于成熟了。这一年，李唐已经完成了陇西和代北这两个投资项目，并且从这两个项目中赚了个盆满钵满，钱也有了，人才也有了，是时候再开发新的项目了。但是，光有这些内部条件还不够，最主要的条件来自外部。而外部条件的成熟，要感谢一个人，这个人就是王世充。

在王世充的悉心经营之下，洛阳房地产股份有限公司迅速发展壮大，先是挤垮了宇文化及房地产集团，后来又收购了瓦岗寨股份有限公司；此外，因为贪心的老王想收购窦建德房地产开发集团旗下黎阳的地产，所以又与窦建德发生了冲突，两家公司之间的关系弄得很僵，大有老死不相往来之势。

这样，原先四分中原的格局，一下子变成了洛阳房地产股份有限公司与窦建德集团互相对峙的二分格局。志得意满的王世充终于在放荡中变态，居然又在公司内部搞起了清洗，结果不仅没有从根本上解决问题，反而把员工给弄得死去活来、痛苦不堪，公司的业绩一降再降。

所有这一切都被擅长搜集商业情报的大唐集团掌握了。大唐集团的董事会一致认为，进军中原的时机条件已经完全成熟了。

武德三年（620年）七月初一，李渊下敕，派秦王李世民率五万精兵东出函谷关，攻击王世充的郑国，迈出了挺进中原的第一步。

当五万唐军雄赳赳、气昂昂地越崤山、出函谷之际，大郑皇帝王世充正在宫中宴饮。当值班太监急匆匆地把唐军来袭的战报呈到王世充的面前时，王世充再也无法保持往昔的那份从容与潇洒了，颤抖得握不住手中的酒樽。"当啷"一声，酒水飞溅，脆生生的金石撞击声在空旷的大殿中经久不息。

在那个崇尚武功的年代，李世民在民众心目中的地位无异于流行教主，其影响力丝毫不逊色于今日之皮特、周杰伦。从晋阳起兵到霍邑鏖战，从巧渡河东到入主长安，从平定陇右到收复代北，在每一个关键的时刻，李世民总是能挽狂澜于既倒，扶大厦于将倾。面对颓势，善于创造奇迹的他总是能屡战屡胜，鲜有败绩，名动天下。

李世民绝对是那个时代独一无二的战神。

是的，这回，狼真的来了。

弟弟，有哥罩着你呢！

李世民要收拾王世充，偏有人要从中插一杠子。

这个人是谁呢？他就是突厥的处罗可汗。

得承认，处罗这个人是突厥民族出类拔萃的一代英才，雄心大欲，"有凭陵中国之志"。他一直在密切关注着中国各方力量的对比格局。现在，李唐一方独大，隐隐有君临天下、一统全国之势，这是处罗可汗最不愿意看到的。

七月初一，李世民开拔。初二，处罗可汗就迫不及待地派人出使王世充，想和王世充结盟，遏制李唐。也许是天不藏奸吧，该使者行至潞州地界，遭到了李唐地方官员的袭击。

潞州官员从突厥使者的嘴中套出了一份绝密情报，立即上报李渊。该情报大致有以下三个要点：突厥与王世充结盟，共同对付李唐；突厥已经与大唐并州总管李仲文结成同盟；李仲文将趁唐、郑交战之时，引导突厥骑兵直扑长安。

这份情报将李渊吓出了一身冷汗。王世充的郑国对李唐而言，并不是致命的威胁。唯有北方的这个突厥，才是大唐最强劲的敌人。大唐攻打郑国，这就好比是螳螂捕蝉。要不是潞州官吏截获了这份情报，李渊怎么也不会想到背后还有一只虎视眈眈的黄雀。

七月十三日，李渊迅速做出了反应：

首先，命太子李建成迅速赶赴蒲州（今山西省蒲县）坐镇，以防御突厥可能的袭击。

其次，暂时废除并州总管府，征召李仲文入朝，派礼部尚书唐俭安抚并州。

果然，李建成到达蒲州后没多久，处罗可汗就出手了。月底，突厥的傀儡梁师都引着突厥铁骑南下入侵。在李建成的统一调度和英明指挥下，唐行军总管段德操打退了来犯之敌，斩首一千多。

这场小胜的意义是非常重大的。在浅层面上，这场胜利瓦解了突厥人的入侵，保护了国家安全；在深层次上，这场胜利使突厥人与王世充结盟的计划流了产，有力地支援了李世民。决策者自然是李渊，操作者却是太子李建成。

弟弟，你就放心地打吧，后面有哥罩着呢！

正在前线厮杀的李世民显然还不知道这一切。唐军进展极为迅速。七月二十八日，唐军与郑军首战于慈涧，双方老大李世民和王世充都亲自上阵。

最终，郑军不敌，收军回营。

第二天，王世充就撒丫子溜了。

也正是在这一天，李世民又新收了一个小弟，王世充属下洧州长史张公谨。此时的李世民并不怎么待见张公谨，装腔作势地敷衍了几句，就把人家撂在一旁了。他可没有想到，在不久以后的那场惊天大变当中，就是这个张公谨在紧要关头挽救了他的性命。

兵贵神速是李世民一向的作风。他完全没有给王世充以喘息的机会。李世民将所部唐军分为五路，连营扎寨，逼向王世充，其部署之精细、处断之果决，无愧于战神之称。很快，河南各郡县相继陷于唐手，洛阳完全成为一座孤城。

用人不疑，疑人不用

在李世民的部署之下，唐军对洛阳发动了猛烈的进攻。攻城的梯队一队接着一队，一伙连着一伙，前面的倒下了，后面的马上补上。可是，即便如此，李世民却始终没有突破洛阳的城防。

郑军甚至搬出了自己的看家宝：大炮飞石和八弓弩。大炮飞石重达五十斤，射程达两百步。八弓弩的箭身像车辐那么长，而箭头像一把大斧。可想而知，如果被这八弓弩射中，绝对是死状恐怖。别看这家伙很重，却能飞行五百步之遥。

谁能受得了这些重型武器的袭击？

王世充拿出了如此阵势，李世民只好望城兴叹。

战局进入艰难时刻，原先投降的刘武周那些部将居然全都叛逃到王世充那里了，只剩下尉迟敬德一人。

临阵投敌，这可是战场上的大忌，素来为兵家所不齿。本来呢，唐军与郑军鏖战多时，众人的心里都憋着一股邪火呢。偏偏在这个当口，刘武周的小弟们几乎全都倒向了王世充。这种事情换了谁都受不了。于是乎，众人就把这口恶气撒在了尉迟敬德的身上，将他关入了大牢。众将纷纷向李世民进言，说尉迟敬德叛逃那是迟早的事，强烈建议将他杀掉了事。

在这个紧要的关头，李世民却展现了惊人的识人眼光。

他力排众议，坚信尉迟敬德不会叛逃："我和你们的想法刚好相反，尉迟敬德要是想叛逃，早就叛逃了。"

为了安慰尉迟敬德那颗受伤的心，李世民赏赐了大量的金银给他，并且诚恳地对他说道："大丈夫之交，应该意气相投。我从来没有怀疑过你，你应该体谅。如果你不能谅解，想要离去的话，我就把这些金银送给你。"这个姿态摆得挺高的：我李世民从来没有怀疑过你。如果你坚持要走，没关系，你放心大胆地走。我不仅不会拦你，而且还要支付你为我办事的酬劳。

尉迟敬德当然没走，但他什么也没说。第二天，李世民带着尉迟敬德去榆窠打猎。也是合该有事，偏偏此时，王世充手下骁将单雄信率步骑兵数万来袭。这单雄信原本是瓦岗寨的一员大将，李密败亡之后，此人投降了王世充。他一心想要生擒李世民邀功。所以两军刚一交锋，他就单骑直取李世民。李世民的左右根本抵挡不住单雄信的攻势，眼看着李世民就要被生擒。

正在此时，尉迟敬德及时杀到，一槊就将单雄信刺于马下。他保护着李世民杀出重围之后，又统率唐军精骑向郑军发起了猛攻。郑军大败，大将陈智略被生擒，排槊兵六千人被俘。

这次突如其来的遭遇战，成为尉迟敬德一生的转折点。

从此，李世民就在心中给尉迟敬德重重地记上了一笔。

千面人兽封德彝

攻坚战从武德三年的秋天一直打到武德四年的春天。唐军的士气遭到了严重的打击。就连主帅李世民也快要沉不住气了。如果再拿不下洛阳，就真要有麻烦了。眼见着洛阳城变成了一块鸡肋，食之无味，弃之不忍。

这个时候，很多部将站了出来，建议李世民停止进攻，先撤回关中，进行休整，等到士气恢复之后，再来攻打郑国。但李世民拒绝了，机不可失，时不再来，等到你的士气恢复了，人家的士气也恢复了，好不容易打下的大好结局，一朝放弃，实在是太可惜了。

紧接着，又冒出一个人。这个人着实让李世民颇为踌躇。因为这个人是他的老爹李渊。听说洛阳久攻不下，李渊也是心急如焚，他连夜下了一道密令给李世民，让他赶快退兵。

李世民非常为难，依着他的意思，他是不想前功尽弃的，可是老爹已经下了密令，不听总是不好的。思来想去，李世民决定派一个人去说服李渊。这个人是隋末唐初极富传奇色彩的人物，他的名字叫作封伦，字德彝。

封德彝出身世家大族。封德彝小的时候，他的舅舅卢思道就常常对外人说："此子智识过人，必能致位卿相。"开皇年间，时任内史令的杨素前往江南平叛时，将封德彝征召为行军记室。大船行至海曲，杨素决定召见这个传说中的封德彝。可能是过于激动了，封德彝居然在进谒途中失足落水，好在有人及时相救，才无性命之忧。封德彝回去换了一身衣服，又来拜见杨素，但他却绝口不提刚才落水之事。

最后，杨素实在是忍不住了，主动问封德彝为什么不将刚才的事告诉他。

封德彝一本正经地回答说："私事也，所以不白。"

杨素听了，"甚嗟异之"。

后来，杨素负责营造仁寿宫的时候，隋文帝来检查验收。杨坚是个崇尚勤俭节约的人，他见宫殿造得十分奢华，便大发雷霆："杨素你这个浑球儿，居然把宫殿造得这么豪华，让我怎么面对天下的老百姓啊？"

杨素吓坏了，生怕皇帝会治他的罪。可是，封德彝却相当淡定："您不必惊慌，待会儿皇后到了，肯定会为你说好话。到时候，皇上就会下敕重赏你了。"杨素表示严重怀疑。

果然，独孤皇后替杨素说了好话，杨素不仅没有挨罚，反而还受了赏赐。

杨素十分惊诧，回来后便问封德彝："卿何以知之?"

封德彝呵呵一笑："陛下崇尚节俭，所以必然会生气。但是他特别听皇后的话。皇后是个女人，就喜欢奢华漂亮。只要皇后满意了，皇帝肯定也就不会生气了。"

杨素听了，佩服得要死。杨素这个人啊，自恃出身高贵且有点才华，从来不把任何人放在眼中，却独独欣赏封德彝。每次和封德彝聊天，一聊就是一整天。他每每不胜感慨地抚着自己的座位对封德彝说："封郎必当据吾此座。"

客观地讲，封德彝确实有两把刷子，但是此人心术不正，品德欠佳。对于封德彝而言，撒谎骗人如同家常便饭一般平常，跳槽背叛如同食色二性一般自然。

我给他起了一个外号，叫作千面人兽。这位仁兄简直将厚黑学发挥到了极致。他四面玲珑、八面来风，见人说人话，见鬼说鬼话，从隋朝一直混到了唐朝，周旋于当世最为杰出的人才之间，不仅毫发无损，而且大富大贵、大红大紫。最让人叹为观止的是，在他有生之年，没一个人能发现他的阴险卑鄙，当真是不负"千面人兽"这个诨名。

隋文帝时期，杨素是第一红人，封德彝就投靠杨素；隋炀帝时期，虞世基走红，封德彝又选择虞世基做自己的老板。这虞世基可以说是隋朝第一佞臣，虽然他的名声比不上后代的秦桧和严嵩，但是他做的那些勾当一点也不比这两个人少。这厮完全是个不学无术的家伙，毫无理政能力，只会拍隋炀帝的马屁。

封德彝和虞世基混在了一起，一个有权势，一个有智慧，成了绝配的"坏蛋二人组"。在老封的指点之下，虞世基干起坏事来更是变本加厉，花样迭出。有了虞世基的庇护，封德彝也是胆大妄为：大臣上的奏疏中如果有攻击虞世基的言辞，封德彝就全部扣下；他还干涉司法，一个本已宣判定刑的案件，他非要再额外加刑，借此树威；皇帝给大臣的赏赐，他都敢随意削减。

隋炀帝坐困江都之后，封德彝又投靠了宇文化及。宇文化及要篡位，派他去挤对皇帝。封德彝巧舌如簧，一件件、一桩桩地数落隋炀帝的罪行。隋炀帝杨广只回了一句"卿是士人，何至于此"，便将封德彝噎得"赧然而退"。

宇文化及穷途末路之后，封德彝又串通宇文化及的弟弟宇文士及，一起投降了李唐。李渊常年在外带兵，根本不知道朝廷的内幕，他一想，封德彝也是从前的同僚，如今又有说服宇文士及投降的功劳，就任命封德彝为内史舍人。

这次李世民出征王世充，把封德彝也带上了，让他做了个随军参谋。李世民觉得封德彝在老爹面前还有几分面子，就让他回去说服李渊。他还真选对人了。"大忽悠"封德彝到了长安，一番大论，就打消了李渊撤兵的念头。

封德彝正因此获得了李世民的好感。李世民一直觉得封德彝最亲近他，是他的人。但后来的事实证明，这一次，他看走眼了。需要指出的是，李世民精明一世，一生中看走眼的次数屈指可数。

黑老大窦建德来了

武德四年（621年）三月，一个噩耗传到了洛阳城下的唐军大营：八巨头之一的夏王窦建德尽起全国之兵，合三十万之众，前来援救郑国。窦建德现在已经进入滑州，与郑国的行台仆射韩洪顺利会师。恐惧像瘟疫一般迅速地传遍了整个大营，悲观的气氛弥漫着整个天地。

李世民最担心的事情还是发生了，窦建德果然来援救王世充了。而且，他还拿出了自己全部的家当，看来窦建德是准备决一雌雄了。李世民这厢还没理出个头绪，一众文臣武将已经拥进了他的大帐。瞬间，争吵声就把整个大帐都淹没了。

萧瑀第一个站了出来，他主张马上撤退，理由很简单，围困王世充已经快一年了，可是洛阳依然稳如泰山，什么时候能拿得下来，谁的心中都没有底儿。郑军大多是江淮地区的精锐战士，其战斗力本来就十分可观，只是因为缺少粮饷，所以才处处受挫。而夏军多年来一直在经受战火的历练，实力更是非同小可。如果郑军与夏军合流，我们就危险了。

这萧瑀是李渊身边的重臣，他这一表态，拥护他的人马上就跳了出来，劝李世民赶快撤退。大家都是有老婆和孩子的人，快一年没回家了，谁不想念啊！

李世民沉默不语，他在等，等那个唱反调的人。

这个人出现了。郭孝恪站了出来。当他的同僚都在极力劝谏李世民回兵关中的时候，郭孝恪一直在微笑。当他看到李世民的表情时，他眼里的笑意更加浓了。

现在，这个满含笑意的人站了出来，在人群中显得那么另类。对于目前的形势，他表现出了与众不同的乐观。他只说了一句话："王世充已经弹尽粮绝，洛阳城指日可下，窦建德前来援助，这分明是天意注定他们要全部覆没啊，我们应该凭借武牢的天险抗拒窦建德，伺机击溃夏军。"此言一出，犹如镜湖之中投下一块巨石，顿时惊起千层浪。

第一个吃螃蟹的人已经站了出来，主战派也纷纷地跳了出来。薛收的建议进一步细化了郭孝恪的想法。他指出，当务之急是兵分两路，一路人马继续围困洛阳，使王世充无暇反扑；另一路人马则进驻武牢，以逸待劳，伺机一举击溃窦建德。只要拿下窦建德，王世充就是赠品了。他更是做了大胆的预测："不过二旬，两主就缚矣！"

李世民笑了，他终于表露了自己的真实想法："来吧，来一个我收拾一个，来两个我收拾一双。王世充已经是上下离心，命不久矣；窦建德刚刚大胜孟海公，将骄卒惰。当前的首要问题是将南下的夏军挡住，使其不能与郑军合流。而阻挡夏军的唯一位置就在这里——武牢关（今河南省荥阳市汜水镇）。只要我们占据了武牢关，就相当于狠狠地扼住了窦建德的咽喉。"

"一举两克，在此行矣。"李世民斩钉截铁地说道。

事不宜迟，必须要抢在窦建德的前面抵达武牢。李世民将所部一分为二，让四弟齐王李元吉和屈突通继续围困洛阳，而他自己则率领精兵三千五百人东进武牢，迎战窦建德的大军。所幸，李世民赶在窦建德的前面，于三月二十五日入驻武牢关。

唐夏两军在武牢关下展开了拉锯战。

天上不会掉馅饼

别以为李建成很闲，他现在也很忙。

隋朝末年，群雄割据混战，内乱不休，北方的游牧民族趁机南下作乱。各路反王都忙着争权夺利，既没有时间，也没有力量"驱除鞑虏"。这其中，以突厥和稽胡两个部族最为过分。突厥大名鼎鼎，如雷贯耳，地球人都知道，咱就不说了。现在，单表一表这个稽胡。稽胡是匈奴人的一支后裔，由此可见，他们的历史也是相当悠久的，最起码也可以追溯到汉代。魏晋时期，稽胡人内迁，散居在今天山西、陕西的北部地区。他们与汉人杂居，生活方式也与汉人大致相同，属于那种高度汉化的胡人。

北魏时期，稽胡人趁乱崛起，建立了统一的国家政权，也曾经风光过一段时间。但是，好景不长，稽胡政权遭到了东魏的残酷打击，最终烟消云散。到了隋唐时期，稽胡部又冒出了一位杰出的英雄——刘仚成。

这个刘仚成趁着隋末群雄割据混战的大好时机，成功地实现了部族的兴盛。崛起的稽胡部落又走上了抢掠汉人邻居的老路。李渊的地盘正好和刘仚成紧挨着，因此深受其苦。这不，武德四年初，刘仚成趁着李世民与宋金刚鏖战的时机，再次兴兵犯境。

刘仚成这小子估计挺了解李世民的，知道李世民能打，所以就趁李世民分不开身的时机来骚扰。但是，他忽略了一点，李渊可不止李世民一个儿子。他也低估了一个人，这个人就是大唐太子李建成。

这天，李渊来找李建成："刘仚成又来了。你弟弟现在正与宋金刚对峙，分不开身。你也别坐着了，出去练练手吧！"

李建成回答："中。"

三月，李建成率军北上，与刘仚成率领的稽胡军主力战于鄜州（今陕西省黄陵县西南）。

刘仚成是笑着来的，但他是哭着回去的。因为，他没有料到，这个李建成也很能打。鄜州一战，稽胡军主力几乎全部被歼，数万精英一朝覆灭，刘仚成想死的心都有了。

更让刘仚成没料到的还在后头呢，李建成其实也是一个狠角色。李建成深知，百足之虫，死而不僵，稽胡部虽然遭受了重创，但搞不好将来又会来一个"春风吹又生"。所以，他想了一个一次性彻底解决问题的法子。

李建成不仅将俘虏来的稽胡酋长全部释放，而且还授予他们官爵。当然了，这些好处都不是白给的，条件有一个：返回部落，说服其他人来投降。这些酋长乐坏了，好啊，不仅恢复了自由，而且还有官做，行，没问题。甚至就连刘仚成也动了心，天下居然有这等好事儿？他也来投降了。于是，整个稽胡部都归降了。

李建成又说了，他要在稽胡故地设置州县，需要修建城池，这是稽胡人社会发展史上具有里程碑意义的盛事。但是呢，人手不够，所以啊，二十岁以上的稽胡人都要来帮忙。稽胡人一听，都高兴疯了，赶紧遵照执行。

这一天，所有二十岁以上的稽胡人全都集中到了指定地点。但是，等待他们的却是严阵以待的唐军。唐军将这六千多稽胡人四面围定，杀了一个干干净净。只有刘仚成，发现情况不对，抬腿溜了。稽胡部落本来就人丁不旺，鄜州一战，伤亡了好几万，今天又被屠杀了六千，整个部落所剩人口寥寥无几。

不久以后，这个古老的部族就从人类历史上永远地消失了。

事实证明，天上不会掉馅饼，掉下来的那不是馅饼，而是陷阱。

相逢竟是首悲情的绝唱

窦建德的小弟虽多，但架不住李世民用兵如神，几次交锋，夏军都以失败收场。而且，李世民还抽空派人抄了窦建德的粮道。很快，夏军的粮食就要吃光了，人心思归。

窦建德在极度的不情愿中迎来了人生的最大危机。他的部下和妻子都劝他撤军，但劝诫不仅没有打消窦建德的念头，反而更加坚定了他与李世民展开决战的决心。

根据细作的报告，唐军的马料快要用光了。窦建德听说之后，十分开心，马料没了，唐军的骑兵就只好到汜水的北岸去放牧了，这样防守武牢的力量必定大大削弱。

令人扼腕的是，窦建德的情报工作做得好，但是李世民做得比他还要好。窦建德以为李世民不知道他知道，实际上，李世民知道窦建德以为他不知道他知道。

五月的中原，春天的脚步已快要过去，溽热的夏天已隐约地显出了端倪。大河北岸满是绿油油的鲜草。细作的情报显示，李世民已经率领骑兵渡河，在河边牧马。

好啊，就等这一天了，攻取武牢就在明日。

初二这一天，窦建德率领全军攻打武牢，唐军就是坚壁不出。窦建德布好战阵等了约两个时辰，唐军死活不肯出来。时间已近晌午，艳阳高照。从早晨一直站到中午，夏军等得又渴又饿。体恤将士的窦建德一看这情形，就下令军士原地休息。老大终于下令了，众人争着去喝水。

窦建德也下马落座，喝起水来。喝吧，喝吧，尽情地喝吧，唐军不出来倒好，出来正好中了我的下怀。李世民不在，骑兵也不在，城内仅余不到三千步兵，只要你敢开城门，你们就肯定玩完了。窦建德边喝水边打着如意算盘。

武牢城头，唐军依然在毫不松懈地坚守着。突然间，晴日里一声炮响，吓得窦建德连茶碗都掉了。

只见，武牢的城门打开了。终于开了，等的就是这一刻。

李世民等的也是这一刻。

窦建德的嘴刚张开一半就定住了。

这是怎么回事？只见，从城内冲出的赫然是唐军的骑兵。原来，狡猾的李世民在头一天夜里，偷偷带着骑兵返回了武牢。窦建德以为李世民在北岸放牧，其实李世民一直在武牢城头注视着他。就在窦建德一愣神的工夫，唐军的骑兵已经冲到近前。

夏军仓皇应战，两军杀在一起。阵地上尘土飞扬，箭如雨落。夏军拥着窦建德且战且退。李世民觑准时机，率领骑兵突入夏军纵深，来回冲杀，如此反复四五个回合，夏军的阵脚终于大乱。李世民最后一次猛插到夏军的阵后，举起了唐军的大旗。夏军将士回头一看，以为唐军已经占领了大营，再也无心恋战，全军溃散，四处逃命去也。

窦建德也在乱军中中了一枪，没办法，刀枪面前人人平等。慌不择路的窦建德逃到了牛口渚，被早已在这里等候多时的唐将白士让和杨武威生擒。

早先，夏军中就流传着这样的童谣："豆入牛口，势不得久。"果不其然，窦建德选择了牛口渚，就好比当年曹操选择了华容道。所不同的是，等待曹操的是侠肝义胆的关云长，而等待窦建德的白士让和杨武威可没有关云长的那份从容和大度。

来了？来了！

那还有什么好说的，下马吧！

七天后，王世充终于在洛阳的城头看到了自己日夜悬盼的夏主窦建德，确切地说，是一个被五花大绑的窦建德，旁边还有一个得意扬扬的李世民。头脑一片昏然的王世充问自己的部下，突围南下襄阳怎么样？回答他的是一片可怖的沉默。

唉，王世充长叹一声。

洛阳这座永恒之城的城门终于打开了，王世充带着手下文武官员一千余人缓缓地走了出来。就在王世充迈出城门的那一刻，一面郑国的大旗从城头缓缓飘落。当王世充的脚踩在旗上面的那一刻，郑国与夏国从此不复存在，一个崭新的时代揭开了帷幕。

在唐军的大营中，王世充与窦建德终于相逢了。如果说相逢是首歌的话，王、窦的相逢注定是一首悲情的绝唱。一个枭雄和一个英雄被另一个枭雄给打败了。这个时代既是属于他们的，也是属于李世民的，但是归根结底，还是属于李世民的。

然而，从这一刻起，属于他们的时代已经过去了，未来只属于李世民一人。

第七章
从天策上将到文学馆馆长

·
·

在刹那间，李世民突然觉得，老爹屁股底下那把金灿灿的大椅子其实离自己并不遥远。那个东西或许不再是遥不可及。同样是李家儿郎，同样是嫡生儿子，自己比大郎更有才华，更有能力，更有威望。难道仅仅因为比平庸的大哥晚生了那么几年，就要被永远剥夺当皇帝的资格吗？

野心的种子

李世民在武牢关一战两克。大唐最为强劲的两个对手——伪郑和伪夏——在旬日之间灰飞烟灭，王世充与窦建德束手就擒，李唐进军全国的障碍被彻底扫清，一统山河、成就千秋霸业指日可待。

谁是最大的功臣？三岁的小孩子都知道：秦王李世民是也！这一回，李世民立下的不仅是功劳，而且是盖世奇功。以三千五百人马对阵夏郑联军三十万（后经证实此数为号称，但联军至少也在十五万人以上），居然以少胜多，以弱胜强，胜得那叫一个漂亮啊！想来三国的赤壁之战、秦晋的淝水之战亦不过尔尔。这一战绝对是隋末唐初最为经典的战役。在这场大战中，战神李世民的军事才华得到了最大限度的体现。

这场巨大的胜利一下子就把李世民推上了荣誉的顶峰，朝野上下欢声雷动，好评如潮。"秦王李世民"这五个字恰如这夏日的风，吹遍整个神州。

李唐之有李世民，实乃上天莫大的垂爱。七月初九，东征大军凯旋长安。

在为凯旋大军举办的入城仪式上，李世民出尽了风头。他身披金光闪烁的黄金战甲，一马当先，驰入城中。李元吉等二十五员威风凛凛的大将簇拥着王世充、窦建德等战俘逶迤随行。一万骑铁甲战队紧随其后，虎虎生风，刀锋似冷月，枪尖闪寒光。

李世民策马直奔太庙，向祖先的灵位献上王世充、窦建德以及隋朝皇室的车驾和御物。随后，又举行了盛大的清点战利品的"饮至礼"。简直是帅得无以复加。

事实证明，李世民当初的坚持是正确的。

李渊不好意思夸儿子，便一个劲儿地夸奖封德彝："你们的坚持是正确的。当年晋武帝身边有个贤臣张华。卿就是我的张华啊！"

这一年，李世民只有二十三岁，正是男人一生中最好的年华。年纪轻轻，就有如斯成就，正应了那句"自古英雄出少年"的古谚。伴随着这场巨大的胜利，李世民那颗膨胀的心也飞到了云端。在父亲满含鼓励与喜爱的目光中，在兄长李建成充满忌妒与无奈的眼神里，在群臣百姓如仰望天神般的眸子中，李世民隐隐读到了一种可能。

在刹那间，他突然觉得，老爹屁股底下那把金灿灿的大椅子其实离自己并不遥远。那个东西或许不再是遥不可及。同样是李家儿郎，同样是嫡生儿子，自己比大郎更有才华，更有能力，更有威望。难道仅仅因为比平庸的大郎晚生了那么几年，就要被永远剥夺当皇帝的资格吗？这样公平吗？

天底下的很多事情，往往都起源于一个微不足道的念头。

或许，我应该试一试。

一颗野心的种子悄然在李世民的心中生了根。

天策上将：官制史上的怪胎

儿子打了个大大的胜仗，李渊却是且喜且愁，喜的是宝贝儿子为国家社稷立下如此大功，当老爹的倍儿有面子；愁的是这样的盖世奇功，究竟该如何封赏呢？

我仔细地翻了翻文献史料，发现李渊之所以会因此而犯愁，是因为对李世民，他已封无可封，赏无可赏。有人笑了，你别瞎掰了，李渊可是皇帝哎，全天下都是他的，他怎么会赏无可赏呢？列位还别不信，且听细细道来。

现在，李世民的头上已经顶了四顶帽子。

第一顶——秦王。李世民是李渊的次子，在诸王当中，他排行第一，是无可争议的大哥大。

第二顶——太尉。太尉乃三公之首，主管全国军事，实际上就相当于中央军委副主席，堪称武官之最。

第三顶——尚书令。尚书令是尚书省的最高长官，由于名义上的文官之首——三师（即太师、太傅、太保）岗位空缺，所以尚书令的实际地位相当于后世的宰相，实乃文臣中的老大。

第四顶——陕东道大行台。陕东道是唐朝初年设置的最大的战时行政单位，专门负责经略洛阳，进攻王世充。

由上可见，无论在官位上，抑或在爵位上，李世民都已经达到了巅峰。李渊陷入了一个极为尴尬的境地。一方面，在现行体制内，对李世民，他确实是赏无可赏；另一方面，李世民立下了这么大的功劳，无论如何都是要赏的，否则的话，以后还如何激励士气啊？如果赏罚不明，你李渊还当什么皇帝啊？于是，李渊发挥自己的聪明才智，终于创造出了一个中国官制史上的怪胎——天策上将，将其授予李世民。

"上将"没什么好解释的。"天策"其实是一颗星星的名字。这颗星星的另外一个别名是"傅说星"。傅说其实是一个人名。此人约生于公元前1335年，卒于公元前1246年，是我国殷商时期卓越的政治家、军事家、思想家。李渊以"天策上将"命名这个新职务，其对李世民的信赖和期望可见一斑。

如果大家以为天策上将仅仅是一个类似"三好学生"的荣誉称号，

那可就大错特错了。天策上将不仅名儿叫得响，其内容也是相当的丰富。

首先，从面儿上讲，天策上将的地位仅次于名义上的文官之首——三师。前面已经交代过了，三师岗位空缺，所以，天策上将实际上就是大唐百官之首。

其次，从内里来说，天策上将可不是荣誉性的虚衔，而是有实际职事的，即"掌国之征讨"。天策上将府与二战时期日本的帝国大本营性质差不多，是一个全面掌控对外战争的军事机构。

为了便宜行事，李渊特别指示，天策上将有权"自置官属"。也就是说，李世民可以自行招募、选拔人才作为天策府中的官员。

根据《旧唐书·职官志》的记载，除天策上将外，天策府中共有大小办事人员三十四名，具体是：

长史一人，从第三品，具体管理府中的各类事务。

司马一人，从第三品，职能大致与长史相同。

从事中郎二人，从第四品下，协助长史、司马管理府中各类事务。

军咨祭酒二人，正第五品下，其实就是我们今天所讲的参谋，同时还负责接待任务。

主簿二人，从第五品下，大致就是今天意义上的文书，负责起草天策上将的教令、命令。

记室参军事二人，从第五品下，专门负责传递公文以及发出天策上将的教令、命令。

诸曹参军事十二人，每曹二人，共六曹，正第六品下。其中，功曹参军事掌管府中官员请假、出差、工资等事；仓曹参军事是管后勤的，掌管府中库、食堂、厨房等相关事务；兵曹参军事顾名思义就是管兵的，掌管府中士兵名册、考勤；骑曹参军事一看就是管牲畜的；铠曹参军事负责管理武器装备；士曹参军事的活儿比较杂，一方面掌管府中的各项工程，另一方面还担负着处罚士兵的职责。

参军事六人，正第七品下，主要掌管出差事务。

典签四人，正第八品上，协助军咨祭酒和记室参军事开展工作。

录事二人，正第九品上，协助记室参军事开展工作。

以上这三十四人的任免全部须由天策上将李世民提出建议，皇帝李渊只拥有象征性的决定权。而李世民会任用什么样的人，这个还用我多说吗？

需要指出的是，天策上将空前但不绝后。"玄武门之变"后，李世民便废除了天策上将府，有唐一代再未设置。后世只有两位天策上将，其一是五代后梁的马殷，另一则是北宋真宗皇帝的哥哥楚王赵元佐。

李渊还嫌天策上将不够，又加授李世民为司徒。三公，即太尉、司徒和司空。李世民早已是太尉了，现在又加了一个司徒（司空是李元吉）。李渊还真是"举贤不避亲"啊！

听完我的解析，大家可以对照历史好好想想，古往今来，有哪一个藩王能有李世民这般荣耀？同样是藩王，齐王李元吉和李世民差得简直就是十万八千里；同样是儿子，李世民距离李建成却只有一步之遥。在这种情况下，李世民如果不产生点儿想法，那才真是活见鬼了！

李世民是一个彻头彻尾的现实主义者。对于那些遥不可及的东西，他从来不会浪费心力去做无用的追逐。然而，对于皇位这个原本遥远此时却清晰得不能再清晰的东西，他真的动了心，从此一发不可收拾。

他已经位极人臣，皇位距离他已不再遥远，他只要踮起脚，伸手那么一够，或许就轻而易举地抓到手中了。

百尺竿头，只差那么一步了。

放弃吗？当然不!!

于是，就在朝野同贺武牢大捷的时候，就在李渊憧憬着一统中国的时候，一场围绕皇位继承权归属的争斗也悄悄地拉开了帷幕。

十八学士登瀛洲

大胜归来的李世民声誉如日中天，风头俨然已盖过太子李建成。

李建成当然也有些着急。他每次看到这个弟弟时，都会油然生出一种前浪即将被后浪拍死在沙滩上的无奈感觉。是啊，有这么一个能力超强的弟弟在身边，李建成的日子确实过得不舒坦。

他总是隐隐觉得，二郎世民似乎对属于自己的皇位起了觊觎之心。没有什么确凿的证据，只是李建成本能的直觉。这种直觉告诉他，他的弟弟似乎不是要从他的大锅里分上一杯羹，而是要把整个大锅都搬走。

当然，李建成宁愿相信自己的直觉是错误的。因为，他们毕竟是一母所生，血浓于水，不到万不得已之时，怎能骨肉相残、兄弟阋墙？况且，李世民羽翼已丰，秦王党已现雏形，想要动他，委实不是一件容易的事情啊！

也许在最初的日子里，李建成确实是一个忧天的杞人。可是，随着功勋的累积和野心的膨胀，现在的李世民真的对皇位产生了浓厚兴趣。李建成的杞人之忧终于变成了现实。

不就是想要证据嘛，李世民并没有让李建成等待太久。

解决掉王世充和窦建德以后，其他的割据势力已经是秋后的蚂蚱——没几天可蹦跶的了。李渊也没有再让李世民带兵征战。起初，李世民以为这是老父对他的关爱。直到后来，他才知道了李渊的真实想法。当然，这个是后话了，暂且按下不表。

眼看着"海内渐平"，老爹也不再让自己操劳了。于是，李世民便发展出了一个新的爱好——谈"文学"。

很明显，李世民是一个不甘平庸的人，因为他无论干什么，都要搞出大的动静来。这不，他不光自己谈"文学"，还拉着别人一起谈。为了谈得更好，李世民甚至还斥资修建了一座文学馆。

李世民把杜如晦、房玄龄、虞世南、褚亮、姚思廉、李玄道、蔡允恭、薛元敬、颜相时、苏勖（xù）、于志宁、苏世长、薛收（后薛收死，又补刘孝孙入馆）、李守素、陆德明、孔颖达、盖文达以及许敬宗等十八个文人墨客吸纳到文学馆中。

李世民还授予他们"学士"称号。他对十八学士礼遇有加，命大画家阎立本为十八学士画像，像下书写各人的名字、爵位、乡里，并叫褚亮一一作出像赞。不仅如此，他还让人把这些肖像、文字说明及赞语珍藏于书库，以流传后世。

十八学士所享受的待遇和荣誉，很快就传遍了文人圈。当时的士人都以能够进入李世民的文学馆为荣。他们认为，进李世民的文学馆就好比"登瀛洲"。众所周知，瀛洲是我国古代神话当中的神山。这些士人的意思就是说，进入秦王李世民的文学馆，就好比来到了神仙居住的瀛洲，能享受到神仙般的待遇。

当时的风雅之士，就把杜如晦等十八人进入文学馆这件事称为"十八学士登瀛洲"。

应该说，这是初唐文化界的一件盛事。但正是这件盛事，为李建成对李世民的怀疑提供了肯定的证据。因为，李世民办文学馆，完全是挂羊头卖狗肉，其意不在文学，而在乎政治也！

挂羊头卖狗肉的文学馆

为什么说李世民挂羊头卖狗肉呢？因为，这个所谓的文学馆根本就不讨论诗词歌赋之类的文学，他们研究的是一种更加复杂和烦琐的东西。这种东西的英文名字叫作"波利缇克"，中文名字叫作"政治"。史书里面就明确说了："每暇日，访以政事，讨论坟籍，榷略前载。"看看，讨论的是"政事"，并非文学。

李世民将十八学士分为三组，每组六人，轮流值宿于秦王府。李世民每次入朝归来或军务闲暇之时，都会与当值的学士们讨论古籍中的治国之策，评议前代的政治得失，经常会讨论到深夜。

由此可见，十八学士实际上就是一个以房玄龄和杜如晦为首的专门为李世民服务的政治决策集团，换成我们当下的时髦词汇，就是"智库"。如果大家对贞观朝的历史了解较多的话，你就会惊叹：这个文学沙龙拥有一个多么豪华的阵容啊。其中的房玄龄和杜如晦都是贞观时期的宰相。其他人的知名度虽然没有他俩那么高，但是在贞观朝他们可都是炙手可热的人物。

李世民为什么要建文学馆呢？有人说，"文学馆"的建立是太宗李世民由"崇武"转变为"尚文"的一大标志。我听了只觉头晕。首先，并不是李世民偃武修文，兴趣转变了，而是之后的统一战争，他老爹不用他了；其次，当上了皇帝的李世民也没见得有多"尚文"啊，灭东突厥，平薛延陀，击吐谷浑，征高句丽，打得不亦乐乎。

他建文学馆的真正目的，其实是为自己招募人才。

与李建成不同，李世民常年在外带兵。他征战多年，晋阳起兵、问鼎长安、攻拔薛举、讨平刘武周、剿灭窦建德、收服王世充……这些大仗要仗，哪个他都没落下，哪个也少不了他。唐初的军事斗争基本上被李世民和他的将领们承包了。沾着李世民的光，秦王系的将领们也迅速成长为大唐军队系统的中坚力量。

在军界，李世民有着相当深厚的根基。

在政界，李世民可就要比李建成差多了。因为李世民和政界的人打交道的机会少，身边也缺少有思想、有能力的大臣。他开办文学沙龙，一是为了笼络房玄龄、杜如晦这样的人才，二是为了弥补自己在政界根基浅薄的劣势。

这其中就有猫腻了！为什么这么说呢？大家想啊，一个藩王，放着娴雅恬淡的日子不过，又是拉拢军界的人，又是在政界培养势力，他这是想干吗呢？答案岂不是昭然若揭？

文学馆挂羊头卖狗肉的情况终于被李建成掌握了。脑海里一直以来的猜测最终还是变成了活生生的现实。李渊可以不管不问，但是身为太子的李建成可就坐不住了。现在，二郎世民的手是越伸越长了，居然伸向了本不该属于他的东西。

于是，李建成就在脑海里把李世民由亲人划到了敌人一边。

事到如今，什么兄弟情谊啊，什么手足情深啊，什么血浓于水啊，全都靠边站。李世民固然有他的金刚棒，李建成也有自己的降魔杵。

究竟谁是骡子谁是马，咱们拉出来遛遛！

第八章
站在李建成背后的两个女人

· · ·

常言道："每一个成功男人的背后，都站着一个成功的女人。"其实，这句话不完全对。因为，在每一个失败男人的背后，同样也都站着一个、有时甚至是数个失败的女人。总而言之，言而总之，不管是成功的男人，还是失败的男人，他的背后都会站着女人。

盯上老爹的后宫

常言道："每一个成功男人的背后，都站着一个成功的女人。"其实，这句话不完全对。因为，在每一个失败男人的背后，同样也都站着一个，有时甚至是数个失败的女人。总而言之，言而总之，不管是成功的男人，还是失败的男人，他的背后都会站着女人。

为什么？因为这世界既是咱们男人的，也是人家女人的，而且我们只占半边天，另一半则是属于人家的。就连暗流涌动、凶险异常的政治领域，都有无数勇敢的女人在不停地涉足，一代接着一代，前赴后继。谁说女人只爱花前月下、穿衣打扮？实际上，政治从来都不是男人的专利。

这不，在大唐太子李建成的身后，同样站着两个对政治充满了高昂热情的女人：张婕好和尹德妃。

其实，咱们也不是头一次碰到这两个女人了。还记得吧，在前文中，我曾经讲过，李渊着了裴寂的道儿，居然在酒醉之后睡了隋炀帝的妞儿。没错，那俩妞儿就是张婕好和尹德妃。当初她们还只是张美人、尹美人。

李渊晋阳起兵之后，裴寂大慷隋炀帝之慨，给李渊送钱、送粮、送布，最后发展到了送人。他将晋阳宫中的五百名宫女全部送到军府服杂役。李渊的那点儿小爱好，裴寂当然也是十分清楚的，会来事儿的他主动将张美人和尹美人送到了李渊的府上。

男人征服了世界，女人则征服了男人。这句话用在张、尹二女的身上是再合适不过了。

当上皇帝以后，老李就将治国理政的大事交给了太子建成和一干臣子，对外的军事斗争则一股脑儿地扔给了李世民。他封张美人为婕妤、尹美人为德妃。三人终日里沉醉在吃喝享乐、莺歌燕舞的"后现代生活"当中。

张婕妤和尹德妃两人就组成了太子党的第一股势力——后妃派。但是，我们万万不能像李世民那样轻视这两个女人。虽然她们娇艳欲滴，虽然她们弱不禁风，虽然她们妩媚动人，虽然她们只是漂亮的女人，但问题的关键在于，她们是大唐皇帝李渊的女人，而且还是李渊当时最为宠爱的女人。

本来，她们俩和李氏兄弟是没什么关系的，无所谓支持谁、反对谁。不管两兄弟当中的哪一个当了皇帝，都得给她们按时、足额地发放生活费。再说了，等到李渊驾鹤西游、重返瑶池后，她们就要"退休"了，领些退休金颐养天年。就理论上而言，她们完全可以不掺和这些事。

但是，她们偏要掺和。因为，她们都有孩子，尹德妃生下了酆王李元亨，张婕妤生下了周王李元方。她们都希望自己的孩子能够得到新皇的照顾，飞黄腾达，永葆富贵。

在李建成和李世民之间，她们当然更看好李建成。

她们之所以能和李建成一拍即合，除了自身的主观原因，李建成主动贴上来也是一个很重要的原因。当李世民在统一的道路上大踏步前进的时候，李建成就已经感受到了这位本事出众的二弟给自己带来的巨大压力。眼见着李世民步步紧逼、虎视眈眈，着急的李建成也赶紧扩大势力范围，寻找同盟。

李建成还是十分有眼光的，他直接瞄上了老爹枕边的红人——张婕妤和尹德妃。如果有这两个女人不时地给父亲吹吹枕边风，那我的太子之位岂不是会越发牢固？

李建成如是想道。

土地门事件

李建成不仅是这样想的，也是这样做的。打这以后，他隔三岔五就往宫里跑。今天和张、尹二妃谈谈什么流行时尚，明天给二妃送点上好的绫罗绸缎，后天则塞点东罗马的香水。女人嘛，就喜欢这些。

太子爷的逢迎拍马让张婕妤和尹德妃十分受用。她们一致认为：建成这个小伙子不错，不仅没有一点儿太子爷的架子，而且十分体贴周到。

李世民又是怎么对待这两位娘娘的呢？很简单，见了面，连眼皮都不带抬的，只是拱拱手，作个揖而已。至于什么馈赠啊，完全没有。说实话，换了我是张婕妤或尹德妃，肯定也是喜欢李建成，讨厌李世民。

也是活该李世民倒霉，就在李建成与张、尹二妃打得火热的时候，他却偏偏得罪了这两位姑奶奶。

击败窦建德和王世充之后，李世民俨然已经是无形的"中原王"了。他明白，兄弟们跟着他混也不容易，物质方面能照顾的要尽量照顾。在那个时代，最实在的赏赐莫过于土地了。而现在，李世民手上正好握有大量的土地。借此机会，李世民也以权谋私了一把，给自己的战友和小弟们批了很多地。

其中，李世民的远房叔叔——淮安王李神通是最大的受益者。李神通虽然名字叫得震天响，但是能力却比雨点都小。但是，李世民想过了，神通叔虽然能力有限，但是最起码，他的态度是十分端正的，跑前跑后，也出了不少力气。为了表示对叔叔的感谢，李世民特意给了他一块面积大、土壤肥的土地。

说来也巧，张婕妤的父亲也看上了这块土地。可是，李世民已经把地批给李神通了。老张头实在是太想要这块地了。怎么办呢？求土心切的老张头想到了自己的宝贝女儿，便极力怂恿张婕妤向李渊索要这块地。

李渊架不住张大美女的撒娇要横，张婕妤小嘴儿暖风一吹，老李的身子都酥了半边。还有什么好说的，别说是一块土地，你就是要天上的星星，朕也摘给你。李渊马上写了一道手谕交给张婕妤的父亲。李渊在手谕中说了，世民啊，这块地先不要给神通了，你把它批给张国丈吧。

老张头拿着李渊的手谕，兴冲冲地去找李世民要地。

没想到，他却碰了一鼻子灰，连沙子都没有带回来一粒。

原来啊，李神通实在是太喜欢这块地了。为了避免夜长梦多，有所差池，他提前就把相关手续给办完了。

一边是老爹，一边是叔叔，这可难为坏了李世民。思来想去，他最终还是选择了讲道理，委婉地拒绝了张父。

这可把张婕妤给气坏了，太子都要给我三分薄面，你秦王李世民为什么偏偏不买我的账？盛怒之下的张婕妤使用了女人的专利——使小性子，在李渊面前狠狠地告了李世民一状："陛下，您的敕令可不如秦王的教令好使啊！秦王对您的敕令不理不睬，还是把土地赏赐给了淮安王。"

男人有个通病，就怕在女人面前——尤其是漂亮女人面前——丢面子。李渊一听，这脸当时就挂不住了。你个浑小子，怎么搞的？害得老子在美人面前失信出丑。

暴怒的李渊把李世民叫过来就是一顿臭骂："难道朕的敕令还不如你的教令管用吗？"

话说到了这个份儿上，确实就比较重了。

眼见父亲龙颜大怒，李世民吓得汗流浃背，唯唯诺诺。

这档子事儿确实把李渊给气坏了。以致好多天后，他依然愤愤难平地对裴寂说："世民带兵带得太久了，被那些迂腐的儒生忽悠得五迷三道的，完全不像我以前的那个儿子了。"

瞧瞧，又是一个简单而真实的道理：

小事处理不好，很容易出大麻烦。

没妈的孩子像根草

不管怎么说，在批地这件事上，李世民确确实实是得罪了张婕妤。人家拿着皇帝的条子来领地，你偏偏不给，这当然就是你的问题，有凭有据，不容抵赖。

可是，要说他得罪了尹德妃，那就太冤枉了，简直比窦娥还要冤。没办法，有时候一个人倒霉起来，打个喷嚏都会诱发羊角风，喝点凉水都会塞牙缝。

尹德妃的父亲叫尹阿鼠。光是听这名字，大家就可以看出，这厮不是什么好东西。尹阿鼠仗着女儿是当今圣上最为宠爱的妃子，为非作歹，横行长安，实乃百姓一大祸害。上梁不正，下梁必歪。尹府的仆人似乎也高人一等，狗仗人势，嚣张跋扈得不得了。

一次，李世民最器重的幕僚杜如晦骑马过市。途经尹府时，守门的几个家童不由分说，将杜如晦拉下马来就是一顿暴扁，边打边骂："你是什么东西？经过我们尹府居然敢不下马，打你个土贼。"

这些家伙跋扈惯了，不把任何人放在眼里，下手没轻没重，最后居然把杜如晦的一根手指给打断了。

尹阿鼠虽然是不折不扣的坏蛋，但他并不是个傻瓜。听说手下人居然把秦王的大红人杜如晦给揍了，尹阿鼠立马就吓坏了。小人终究是小人，经过短暂的思想斗争，他最终做出了一个决定：恶人先告状。

尹阿鼠马上进宫，在女儿面前胡描乱画，颠倒黑白。话传话，等传到李渊耳中时，就变成了这个样子："秦王的部下杜如晦为人凶狠暴戾，居然在太岁头上动土，欺负凌辱了您的老丈人。"

李渊一听，勃然大怒。李二啊李二，上次你就欺负我的张婕妤，现在又欺负我的老丈人，你是不是和老子耗上了？不由分说，老李又将李世民一顿"爆炒"："连尹妃父亲这样的皇亲国戚，你的手下都敢欺负，那普通的老百姓还不得被你们欺负死啊？"

任李世民浑身是嘴，百般辩解，李渊就是不听。

张婕妤、尹德妃这种可爱又可恨的女人有三个比较有意思的特点：首先，心眼儿比较小，如果你不慎得罪了她们，那么，恭喜你，你麻烦大了，她们会寻找各种机会报复你。其次，她们是天生的演员，十分擅长表演，美丽的眼睛一眨巴，眼泪说来就来，再加上娇声细语，坑死你没商量。最后，女人很容易抱成团。这不，张婕妤和尹德妃很快就结成了反李世民战线，而且趁着一次机会狠狠地黑了李世民一把。

一次，李渊召集诸位皇子夜宴，众人觥筹交错，喝得兴高采烈。大家都很高兴，只有一个人例外：李世民。

李世民最近十分郁闷。不仅心怀叵测的大哥和四弟处处挤对他，而且偏听偏信的父亲还骂了他好几回。想当初，我小的时候，就是把你当马骑，在你脖子上撒尿，你也不会骂我一句的，现在这是怎么了？怎么就忽然不明是非了呢？

人在伤心的时候，总是很容易就想到自己的母亲，李世民也不例外。可是，一想到自己的母亲窦皇后，李世民却更加伤心了。

因为，这位慈善的母亲没有活到大唐建国的那一天。

世上只有妈妈好，没妈的孩子像根草。想到母亲对自己的疼爱和父亲对自己的呵斥，李世民不禁悲从中来，忍不住落下了眼泪。是啊，男儿有泪不轻弹，只因未到伤心处。

这一哭，又哭出事儿来了。

这么欢庆祥和的晚宴，大家难得聚在一起，这么高兴，你怎么就突然哭起来了呢？李渊的脸当时就拉下来了。

张婕妤和尹德妃瞅准了时机，在一旁煽风点火："陛下，现在天下一统，海晏河清。您已经操劳了大半辈子了，理应享受快乐的生活和愉悦的心情。可是，秦王突然失态，想来是忌恨我们得到您的宠幸。等到您百年之后，万一秦王继承了大位，他可不像太子那么和善，我们几个肯定不得好死。"说到这里，两人不失时机地掩着脸抽泣起来。

好厉害的女人啊！这小油浇的，正是时候。李渊的脸色一下子就黑了，他没有再说什么。

从此，他坚定了一个信念：建成这样的好孩子是不可以被辜负的。

玄武门的血

第九章
刘黑闼反唐：太子党吹响进攻的号角

·
·

　　怕，他们是真怕。因为，在隋末那片耀眼灿烂的星河中，窦建德也许不是最耀眼的那一颗，但他绝对是最特别的一颗。如果非要用一个简单的词来概括此人的话，那就是两个字：英雄。是的，窦建德是一个不折不扣的英雄。此人最大的特点是重情重义、信守承诺，并且终其一生，始终不渝。

晴天霹雳

在最初的日子里，或许是由于惧怕李渊的威严，又或许是因为时局尚不明朗，总而言之，太子党和秦王党的争斗还仅仅局限于在暗地里打擦边球这一初级阶段。今天你冷不丁给我一闷棍，明天我瞅准机会再还你一板砖，如此而已。

然而，随着时间的演进和斗争的趋烈，两党相互攻讦，分野日趋明朗。日益激烈的权力斗争最终从幕后走向了台前。一个意外事件的发生，成为太子党和秦王党全面冲突爆发的导火线。

这就是唐代历史上著名的刘黑闼起兵反唐事件。

刘黑闼祖籍贝州漳南，也就是今日河北省故城的漳南镇。一提起漳南，有读者就忍不住要拍大腿了。他和窦建德不就是同乡吗？

其实，这两人岂止是乡党，还是亲密的战友和和谐的君臣。想当年，窦建德之所以能像螃蟹那样横着走天下，刘黑闼可以说是功不可没。没有他鞍前马后、任劳任怨地征战厮杀，也就没有大夏国煊赫的国势。

然而，物换星移，情随事迁。武德四年（621年）五月初二，武牢关一战，窦建德兵败被擒，大夏国一朝覆亡。昔日的光华和荣耀遽然散去，心灰意懒之下，刘黑闼解甲归田，种田弄菜，从此不问世事。

但这样的清闲时光并没有延续多久。刘黑闼很快就体会到什么叫"树欲静而风不止"了。洞中方数日，世上已千年。从前的沙场悍将、今日的种田高手刘黑闼并不知道，就在他埋首田间、以耕疗伤的这段日子里，外面的世界早已发生了翻天覆地的变化。

原来，李渊、李世民对窦建德和他的大夏政权怀有深深的恐惧。

有人会问了，以李唐的实力和李世民的能力，犯得着这么害怕窦建德吗？

怕，他们是真怕。因为，在隋末那片耀眼灿烂的星河中，窦建德也许不是最耀眼的那一颗，但绝对是最特别的一颗。如果非要用一个简单的词来概括此人的话，那就是两个字：英雄。

是的，窦建德是一个不折不扣的英雄。此人最大的特点是重情重义、信守承诺，并且终其一生，始终不渝。

窦建德邻居家的老大爷是一位穷苦的平民。这位老人面朝黄土背朝天地辛劳了一生，可是到死却连个体面的葬礼都办不起。这个悲惨的消息迅速在乡里传播开来。正在田间赶着牛犁地的窦建德听说了这件事情，长叹一声后，就把自己的耕牛卖掉了，将卖牛所得的钱财交给邻居家办丧事。

窦建德能够做出这样的举动，可见在他的心目当中，"情义"二字的分量有多么重！很快，窦建德这个名字就传遍了四乡八镇，人们纷纷传颂，有这样一个年轻人，他卖掉了自己的耕牛，却为一个毫不相干的人办丧事。请记住他，他的名字叫窦建德。

几年后，当窦建德的父亲去世时，数千乡人自发地聚集起来，为这么一个不相干的老人送葬。送葬的队伍绵绵长长，延续数里。

大业七年（611年），窦建德因为受同乡好友孙安祖（强盗）的牵连，全家被杀。走投无路的窦建德只好落草为寇，加入了东海公高士达的队伍。高士达战死以后，窦建德就接管了他的队伍。老窦本人是个纯度为百分百的旧式农民，压根儿没上过什么书堂私塾，斗大的字不识一个。可是，文盲农民窦建德偏偏十分喜欢读书人。正是这一点，成为了窦建德和其他蟊贼的本质区别。越来越多的隋朝士人加入了窦建德的队伍。在这些读书人的辅弼之下，老窦的部下很快就发展到十万之众，称霸河北。

义宁二年（618年）二月，窦建德僭称长乐王。

武德二年（619年）二月，窦建德在聊城彻底打败宇文化及，宇文化及被杀。同年十一月，窦建德攻陷黎阳，山东全部为其所有，李渊的弟弟淮安王李神通和唐左武候大将军李世勣全都被窦建德俘虏。

武德三年（620年）正月，窦建德僭称夏王。

虽然窦建德造了反，当上了夏王，成了一国之主，但他依然保持着俭朴的生活习惯。每次战后都要缴获大量的战利品，可是他从来不拿一针一线，全部赏赐给自己的部下。

与王世充的矫情做作不一样，窦建德终其一生，始终都是这个样子。

很多义军领袖一朝称王后，就忙着营造豪华的宫殿，充实自己的后宫。可是，窦建德不一样。他住着普通的屋子，全家包括正妻曹氏连小妾加上丫鬟才十几个人而已。

他侠骨柔肠，义薄云天，是真正的大英雄。但正因为他是英雄，在李唐看来，所以他必须得死。果不其然，英雄窦建德和奸雄王世充同样是投降，但却遭到了不同的对待。王世充被赦免（后在贬往四川的途中被仇人所杀），窦建德却于七月十一日在长安被斩杀。

窦建德被杀害的消息很快就传遍了大江南北、长城内外。他原先的那些部将无不痛心疾首，恨不得生吞活剥了李家父子。可惜，成败已定，终归也只能是徒发愤慨。树倒猢狲散，众人自行解散，返回故里种地去了。

虽然最终的结果并不完满，但事情好歹是可以画上一个句号了。然而，就在这个本该息事宁人的时刻，李家父子的一个错误决定，却激起了轩然大波，险些把刚刚缔造的大唐给搭了进去。

李渊和李世民十分担心窦建德的部将会再次勾连起来，兴兵作乱。为了一劳永逸地解决问题，他们转而实施极端残酷的高压政策，大肆搜捕、残杀窦建德的旧将。身在洺州（昔日大夏王国的首都）的范愿、董康买、曹湛、高雅贤等人是惶惶不可终日。最担心的事情果然还是发生了。他们很快被洺州的地方政府告知了这样一个消息：朝廷要征召他们几个到中央报到。

对于范愿等人而言，这绝对是晴天一记霹雳。

还有什么面目去见天下人？

征召？报到？明眼人一眼就看出来了，这哪里是到中央报到，分明是去阴曹地府挂名嘛！

狗急了还会跳墙，更何况是人呢？危急关头，范愿把众人召集在了一起，他语重心长地对众人说道："王世充投降以后，他麾下的骁将单雄信等人被全家抄斩。我想，我们这些人到了长安，肯定也免不了要步他们的后尘啊。这十多年来，咱们兄弟把脑袋别在了裤腰带上，跟着夏王造反，说实话，早就是在阎王的生死簿上挂名的人了。现在，别人把刀架在了我们的脖子上，我们不如再次团结起来，一起干他一番惊天动地的事业。当年，夏王俘虏了李渊的弟弟李神通和女儿同安公主，他不仅好吃好喝地招待他们，最后还把他们安然无恙地送回了李唐。可是如今，李唐抓到了夏王，居然就把他给残忍地杀害了。我们蒙受夏王的厚恩，如果不为他起兵报仇，还有什么面目去见天下人呢？"

他的这一席话，说得在场群雄无不动容。是啊，事实不就是这个样子吗？尤其是最后的那句"若不起兵报仇，实亦耻见天下人物"，更是如一记重锤般重重地敲打在人们的心头。有拍桌子骂娘的，有摔盘砸碗的，有号啕大哭的……反正就是四个字：群情激奋。

但是，常言说得好啊，鸟无头不飞，蛇无头不行。造反这种事情，既是个粗活，也是个精细活，总得有个领头的不是，那谁合适啊？

于是，众人就算了一卦。卦象显示，"以刘氏为主吉"。大家一下子就想到了漳南的刘雅，于是就跑到漳南去拉拢刘雅。岂料刘雅已经断了称雄天下的念头了，还说什么"天下已平，乐在丘园为农夫耳。起兵之事，非所愿也"。真是气死人了，众人一怒之下，把他给做了。

这该如何是好啊，还有没有姓刘的了？

范愿一下子就想到了刘黑闼。他说："汉东公刘黑闼果断勇敢、足智多谋，且为人十分宽容，在士兵当中很有威信。我很久以前就听说刘氏当王的说法。现在，我们要举大事，想要尽收夏王的老部下，非得有刘黑闼不可。"

于是，一伙人就去找刘黑闼。刘黑闼可比刘雅爽快多了，为夏王报仇，中啊！

人活一口气，难得拼一回。众人说干就干。

武德四年七月十九日，也就是窦建德去世后的第八天，刘黑闼、范愿等人"杀牛会众，举兵得百余人，袭破漳南县"，正式举兵反唐。

消息传来，李渊大怒，特设山东行台，以淮安王李神通为山东道行台右仆射，专门负责镇压刘黑闼起义。八月初二，他又派太子李建成北上，安抚边疆，以防突厥趁火打劫。

兵家有言，师直为壮，曲为老。师出有名，就可以理直气壮。刘黑闼的哀军一路势如破竹，袭漳南，下鄃县，破历亭，接连斩杀唐贝州刺史戴元祥、魏州刺史权威、屯卫将军王行敏。原本偃旗息鼓的各路反唐势力趁机反弹，群起响应。一时间，山东、河北遍地烽火。

李渊赶紧下敕，调发关中三千步骑兵，由将军秦武通、定州总管李玄通率领攻打刘黑闼。派出这路人马后，李渊左思右想，觉得还不是很稳妥。于是，他想到了一个人，幽州总管李艺。

幽州王罗艺

李艺，本姓罗，表字子延，乃大隋襄州襄阳（今湖北省襄阳市）人氏。大业年间，罗艺屡立战功，被升为虎贲郎将，驻守涿郡，受右武卫大将军李景节度。

论工作能力，罗艺是相当强的，他"少习戎旅"，因而"分部严肃"；但是，论处理上下级关系的能力，他就不行了，不招上司李景待见。这是因为，罗艺乃一介武夫，"性桀黠，刚愎不仁"且"任气纵暴"，他经常欺负、侮辱李景。李景也不是吃素的，仗着自己的嘴皮子厉害，每次都将罗艺气得半死，"艺深衔之"。

隋末农民战争爆发以后，天下大乱。涿郡这个地方物产丰饶，加之又是讨伐高句丽的大本营，武器、粮草要多少有多少；而且，郡中的临朔宫里满是财宝，所以各路人马都想夺取涿郡。涿郡因此成为四战之地。

当时，涿郡共有四位虎贲郎将，除了罗艺，其余三人分别是赵什住、贺兰谊和晋文衍。这三人每次出战，都是大败而归，只有罗艺"前后破贼不可胜计"。眼见着罗艺的地位越来越高，影响越来越大，赵什住等三人眼红得要死。

罗艺也不是吃素的，他也看出三人对自己暗怀鬼胎，便抢先采取了行动。趁着一次外出作战的机会，他对手下的士兵说："咱们讨伐逆贼，屡立战功。可是，城里面那么多好东西，那些当官的却无心封赏我们。"这句话点燃了士兵心中的愤怒。大家一想，是啊，果然是这么一回事，干死这些坏人。

凯旋班师后，涿郡郡丞出城迎接罗艺，罗艺趁机将其囚禁，赵什住等三人又惊又怕，无奈之下只得跑出来投降。于是，罗艺把府库里面的财物都赏赐给大家，大开粮仓，赈济穷人。涿郡的老百姓万分高兴，踊跃投军。罗艺杀掉了不愿归降的渤海太守唐祎等数人，"威振边朔"，"柳城、怀远并归附之"。

他自称幽州总管，从此成为一方诸侯。

兵精粮足、能力出众的罗艺自然也成了群雄争相招募的香饽饽。八巨头之一的宇文化及曾经派人招降罗艺。但罗艺完全不理宇文化及："我本是隋朝的旧臣，世受皇恩，心怀感激。大隋颠覆，我是十分痛心的。"他将宇文化及的使者斩杀，并大张旗鼓地为隋炀帝发丧三日。

窦建德也派人劝降罗艺。罗艺却另有打算，他对小弟们说："窦建德是大大的贼人，宇文化及弑杀皇帝，这些人都是不能跟从的。现在，唐公李渊起兵，深得民心，且已经占据了关中。我打算率众归附唐公。我已经决定了，你们也不要废话，谁要是有异议，小心你的项上人头。"

正好李唐也在此时派人招降罗艺。罗艺顺势于武德三年（620年）归降李唐。

对于罗艺这种重量级人物，李唐自然是要高度重视了，不仅封罗艺为燕王，而且还赐姓李氏；不仅赐姓李氏，而且还"预宗正属籍"。什么是"预宗正属籍"呢？就是将罗艺列入了宗室的范畴内，单独为他建立了属籍。应该说，这是非常高的恩宠了。

在《隋唐演义》中，罗艺早在隋文帝时期便是一路军阀了，坐镇涿郡，号称北平王。他有一个儿子，名叫罗成，而且还是秦琼秦叔宝的表弟。这个罗成可是个相当厉害的人物，名列"十八杰"第七，又叫罗神枪，胯下一匹西方小白龙，掌中五钩神飞亮银枪，从没打过败仗，人称"常胜将军"。

演义中的罗艺与历史上的罗艺有很大的出入。

首先，罗艺发迹是在隋炀帝大业末期，隋文帝时期幽州的守将另有其人，那时的罗艺还在为明天而不断地奋斗着。

其次，罗艺根本就没有罗成这个儿子，罗成的原型是与罗艺同时期的唐将罗士信。

最后，罗艺和秦琼也没有任何的亲戚关系，八竿子打不着。

左膀右臂

李渊为什么会想到罗艺呢？原因大致有三：

一来，幽州距离山东很近，让罗艺出兵，既便宜又高效；

二来，罗艺有过人的军事才华和丰富的军事斗争经验；

三来，罗艺手下有不少能人异士。

在民间传说当中，罗艺手下有一支战斗力极其恐怖的王牌骑兵部队——燕云十八骑。这支部队总共只有十八个人。他们个个身着寒铁战衣，腰佩圆月弯刀，脸戴面罩，头蒙黑巾，只露双眼，披一件黑色披风，踏一双胡人马靴，负一张黄杨大弓，配箭十八支。他们只在大漠地区活动，很少进入中原，来无影，去无踪，神出鬼没。除了罗艺，只有一种人见过他们的真面目，那就是死人。每次他们出现的时候，都会给敌人带来一次惨绝人寰的大屠杀。

其实，什么燕云十八骑，都是浮云，在历史上并不存在。罗艺真正的得力助手是他的左右护法薛万均、薛万彻兄弟。薛氏兄弟和他们的父亲薛世雄很早便追随罗艺了，"俱以武略为罗艺所亲待"。

薛老爹在征讨窦建德的时候，被人家打得大败而归，回来后不久就气死了。从此，薛氏兄弟与窦建德结仇。武德元年年底，两兄弟随罗艺一起归附了李唐，罗艺被任命为幽州总管，哥哥薛万均被朝廷册封为上柱国、永安郡公，弟弟薛万彻则被封为车骑将军、武安县公。

薛氏兄弟都是将帅之才。罗艺投诚后不久，正赶上窦建德引十万人马来攻打幽州，罗艺打算和窦建德死磕。但是，薛氏兄弟却另有高见："敌我实力悬殊，此时出战，必败无疑。我们不如出老弱士卒背城列阵，等到敌人渡河来攻的时候，我们便率预先埋伏好的精骑百余趁势击之，一定可以打败他们。"

罗艺采纳了这个意见。一切果如薛氏兄弟所料，窦建德挥师渡河，刚渡了部分人马，薛氏兄弟即带领百余精骑展开突袭。窦军仓促不及，罗军一起杀出，窦建德大败而归。

第二年，窦建德又来了。这一回，他带了二十万人马，誓要以摧枯拉朽之势一举拿下幽州。这次的战斗十分惊险惨烈。窦建德的人马都已经登上了城垣。关键时刻，还是薛氏兄弟力挽狂澜。他们带领数百名敢死之士，通过地道，绕到了窦建德大军的背后。前后夹击之下，窦建德再次遭到失败。

罗艺接到李渊的敕书后，即刻点起本部军马，南下进攻刘黑闼。无论是他，还是薛氏兄弟，都没有料到，这次南下竟然使他们的人生出现了一个大大的转折。

罗艺军与李神通军在冀州城下会师。五万气势汹汹的唐军与刘黑闼的一万多人马会战于饶阳。唐军连营绵延近二十里，声势浩大，刘黑闼军由于人少势孤，只能背靠着饶河大堤列阵。

从场面上来看，这场即将展开的会战很具有戏剧性——众寡悬殊。

最终的结果更富有戏剧性——刘黑闼以少胜多，李神通、罗艺望风而逃，薛万彻、薛万均被生擒活捉。

李神通名字叫得贼响，打起仗来却很稀松，本就是个庸人。

但是罗艺等三人可都是当世杰出的将领。他们输了，不是因为他们盛名之下，其实难副，而是因为刘黑闼比他们还要优秀，还要杰出。

刘黑闼挺会玩，将薛氏兄弟剃成了秃子，当作驱使的奴隶。薛氏兄弟找了个机会，又逃了回来。罗艺见胜利无望，只得带兵返回了幽州。

着急的太子党

刘黑闼依然在前进；十月陷瀛洲，杀刺史卢士睿；十一月，陷定州，杀定州总管李玄通。窦建德的旧部纷纷起兵，杀死唐朝官吏，响应刘黑闼。十二月初三，刘黑闼军陷冀州。十二日，刘黑闼大破李唐常胜将军李世勣，斩首五千级。十四日，刘黑闼收复原夏国首都洺州。二十四日，陷相州，刺史房晃被擒，右武卫将军张士贵突围逃走。紧接着，刘黑闼又接连攻陷了黎、卫两州。

至此，刘黑闼仅仅用了半年的时间，就恢复了原先窦建德的地盘。他又派人出使突厥，与突厥新任可汗颉利结盟。颉利可汗派俟斤宋邪那率领突厥骑兵随刘黑闼征战。紧接着，刘黑闼又与高开道、徐圆朗等势力结为同盟。

李唐遭遇到建国以来最大的危机。

数路唐军，一路败得比一路惨。

刘黑闼迅速雄起的消息很快就传到了长安，引起了朝野的强烈地震。形势危急啊，由不得李渊父子不认真对待了。

不用说，在这种关键时刻，朝野上下都把目光锁定在了一个人的身上，那就是秦王李世民。舆论很快就把李世民推到了历史的风口浪尖之上。让李世民带兵东征刘黑闼的呼声空前高涨。

这种情况可把两个人给急坏了。他们是太子中允王珪和太子洗马魏征。从官名就可以看出，他们是李建成的人。

王珪，字叔玠，河东祁县（今山西省祁县东南）人氏。王珪少时，家中经济条件十分不好。但是他穷且益坚，不坠青云之志，"个性雅澹，少嗜欲，而且志量沉深，能安于贫贱，体道履正，交不苟合"。他的叔叔王颋是个明眼人，常常慨叹："我家门户所寄，唯在此儿耳！"

仁寿四年（604年），隋文帝驾崩，隋炀帝即位。他的弟弟汉王杨谅在太原起兵，反对兄长隋炀帝。王颋是杨谅集团的骨干分子。杨谅失败以后，王颋被杀，王珪受到牵连，只得逃入了终南山，时年三十四岁。他一直在终南山隐居了十多年，其间结交了两个好朋友，就是后来名满天下的房玄龄和杜如晦。

李渊入主长安以后，有人向他举荐了王珪。老李就任命王珪为世子府咨议参军，成为李建成的重要顾问。不久，李渊称帝，李建成被册封为太子，王珪也被升为太子中允。随着李氏兄弟权力斗争的展开，王珪也渐渐地与两个好朋友站到了对立的阵营。

魏征的知名度可就要大得多了。但凡知道点儿唐史的人，基本上都知道魏征这个人。此人乃是我国历史上最有名气的直谏之臣，其名文《谏太宗十思疏》更是振聋发聩，名扬千古。

魏征的人生际遇也是十分的坎坷。他老爹名叫魏长贤，早年做过北齐的屯留令。但是，魏征幼时，父母双亡，家道中落，他只好出家当了道士。史书上说他之所以要当道士，是因为"落拓有大志，不事生业"。不过，我觉得，他可能是丢不起那个人，不想吃苦过活，这才当了个衣食无忧的道士。

魏征和后来的明太祖朱元璋极为相似，一个干过道士，一个当过和尚，最后都成就了伟大的事业。和朱元璋一样，魏征对于自己的专业也不感兴趣，不想着修身养性、炼丹制药，却"见天下渐乱"而"属意纵横之说"。也就是说，这是个不爱宗教爱政治的道士。

大业末期，翟让、李密率领瓦岗寨群雄树起了反隋的旗帜，武阳郡的郡丞元宝藏起兵响应。元宝藏听说郡里有个叫魏征的道士笔杆子很好，就征召了魏征做自己的书记官，专门负责起草文书之类的文章。

天长日久，李密发现，在手下众人的奏疏当中，就属元宝藏的奏疏写得最好。他仔细一打听，原来是一个叫魏征的人写的。于是，李密就从元宝藏那里把魏征给要过来了。

魏征这个人啊，天生就是个直性子，有什么话都藏不住，有建议就要提，有想法就要表述。对于魏征而言，到了哪里都管不住自己的嘴，他又给李密提建议。

李密虽然十分有才华，但他同时也是一个极其自负的人，完全听不进魏征的想法。洛水战役之后，李密兵败于王世充，穷途末路之下只好投降了李渊。就这样，魏征跟着李密也来到了大唐。

起初，朝廷对魏征根本不重视，魏征虽有心建功，但"久不见知"。

当时，李密的部将徐世勣（即李世勣）依然控制着山东的部分地区，李渊有心将其招降。魏征觉得这是上天赐给自己的绝佳机会，便主动请缨。李渊授他为秘书丞，让他全权负责此事。魏征到了黎阳，别的啥也没干，就是发挥自己的特长，给徐世勣写了一封信。

徐世勣之所以迟疑未决，是因为他还有所顾虑。但是，在看过魏征的信之后，徐世勣二话没说，就归降了李唐。魏征不费一兵一卒、没花一分一厘就把这件事给办成了，从此进入了李渊父子的视野。

事儿办完了，魏征正要返回长安呢，突然发生了一件事：窦建德率众南下，攻打黎阳。淮安王李神通根本就磕不过窦建德，黎阳城破，魏征、徐世勣以及李神通三人全部被擒。窦建德不比李密，他还是十分有眼光的，一眼就看出魏征是个人才，便任命魏征为起居舍人。窦建德败亡以后，魏征才得以返回长安。

太子李建成早就听说魏征是个人物了，便主动出击，将魏征争取到自己一边，做了太子洗马（古代的官名，并非洗马的弼马温）。李建成对魏征可以说是礼遇有加，并没有因为他是降臣而有任何的不待见。魏征也是一个重情重义的人。他十分感谢李建成对他的知遇之恩，从此就竭尽全力为李建成出谋划策。

王珪和魏征十分着急。李世民屡立战功，声望日隆，已经隐隐地现出凌驾于太子之上的势头了。他在军界的根基日益深厚，放眼大唐一线将领，基本上都是李世民的人。这种情况是十分危险的。此次东征刘黑闼，战略意义远胜于武牢大战。李世民一旦取得胜利，他的威望就会给力到极点。于是，他们二人就一个劲儿地劝李建成领兵出征。

王珪、魏征着急，李建成比他们还要着急。

眼见着李世民从一个胜利走向另一个胜利，从一个顶峰攀上另一个顶峰，功劳簿越积越厚，李建成的感觉真可谓是如坐针毡了。当然了，这种复杂的感觉也不能完全地被理解为"嫉妒"，它的主要化学成分还是"惧怕"。身为当朝太子，居然被一个亲王弟弟抢了风头，换了谁都受不了。李建成迫切需要一场军事胜利来展示自己，他想要告诉李渊，告诉李世民，告诉全天下的人：我行，我可以。

在一个恰当的场合，找了一个恰当的时机，李建成委婉地向李渊提出了率军东征的请求。李渊回复的速度和简洁让他瞠目结舌，就俩字儿：不行。

李渊也并非存心要驳李建成的面子，他也有自己的考虑。李世民征战多年，军事斗争经验丰富，他的军事能力更是有目共睹。李建成呢，自打建国以后，除了鄜州大败稽胡一役外，就没打过什么像模像样的大仗、硬仗、要仗。派他去，李渊到底是不放心。此时的刘黑闼已经成了大气候，远非一般的小蟊贼。

关键时刻，李渊是不敢托大的。

面对危难的局势，李渊最终甩出了手中的唯一王牌——李世民。

当然了，现在的他以为自己有且只有一张王牌。可是，在不久的将来，现实将无可辩驳地告诉他，其实他的手里还有一张王牌，一张不亚于李世民的王牌。

水淹刘黑闼

武德四年十二月十五日，李世民率军东讨刘黑闼。消息传来，刘黑闼的将领们喜忧参半。喜的是，他们最为渴望的复仇对象——大夏国的掘墓人李世民送上门来了；忧的是，这位主儿偏偏还是当时出了名的一代战神李世民。

翌年正月，刘黑闼在洺州称汉东王，改年号为天造。窦建德时期的文武官员全部恢复了原来的职位。刘黑闼的反应大大出乎了李世民的意料，双方短兵接触了几回之后，他便要与李世民展开决战。

李世民，不要再绕了，就让我们一战定乾坤吧！

李世民大军抵达洺水，背靠河岸安营扎寨。同时，幽州都督罗艺也率军从幽州南下。

李唐中央与地方两路大军对刘黑闼形成夹击之势。罗艺首先给了刘黑闼一个下马威，徐河（今河北省保定市东北）一战，他大破刘黑闼的弟弟刘什善，"俘斩八千人"。

李世民怎么也没有料到，他会在洺水之岸遇到旗鼓相当的对手——刘黑闼。唐军两路近十万人马，兵力数倍于汉东军，居然是连遭败绩，连大将行军总管罗士信都被人家给做掉了。这罗士信可是初唐时代的顶尖高手，连他都折在了刘黑闼的手下，战斗之激烈可见一斑。

就这样，你来我往，眨眼间，两个月过去了。

刘黑闼首先坐不住了，他的粮饷保障很成问题，而李世民背后则有一个庞大的中央政府。虽然李世民屡遭失败，但是他光靠耗就能耗死刘黑闼。

这样下去是不行的。这日，刘黑闼在营中终于苦思出一计，他计划以小股部队伪装主力猛攻李世勣大营，届时李世民必然会率军前来救援。等到那个时候，汉东军就集中兵力击杀李世民。这在兵法上叫作擒贼先擒王。

李世民果然中计，被汉东军重重包围。关键时刻，又是尉迟敬德率领敢死队杀入重围，救出了李世民。望着李世民远去的背影，刘黑闼气得哇哇直叫。他知道，这样的机会以后都不可能再有了。

李世民死里逃生，回到大营之后，高挂免战牌。看来，正面决战是很难达到预期效果了，这个刘黑闼明显要比窦建德难缠得多。不愧是李世民，他很快就想到一个一举消灭汉东军的方法。

汉东军粮草将尽，刘黑闼只得率大军渡过洺水，与李世民一决雌雄。这场惨烈的战斗从中午一直延续到黄昏时分，直杀得天昏地暗、日月无辉。正在混战之际，只见滚滚大水突然涌来，两军尽被淹没。

原来，李世民所想到的办法就是在洺水上游筑坝蓄水，等到两军激战正酣之际，便放水淹刘黑闼。当然了，这难免要牺牲一些自家的人马。是役，汉东军阵亡一万余人，淹死近千人，刘黑闼只得率残部百人北走突厥。

紧接着，李世民又顺手平了徐圆朗。

洺水大捷的消息传到了长安，朝野上下欢声雷动，李世民果然没有让他们失望。

李建成尝试了很多种方法，都掩饰不住那滚滚袭来的失落，他黯然地对魏征说："这下子，山东平定了。"

"未必吧？"李建成还以为自己听错了呢，忙问道，"此话怎讲？"

魏征微微一笑："刘黑闼虽然兵败，但是他依然活着，汉东军的骨干人员大多也还活着。在不久的将来，他肯定还会卷土重来的。"

李建成默然无语，他也不知道魏征说的对不对。

这一次，李渊没有拒绝

还真被魏征给说中了。李世民班师回朝不到三个月，六月初一，刘黑闼借突厥之军，居然再次崛起。他率军包围了新城（今山西省宁武县），击毙代州总管、定襄郡王李大恩。李世民还陶醉在众人的追捧当中，可无情的现实给了他当头一棒。

这一次，他算是白干了。

事到如今，按说李渊也该考虑考虑李建成了。李建成也一而再再而三地表达了自己出战的愿望。可是，最终的结果还是让他失望了：李渊居然于十月，派齐王李元吉率军东征。

是啊，说起实战经验，李建成还不如自己的四弟呢。

李渊如此安排，也是有几分道理的。

望着李元吉踌躇满志的背影，李建成郁闷得不得了，连元吉都有机会……

同是一母所生，李元吉与李世民相比，差得却不是一点半点儿。人家李世民最起码还胜了刘黑闼一场，李元吉连刘黑闼的面都没见，就吓得跑回来了。

原来，李渊的堂侄——河北道行军总管淮阳王李道玄率三万精兵在下博（今河北省深州市东南）阻击刘黑闼。这李道玄素有"小李世民"之称，在皇族之中，最像李世民，极善用兵，也是个能征惯战之人。

李元吉对他也极为信任，他相信只要李道玄出马，一定可以击败刘黑闼。哪承想，下博一战，三万唐军被全歼，李道玄被当场击毙，成了李唐在统一战争中阵亡的第二位王。

李元吉又惊又怕，只好按兵不动。信州总管庐江王李瑗也被迫弃城西走，相州（今河南省安阳市）以北州县相继沦陷。

这一次，刘黑闼仅仅用了四个月的时间，就完全恢复了夏国的全部故有疆土，比第一次还快了两个月。

虽然都是太子党人，但是其他的太子党众对于李元吉兵败的消息却十分开心。这样的机会千载难逢啊，得为太子说几句啊。王珪、魏征等人纷纷劝诫李建成："秦王早已功盖天下，名满江湖了。而殿下您呢，只是因为年长才得以入主东宫，如果不树立功劳，是无法让天下人信服的。现在，刘黑闼卷土重来，他手下的人马还不到一万，只要您率大军前往征讨，一定可以取胜。而且，我们还可以趁机笼络山东的才俊，将山东划入我们的势力范围啊。"

到底是知识分子，想问题就是比较透彻。李建成大为所动，他马上向李渊提出了自己的请求。这一次，李渊没有拒绝。武德五年十一月初七，即公元 622 年 12 月 14 日，大唐皇帝李渊正式下敕，任命太子李建成为陕东道大行台及山东道行军元帅，让他统率大军东征刘黑闼。

这一次，输红了眼的李渊是下了血本。

李建成终于可以大展宏图了。

李建成大军赶到之时，刘黑闼正在率军围攻魏州。让刘黑闼颇为惊诧的是，李建成居然按兵不动。按理说，太子李建成让秦王李世民压了这么多年，好不容易逮到了一个出风头的机会，他理应速战速决才是。可是，他老人家偏偏是不动一兵一卒。如此不按常理出牌的人，刘黑闼还是头一次碰到。林子大了，果然是什么鸟都有啊！

刘黑闼并不知道，李建成其实根本就没闲着。你别看这几天唐军高挂免战牌，两军阵前风平浪静，实际上，李建成的中军大帐比现在的西单、王府井还要热闹。

这帮家伙干什么呢？

答案很雷人：他们在开茶话会。

茶话会？

没错，茶话会！这几日，李建成和魏征等人一直在讨论一个问题，那就是：为什么刘黑闼如此顽强，失败之后能够再次崛起？为什么以李世民之强悍都摆不平汉东军呢？思来想去，想去思来，还真被他们给找出了问题的症结。汉东军之所以造反，理由其实很简单：不甘心任人宰割。如果不是因为李渊和李世民血腥地清洗他们，鬼才会喜欢过这种刀口舔血的生活呢！

说穿了，还是那句老话：官逼民反。

世间再无刘黑闼

所谓一把钥匙开一把锁，问题的症结找到了，解决问题的措施也就浮出水面了。

魏征及时地贡献了一个金点子："今宜悉解其囚俘，慰谕遣之，则可以坐视离散。"就是说，释放已经俘虏的汉东军战俘，只要不再投靠刘黑闼，绝对既往不咎。谁说魏征只是个一根筋的腐儒？他的这个点子相当厉害。这一招在兵法里叫作"攻心计"。换成今天的政治学术语，就是"政治诱降"。

过去，李唐对汉东军将士的政策是"妻子系虏，欲降无繇"。就是说，造反者及其家属都是不可宽恕的，不接受他们的投降。现在，李建成采纳了魏征的建议，转而实施宽大为怀的政策：只要造反者的老婆说自己丈夫投降了，他就会被赦免，既往不咎。说实话，这是我听过的对战犯最宽容的政策。

这个政策的出台正逢其时。此时，汉东军的粮草已经消耗殆尽了。

人是铁，饭是钢，一顿不吃饿得慌。饭都吃不饱了，哪还有力气造反啊？何况，大家又听说新来的这个李建成宽大为怀，对于谋反的军士，只要放下武器，就绝对不追究了。于是，汉东军中开始出现士兵逃逸的现象。今天跑一个，明天跑一双，后天跑一群……

李建成的措施切实收到了"不战而屈人之兵"的效果。

刘黑闼眼见形势对自己日趋不利，担心魏州的守军出兵夹击，所以便趁着夜色悄悄地撤退到了馆陶。李建成率大军紧追不舍，一直追到了永济河边。当时，永济河上还没有桥，刘黑闼大军挤在河边无法渡河。刘黑闼只得派大将王小胡背靠河水列阵，自己亲自督促军士搭桥。好个王小胡，不愧是一代骁将，力敌唐军。一座简单的桥迅速地搭建起来，汉东军从容撤退。李建成赶忙派人追击，结果唐军只过去一千人，桥梁就折断了。

仓促之间，刘黑闼居然搞了个豆腐渣工程。李建成派刘弘基率骑兵追击，刘黑闼且战且退。到达饶阳城下时，刘黑闼回头一看，身边只剩下一百多人了，而且个个儿饿得眼冒绿光。刘黑闼任命的饶阳刺史诸葛德威及时出现，热烈欢迎刘黑闼入住饶阳。

刘黑闼起初不肯答应，但架不住诸葛德威"谬为诚敬，涕泣固请"，便率残兵进饶阳。岂料，诸葛德威突然发难，刘黑闼猝不及防之下，失手被擒。随后，诸葛德威献城投降，并将刘黑闼执送李建成处。

一个戏剧性的开始，一个戏剧性的戛然而止，这就是刘黑闼起兵反唐的故事。

《旧唐书》上说刘黑闼"无赖，嗜酒，喜博弈，不治产业"，活脱脱一副小流氓的样子。但是，观刘黑闼后天之所为，并非如此。

武德五年十二月底，隋末唐初又一大英雄刘黑闼在洺州走向了人生的终点。

一举三得

得胜了，该回朝了吧？

正事儿还没办完呢！

打仗不是目的，获取利益才是王道。李建成自己也知道，在政界，他比李世民根基深，但是在军界，他就远不及李世民了。李世民早就看到了自己的缺点，所以才会办文学馆，打着研讨文学的旗号招募政治人才。都说笨鸟先飞，其实会先飞的绝不是笨鸟。

李建成当然不甘落后，他早就想着如何把触角伸到军界了。这次出征刘黑闼为他提供了一个千载难逢的机会。李建成决定找三个人谈一谈。他第一个相中的就是罗艺。因为，这是一个超重量级的人物。至少在李世民的阵营中，还没有哪一个武将能比得上他。

首先，论身份，罗艺出身军人世家，他的父亲罗荣是隋朝的监门将军，而他本人也是驻守涿郡的虎贲郎将，都属于大隋的高级军官。其次，论军事能力，罗艺堪称当时数一数二的人物，他自幼便学得一身好本领，"勇于攻战，善射，能弄槊"。最后，论地位，李世民阵营的武将们从前都是某一诸侯的手下，比如李世勣是李密的小弟，尉迟敬德是刘武周的马仔。而罗艺呢，他本身就是一路诸侯。所以，他在归附李唐之后，受到了相当规格的优待。

李建成把罗艺叫来，问了一句话："小罗，跟我混吧？"

罗艺听了，受宠若惊，太子爷主动招揽，这可是求之不得的事情啊，子孙们的荣华富贵有着落了。于是，他点头应允，就此投入了李建成的旗下。

李建成的第二个谈话对象是他的堂兄庐江王李瑗。

李瑗的祖父李蔚是李渊的七叔。李瑗年长李建成三岁。武德元年，李瑗被任命为信州总管，获封庐江王。李瑗手中握有兵权，在信州经营多年，称霸一方。

李建成问李瑗："堂兄，跟我混吧！"

李瑗乐坏了："中！"

好，又一个，接下来，就该老四元吉了。

三人之中，李建成觉得说服李元吉的把握最大，因为他们之间的兄弟情谊曾经受过生与死的考验。早在大业十三年李渊在晋阳起兵之时，除李世民外，李渊的家人都远在河东的家中。为了确保家人的安全，老李迅速派人送信给李建成，让他带着家眷赶快逃离河东，来晋阳团聚。

可是，当时的形势十分危急。河东地方政府听说太原留守李渊居然谋反作乱，便迅速调派人手搜捕李渊家人。李建成只好带着家眷们东躲西藏。此去晋阳路途遥远，而且山水阻隔，只能走偏僻险峻的山路。李渊第五子李智云不慎掉队，遭到逮捕，后被解送大兴，旋即被害。李建成只好带着李元吉等人踏上了北去晋阳的生死征程。

这一年，李建成二十九岁，而李元吉只有十五岁。

这一路上，众人是跋山涉水、翻山越岭，饿了只能吃野果，有时甚至连野果也吃不到，只好去啃树皮，吃青草，渴了就喝山涧里的冷水，至于睡就更简单了：以天为被，以地为褥。到了夜半时分，山中气温骤降，兄弟俩只好紧紧地相拥在一起，靠彼此的身体温暖对方，好熬过这漫漫长夜。无数个夜晚，当野兽的嚎叫声在山中响起的时候，李建成也只能用瑟瑟发抖的双臂将李元吉紧紧地拥在怀里。

吃了无数的苦，克服了无数的艰险，兄弟俩终于带着家人到达晋阳。

有了这段一起吃苦的往事，有了这段被呵护的经历，李建成在李元吉心目中的形象日渐高大。李元吉深知，如果没有哥哥的悉心照顾，自己根本就无法活着到达晋阳。这或许就是人们常说的患难见真情吧！

但是，话又说回来了，感情归感情，政治归政治，该挑明的还是需要挑明。李建成又把李元吉召来了："弟弟啊，跟哥混吧，哥以后立你为皇太弟。"

李元吉本就对李世民怀恨在心，此时见大哥李建成开出这么大的一张支票，索性表明了自己的政治立场：誓死追随大哥，愿将大哥一手扶上帝位。

一个，两个，三个，拿下。正事儿办完了，该回朝了。正好罗艺入朝的请求得到批准，无限自豪与满足的李建成便带着罗艺班师凯旋。

细细说来，在平定刘黑闼这件事情上，只有李建成是最大的赢家。李世民兴师动众，徒劳无功，砸了招牌；李元吉声势弄得挺大，结果连刘黑闼长什么模样都没见到；刘黑闼为恩主报仇，其气节可敬可叹，然而到最后还是空将一腔热血洒黄土。

反观李建成，通过此次平叛，一是充分展现了自己的军事才能，二是将幽州总管罗艺、庐江王李瑗和四弟齐王元吉招入了麾下，三是成功地将山东、河北纳入自己的势力范围，可谓"一举而三役济"。

最最关键的是，他成功遏制了李世民的上升势头，打了一个漂亮的翻身仗。一代战神李世民盛名之下，其实难副，而原本默默无闻的太子李建成却一举鼎定乾坤，这样巨大的反差和鲜明的对比，李渊看在了眼里，世人也都看在了眼里。

李家兄弟从此正式决裂。

第十章
杨文干事件：李世民的还击

·

·

　　要说李渊自己也有问题。当时，天子的命令称为"敕"，太子的命令称为"令"，藩王的命令称为"教"。武德朝的一大怪就是：敕、令、教居然并行。而且，三者的法律效力竟然是相同的。李渊的敕并不比李建成的令效力高，李建成的令的效力和李世民、李元吉的教的效力是一样的。

"犯便宜"

武德六年（623年）二月，幽州总管罗艺入朝。这是罗艺自归附李唐以来，第一次入京朝觐李渊。李渊见到帝国藩篱，也十分高兴，"遇之甚厚"，"拜左翊卫大将军"。

这下，刚刚得胜的罗艺可就有点儿忘乎所以了。瞧瞧，连圣上都这么看重我。他自以为"功高位重"，除了皇帝和李建成，就不把任何人放在眼里了。

其实，他还是不了解李渊。李渊这家伙其实是在给他灌迷魂汤。罗艺虽然名义上是唐臣，但实际上，他是割据一方的分裂势力。他的军队虽然打着大唐旗号，可姓的都是一个"罗"字。这样的人，怎么能让李渊睡得着觉？李渊之所以对他这么好，说到底还不是为了稳住他？

如果罗艺是个聪明人的话，他就应该学着低调，学着内敛，尽可能不要予人以口实，让人家给抓住把柄。但事实证明，他并不聪明。他很快就办了一件极其愚蠢的事情，还差点儿因此丢掉小命。

李世民知道罗艺很擅长治军，就派部下到罗艺的军营中考察学习。结果，罗艺却"无故殴击之"。罗艺不是街头流氓，当然不会无故打人了，他之所以要揍李世民的人，一是因为自我膨胀，目中无人；二是为了向李建成表明立场。

李世民什么都没有说，因为他知道，有人肯定会管，他压根儿就不用说什么。

这个人就是李渊。

按理说，罗艺只是将人打伤，又不是将人打死，纵然被殴之人是李世民的部下，但又能有多重的处罚呢？

但李渊听到这件事后的反应大大出乎罗艺的预料。他直接下旨，将罗艺投入了大牢。李渊正想着怎么找机会对罗艺下手呢，可巧他自己偏要往枪口上撞。天堂有路你不走，地狱无门你偏要闯进来。

这种行为被民间老百姓称为"犯便宜"。

看来罗艺这次要玩完了，李世民也是这么想的，但很不幸，我们都猜错了。过了一段时间，李渊又将罗艺放了出来，而且"待之如初"。史书上虽然只有寥寥数语，不过我觉得，这里面大有玄机。

李渊为什么又将罗艺放出来了呢？我认为，原因有二：其一，罗艺是李建成麾下最有实力的武将，李建成当然不愿意失去如此强援，便极力在李渊的面前为罗艺说好话。其二，突厥是大唐最主要的威胁，而罗艺戍边多年，有着和突厥作战的丰富经验，颇为突厥所忌惮。李渊左思右想，反复斟酌，最后还是觉得离不开罗艺。所以才会出现"久而乃释"的情形。

罗艺出狱后，李渊仍然让他统领天节军，镇守泾州（今甘肃省泾川县北），防卫突厥。这个小插曲让罗艺和李世民彻底决裂，同时也使他和李建成的同盟关系变得越发牢固。

苍白无力的亲情

平定刘黑闼以后，李氏兄弟之间的对立已经摆到了明面上。眼看着几个儿子之间的关系越来越紧张，李渊也很着急。手心是肉，手背也是肉，兄弟们要团结嘛！为了让他们几个消除隔阂，李渊想出了一个点子：让他们几个住在一起。住得近了，交流就多了；交流多了，误会就少了；误会少了，摩擦就少了；摩擦少了，感情就好了。

这是李渊的想法。从动机的角度而言，这个想法很好很强大；但是从务实的角度来看，这个想法完全是一厢情愿。

不管怎么样，李渊还是把三个儿子安排到了一起。太子李建成住在东宫，秦王李世民住在西宫的承乾殿，齐王李元吉则住在武德殿的后院。

空间上的距离是近了，但是心理上的距离却更加遥远了。每天晚上，他们都让自己的手下严密戒备，以防对方趁机谋害自己。到了白天，情形则更加过分。几拨儿人偶尔碰到，只是象征性地打个招呼，斗殴用的刀剑弓矢都带得全全的。

要说李渊自己也有问题。当时，天子的命令称为"敕"，太子的命令称为"令"，藩王的命令称为"教"。武德朝的一大怪就是——敕、令、教居然并行，而且，三者的法律效力竟然是相同的。李渊的敕并不比李建成的令效力高，李建成的令的效力和李世民、李元吉的教的效力是一样一样的。

这就出问题了。有时候，同样一件事，可能李渊有一个意见，李建成有一个意见，李世民有一个意见，甚至李元吉也有一个意见。各级官吏若同时接到敕、令、教，就不知该怎么办了。

后来，大唐帝国的官吏们就形成了一种默契：甭管是谁发布的，谁的命令先到，就按谁的意见办！李渊居然不管不问，放任自流。官员们的这种做法其实是在将矛盾向上转移，到最后，政令的冲突，就必然会在发令人之间引发纷争。大家都在抓权抓利益，你少抓一点儿，别人就多抓一点儿，都寸步不让。不产生矛盾，那才真是有鬼了呢！

李世民抓权抓得欢，李建成倒还好，不满归不满，毕竟没说什么。可李元吉却坐不住了，他多次怂恿李建成，索性一不做二不休，除掉李世民。李建成听了，直摇头，到不了那种地步。

李元吉急了："你不干，我来干！"

李建成还当他是说着玩的。一次，李建成、李世民跟着李渊到齐王府串门。李元吉听说李世民要来，就让亲信护军宇文宝埋伏在寝室里面，准备伺机刺杀李世民。说实话，这个刺杀计划的成功概率是非常高的。因为，即便李世民再聪明，警惕性再高，他也不会想到李元吉的胆子居然这么大，竟敢当着老爹的面来杀他。所以，他一定不会有所防备。

果然，李世民确实没什么防备，非常随意。他和李渊都没有发觉。关键时刻，李建成发现了李元吉的阴谋，他当即坚决地制止了这种行为。在李建成看来，兄弟毕竟是兄弟，争权归争权，达到目的就好了，没必要对自己的亲兄弟下毒手。

事后，李元吉气哼哼地质问李建成："我这么做还不是为了你？我能获得什么好处？"

李建成却说："你难道不知道'投鼠忌器'这个词吗？父皇已经上了年纪，如果他受到什么惊吓，咱们做儿子的罪过可就大了。"

如此看来，李建成的心目当中还是有父亲的。

李元吉见他态度如此坚决，也不好再说什么了。

突如其来的政治危机

平定刘黑闼，李建成的这场翻身仗打得那叫一个帅啊！李世民完全被打了一个措手不及。这边秦王党还没有缓过神来呢，那边太子党已经把仗打完了，而且赢了；不仅赢了，而且还赢得相当漂亮。这件事情提醒了李世民和他的秦王党，太子党已经吹响了进攻的号角，他们已经避无可避。于是，他们也摩拳擦掌，策划了一个近乎完美的反攻。

这就是在唐初历史上十分有名的"杨文干事件"。

武德七年（624年）六月，建国尚不满八年的大唐帝国突然陷入了一场严重的政治危机当中。当朝太子李建成居然勾结死党庆州都督杨文干，妄图通过武装叛乱，颠覆以父亲李渊为首的现政权。事情的经过是这样的……

话说，李建成屡次谋害弟弟李世民不成，气急败坏之下便狗急跳墙，铤而走险。他趁着李渊带李世民和李元吉去仁智宫（在长安以北的宜君县）避暑的机会，暗地里勾结自己的手下庆州都督杨文干，图谋发动武装叛乱。

杨文干早年是李建成的东宫侍卫官。后来，李建成为了加强自己在地方的军事力量，便向李渊保荐杨文干为庆州都督。杨文干在庆州厉兵秣马，大肆为李建成培养私人势力，成为继罗艺和李瑗之后，李建成在地方的又一强援。

不得不承认，这次政变，无论是选择的时机，还是拿捏的火候，都是刚刚好。可惜啊，天不藏奸，他们的阴谋虽然机巧，却仍然躲不过老天爷他老人家的法眼。负责送盔甲给杨文干的尔朱焕和桥公山二人，深明大义，在关键时刻，弃暗投明，果断地站到了正义和光明的一边。他们主动向唐皇李渊坦白了李建成的罪恶行径。

李渊不听则已，一听恍若五雷轰顶，又气又怕。

再然后，李渊就怒了，发飙了。

他连忙下敕，召李建成前来仁智宫。

李建成见阴谋败露，便伪装出一副后悔不已的样子，前来谢罪。本来是将奸人正法、还公义于人心的大好时机，哪知道，妇人之仁的李渊居然偏听偏信，动了恻隐之心，只是将李建成下狱了事。

与此同时，李渊也派出自己的特使宇文颖传敕给杨文干，让他到仁智宫见驾。杨文干当然不是傻瓜啊，他知道自己不去还好，去了肯定得死。于是，他怒从心上起，恶向胆边生，悍然发动了震惊中外（唐朝及其周边的藩国）的"杨文干兵变"。

李渊一看，杨文干这个蠢小子八成是要犯浑了，怎么办？只有迎头痛击之，彻底歼灭之，才能狠狠地打击这些造反派的嚣张气焰。找谁挂帅呢？这还用说，确定一定以及肯定是李世民。为了平息暴乱，李渊开出了天价，承诺只要李世民肃清乱贼，未来的太子之位、未来的皇帝之位就是属于他的了。

李世民出马，一个顶俩。没过几天，杨文干就兵败被杀。小混混们都被收拾掉了，是时候找他们的大哥大李建成算账了。可是啊可是，但是啊但是，关键的时候，李渊在裴寂和封德彝的蒙蔽之下，居然再一次赦免了胆大妄为的李建成。任劳任怨的李世民再一次被自己的父亲当羊肉给涮了。

以上呢，就是正史当中记载的"杨文干兵变"的前前后后。

疑点重重

表面看来，唐书版的"杨文干兵变"逻辑关系严密，叙述得当，分析也是入情入理，好像是真的。然而，我在深入研读和分析了大量的史料之后，认为此事疑点甚多：

第一，如果李建成果真是谋反，为什么非要跑到李渊那里去谢罪呢？眼见着事情已经败露，与其甘为鱼肉，为什么不放手一搏，索性搞个政变呢？人活一口气，难得拼一回，说不定还真能拼出个柳暗花明新天地呢！他怎么就那么有把握——李渊不会大义灭亲呢？

第二，李建成让杨文干为自己招募骁勇充当东宫卫士和送盔甲给杨文干这两件事情都不足以成为他谋反的证据。

李建成是太子，有权力选拔一些素质优良的人（不足两千人）来充当侍卫。况且，当时的法律不仅不禁止他这样做，反而以明文的形式肯定了他的这种权力。话又说回来，任何一个王爷，包括秦王李世民在内，都可以这么做。就拿李世民来说吧，他的秦王府中不也有八百卫士吗？

另外，李建成送盔甲给杨文干，很有可能仅仅是为了把那些骁勇武装起来。更何况，他送的数量又不多，如果是一万副，那事情的性质肯定就变了。再说了，李建成为什么不直接写一封密函，白纸黑字，意思表达更为准确，犯得着让大老粗杨文干抓耳挠腮地费力猜测吗？

第三，如果真如《旧唐书》所言，李建成主动承认了犯上作乱的事情，那么李渊为什么还要召杨文干来觐见呢？你已经知道杨文干要谋反了，用一纸文书就想把他召来，除非杨文干是大傻蛋、二百五。这样做，岂不是多此一举吗？唯一合理的解释就是：李渊觉得此事大有蹊跷，所以想召杨文干当面对质，澄清疑点。

第四，杨文干于阳历 7 月 21 日发动叛乱。然而，仅仅过了四天，也就是到了 25 日，他就兵败身死了。如果真是蓄谋已久的叛乱，怎么会出现士兵纷纷溃散的情形？又怎么会仅仅维持了四天就彻底失败？是杨文干太菜，还是李世民太厉害？

依我之见，都不是。最合理的解释应该是这样：杨文干临时决定反叛，仓促之间，他既没有做好士兵们的思想动员工作，也没有在军事上做好有力的准备，所以很快就被"拍扁"了。

第五，如果说李建成蓄意发动政变的说法成立，那么由此就可以反证出李世民是完全没有过错的。而且，他不仅没有过错，反而还在平叛的过程中立下了大功。如果真是这样，那么，李渊对李世民和他的党众理应加以封赏。可是，我们看到，在事件最后的处理当中，秦王党的杜淹（杜如晦的叔叔）和太子党的王珪都遭到了流放。可见，李渊对于两派是各打五十大板。这难道不蹊跷吗？

透过以上这五处疑点，经过缜密的思忖和审慎的推理，似乎可以推导出一个结论："杨文干事件"实际上很可能是李世民为了扳倒太子而精心策划的一个阴谋。

整个事情的经过应该是这样……

将你一军

武德七年的六月，滚滚热浪席卷了整个长安。天气面前人人平等，就连大唐皇帝李渊都热得像狗一般呼呼地喘气。

本来呢，两个儿子之间的争斗已经让他很难受了，偏偏老天爷还要来凑热闹。心情极端烦躁的李渊决定外出散散心，去仁智宫避暑。

避暑归避暑，但是儿子们之间的争斗也不能坐视不管，否则这几个小子还不得把天给捅个大窟窿！于是，他决定留下太子李建成监国，自己带着世民和元吉去避暑，把他们几个分开，这样他们就不能掐了。

事实证明，这只是李渊一厢情愿的想法。就在他自以为得计的时候，他的宝贝二儿子李世民正在精心地编织着一张天罗地网。

出发前夕，李世民得到了自己安插在东宫的内线报告，说是近来一段时间，太子李建成和庆州都督杨文干书信往来甚密。太子让杨文干从庆州为自己挑选一批素质高、体能好的骁勇做东宫的卫士。而且，太子正在准备派郎将尔朱焕和校尉桥公山送一批盔甲给杨文干，以武装这批骁勇。

李世民顿时感到，这是一个彻底扳倒太子一党的绝佳契机。武装叛乱这个罪名，可是封建皇权的高压线，沾之即死。于是，他收买了尔朱焕和桥公山，授意他们向李渊揭发李建成的忤逆之举。

有钱能使鬼推磨。尔朱焕和桥公山这两个小鬼象征性地走到幽州，就改道直奔仁智宫，在李渊的面前狠狠地告了李建成一状。让太子的人去揭发太子，李世民的这招借刀杀人，实在是用得太帅了。

果不其然，李渊起初并没有看出什么破绽。尔朱焕和桥公山向李渊告状的消息很快就传到了李建成的耳中（别忘了，李渊旁边还有个李元吉呢）。李建成当时就慌了，因为他根本就没有政变的意思和举动。尔朱焕和桥公山摆明是被李世民给收买了。

形势危急，到了这个地步，就算他李建成心理素质再好，恐怕也不能闲庭信步了。正在他惊慌失措的时候，李渊的敕书到了。李渊在敕书当中，压根就没提起"谋反"这样的字眼，他只是以另外一个理由，召李建成速到仁智宫见驾。

果然是老油条啊，关键时刻就见出真功夫来了。

接到这个敕书，李建成更加慌张了。父亲明明就知道这件事情，可是他偏偏以另外的借口来召自己。这说明什么？说明他确实是怀疑我谋反作乱了。

李渊当然怀疑李建成。他知道，尔朱焕和桥公山向自己告密的消息肯定会通过李元吉很快地传到李建成的耳中。以他对李建成的了解，他不相信李建成会发动政变。但是，事情毕竟是发生了，虽然不可全信，但确实不得不防。

所以，他决定试探一下。

如果李建成不来，那就说明他心里有鬼，确定谋反无疑。如果他来，就说明这件事很可能暗含玄机。

李建成同样面临着两难的抉择：去吧，万一父亲不听自己的解释，那就是必死无疑；不去吧，自己就真的坐实了谋反之名，还是必死无疑。

害怕，十分之害怕。

他问计于自己的幕僚。他的舍人徐师谟是个狠角色，劝他索性占据京城，发兵起事。詹事主簿赵弘智则劝他除去太子的车驾章服，屏除随从人员，到高祖那里去承认罪责。

经过一番痛苦的思想斗争，李建成最终还是选择去见李渊。他知道自己如果不去的话，铁定玩完；去的话，或许还有一线生机。没什么特别的理由，只因为他是儿子，李渊是父亲。

各打五十大板

武德七年六月二十四日（624年7月14日），李建成踏上了去往仁智宫的生死之路。大队人马刚刚走了不到六十里，心急如焚的李建成就把所属官员全都留在了北魏遗留下来的旧堡栅中，自己带着十多骑，快马加鞭地去觐见李渊。

果然不出李渊所料，李建成承认的是错误，却不是罪责。他百般解释，长跪不起。

李渊不仅怀疑李建成，也怀疑李世民。在那么电光石火的一瞬间，眼见李建成情辞恳切，李渊确实动了恻隐之心。可是，事关生死，他不敢托大，万一李建成说谎蒙骗自己，怎么办？于是，李渊命人将李建成软禁在帐篷中，只给他麦饭充饥。

为了澄清事实，李渊决定下敕，召杨文干前来对质。他选择宇文颖作为使者。

根据我的分析，宇文颖既可能是太子党，也可能是秦王党。

如果他是太子党，可能的情形就是这样的：李渊软禁李建成的消息吓坏了宇文颖。不明就里的他一心只想着救太子。所以，他来到庆州之后，就极力怂恿杨文干发动兵变，拯救太子。

上述猜测也不是没有可能。不过，我认为，宇文颖是秦王党的可能性更大一些，而且还是一个经常伪装成太子党的秦王党。宇文颖到了庆州之后，也是百般怂恿杨文干发动兵变。只不过，这一切都是受了李世民的指示，为的只是迫使杨文干放弃对质的念头，转而发动兵变。这样，就算是解决不了李建成，至少可以除掉他在地方的武装势力。

六月二十六日（7月16日），李渊叫来李世民，商量如何削平叛乱。李世民提出，派遣一名大将攻击杨文干。李渊不同意，他认为此事绝非普通的叛乱所可比拟，因为事情关联着太子。所以，响应他的人可能会非常多。事到如今，除了李世民，已经再无合适的人选了。

当然了，这只是李渊表面的想法而已。他内心的真正想法恐怕是这样的：李世民和李建成素来对立。派他去平叛，他肯定会竭尽全力对付叛党。为了使李世民卖力地干活，他甚至可能提出了极具诱惑力的条件："你放心地去吧，得胜归来之日，就是你荣升太子之日。当然了，我不会像隋文帝那样诛杀自己的儿子，到时就把建成降为蜀王。蜀中兵力薄弱，如果他以后能够侍奉你，你就保全他的性命；如果他不肯，你想要对付他也很容易！"

话说到这个份儿上了，李世民感动得一塌糊涂。果然，他十分卖力。

七月初一（7月21日），杨文干攻陷宁州。仅仅到了四天后的七月初五（7月25日），杨文干就被自己的部将给干掉了，他的脑袋也被送到了京城。李世民抓到了宇文颖，并且顺手把他给杀掉了。

但是，让李世民没有想到的是，他走了之后，很多人都站出来为李建成说话，说他身为太子，绝不会无故谋反。这伙人中，有裴寂，有张婕好，有尹德妃，有魏征，有王珪。李世民做梦都不会想到，他一直视为自己人的封德彝也在其中。

李渊仔细想了想，也觉得是这么回事。他明白，问题的根由还是在于他们兄弟之间的争夺。于是，李渊只是以导致兄弟不睦为由斥责了李建成一顿，但却绝口不提废立之事。

李渊虽然不能完全了解事情的真实情况，但是也猜出了十之七八。李建成这次很有可能是被人给涮了。不过，不管怎么说，到底还是他的人闹出了乱子，所以敲打一下他，也是十分必要的。李世民摆明了就是想当皇帝，否则他也不会那么卖力地去平叛。而且，他不经请示擅自杀掉宇文颖，这个行为本来就有诸多疑点。

不过，话还得说回来。不管怎么样，这两人都是自己的儿子，手心是肉，手背也是肉。家丑不可外扬，老李就把罪责推给了太子中允王珪、左卫率韦挺和天策上将府兵曹参军杜淹，将他们三人一股脑儿地流放到了嶲州（今四川省西昌市）。

杜淹是李世民的人，王珪和韦挺是李建成的人。李渊这么做，相当于各打了五十大板。其中的寓意是：你们两个小子也不要太过分了，我也不是饭桶，以后注意点儿。

平叛归来的李世民就郁闷了：老爹啊，你心里到底是怎么想的？

第十一章
他究竟更爱谁？

· · ·

　　不过，他们还不是太子李建成的全部家当。太子党还有一支神秘的第五力量。神秘到什么程度呢？甚至连李建成本人都不知道他还有这么一个强援。如果说前面的四大派系是李建成的刀枪剑戟，那么这神秘的第五力量便是李建成的撒手锏了。

“第五力量”竟是他

我们可以将李建成的太子党划分为四个派系：以张、尹二妃为代表的后妃派，以李元吉为代表的宗室派，以裴寂为代表的文臣派和以罗艺为代表的武将派。这四股力量就好比是四根坚强的柱石一般，坚定而执着地托举着李建成——这颗大唐帝国的未来之星。同时，他们也成为秦王李世民夺位之路上四块顽固而坚硬的绊脚石。

不过，他们还不是太子李建成的全部家当。太子党还有一支神秘的第五力量。神秘到什么程度呢？甚至连李建成本人都不知道他还有这么一个强援。如果说前面的四大派系是李建成的刀枪剑戟，那么这神秘的第五力量便是李建成的撒手锏了。

这股强悍力量的恐怖之处在于，它居然只由一个人组成。但是，千万不要小看这个人。因为，虽然只是一个人，但他却是太子党中最具分量的成员。强悍到什么程度呢？这么说吧，即便集太子党和秦王党之合力，都抵不过他的一个小拇指。因为，无论是反派一号李建成，还是正派一号李世民，见了此人都要毕恭毕敬地唤一声：“父皇。”

没错，太子党的“第五力量”正是大唐皇帝李渊。事实上，李渊可谓李建成最铁最铁的铁杆支持者了，虽然李建成没看出来。从始至终，李渊都在幕后默默无闻却执着坚定地支持着李建成，从未有过动摇与彷徨。只是因为他隐藏得实在是太好了，比“千面人兽”封德彝还要好，所以即便精明如李世民都没有看出这一点。

事实上，所谓的李渊的"动摇"，只是李世民一厢情愿地胡乱忖度而已。李渊固然隐藏得很深，但如果李世民没有被自己的欲望遮蔽了理智，而是冷静、用心地探索父亲的内心世界，以他的聪明智慧，是绝对可以看得出来的。

其实，无论从哪个角度来看，李渊都没有道理不支持李建成。

首先，李渊出身关陇军事贵族世家，脑海中的传统观念极重。我们早已说过，在封建时代，礼教观念深深地根植于每一个人的内心，上至九五之尊，下到布衣百姓，概莫能外。普通百姓尚且兢兢业业地恪守着封建礼教，就更不要说是以李渊为代表的贵族官僚了。

立储一事，关乎社稷根基，乃国家大计。在这个方面，早就有了祖宗成法——嫡长子继承制。这嫡长子继承制可是国人千年智慧的结晶，经无数史实的无数次证明，对于避免内讧、稳定政权有奇效。所有以封建传统卫道士自居的人，都坚定地拥护这项制度。

且不说李渊本就是一个礼教观念强、封建思想重的人，即便他不是这样的人，不到万不得已的地步，他也是绝对不会站到道统的对立面上去的。李建成是嫡长子，说白了，就是为当皇帝而生的。

理论也有现实的支撑。大隋灭亡，才有了大唐。大隋为什么会亡国？因为有隋炀帝这个大祸患。隋炀帝为什么能登上皇帝宝座？说穿了，不就是他爹杨坚废长立幼造成的吗？虽说杨坚的大儿子杨勇也不是什么好人，但是如果他当皇帝，隋朝肯定不会这么快就完蛋。隋朝灭亡才是七年前的事。这叫什么？这叫隋鉴不远！血淋淋的教训就在那儿摆着呢，由不得李渊不重视。

说到天然优势，除了嫡长子的优越身份外，李建成还有一个优势，那就是他的年龄。要知道，李建成比李世民大的不是一岁两岁，而是整整十岁。

十年，这是个什么样的时间概念呢？也就是说，当李建成已经到了谈婚论嫁的年龄时，李世民还在穿开裆裤呢。当李渊在晋阳起兵的时候，十八岁的李世民刚刚长全胡子，二十八岁的李建成早已是几个女人的丈夫和几个孩子的爹了。

大家想想，李渊更倾向于选择谁来做帝国的未来主人呢？是成熟稳重的李建成，还是血气方刚的李世民？

李建成的文治武功

李建成的能力素质也不差。受影视文学作品的误导，很多人觉得李建成是个平庸之辈，大唐到了他的手里肯定要完蛋。其实，我们只要稍微动一下脑子，就会发现这种认识是多么不科学、多么不客观了。很简单，一母所生的同胞兄弟，即便有所差别，又能差到哪里去呢？

事实上，李建成并非是扶不上墙的刘阿斗，他还是很有能力的，而且不见得比李世民差。

先说武功方面。前面已经讲过了，西河是李建成打下来的，屈突通是被李建成挡住的，大兴是李建成的部下首先攻入的。武德三年七月，李世民讨伐王世充，李建成镇蒲州防御突厥；四年三月，李世民与窦建德交战，李建成北伐稽胡；八月，李世民征伐刘黑闼，李建成安抚北境。后来，李建成又在武德五年、六年、七年多次防御突厥，且成果显著。如果没有李建成在后方抵御突厥，间接地支援前线，李世民在前线的胜利根本就无从谈起。李世民的军功章里至少得有李建成的一少半。

毫不夸张地说，在李建成的军事生涯当中，除了武德二年率军东征王世充无功而返之外（当时随行的还有李世民），他每战必胜，每攻必克。

当然，我们不能因此就把他吹捧成孙武、韩信那样的战神。即便李建成所有的胜利加在一起，都比不上李世民武牢一战的辉煌。但是最起码，李建成的军事才能和李世民比起来，并不是天上与地下的差别。

再说文治方面。我国史家历来就有重视武功、忽视文治的传统。殊不知，当李世民在前线浴血奋战、捷报频传的时候，李建成在治国理政方面也取得了优秀的成绩。

在内政方面，李建成的主要贡献有二：

一是设计并大力推行了具有唐朝特色的均田制。均田制作为一项制度，始于北魏孝文帝太和九年（485 年）。所谓均田制，就是将无主的土地在法律上明确为国家所有，继而再将这些土地按人口数量划拨给农民耕作，农民在耕作了一定的年限后，即可以获得土地的所有权。政府每年收取一定的税金。

李建成对魏晋以来土地制度的改革有三个方面：首先，将之前的以户为单位收取税金改为以男丁为单位收取税金。其次，对贵族土地进行了限制，从亲王到"公侯伯子男"，授田数从一百顷降到五顷。最后，对土地的买卖流转进行了限制。均田制的施行，切实起到了抑制土地兼并、减轻农民负担、缓和阶级矛盾、稳固国家政权的作用。

二是改革了北魏以来的租调制，实行租庸调制。所谓"租"就是成年男子每年向官府缴纳一定量的谷物；"调"就是成年男子每年向官府缴纳一定量的绢或布。李建成的改革就是加了个"庸"，即在服徭役的期限内，不想去服徭役的人，可以纳绢或布代役；而且这个"庸"没有年龄限制。租庸调制的施行，使得农民的生产时间得到保障，赋役负担相对减轻，政府的赋税收入也有了保障。

这两项经济政策的实施，套用我们今日流行的表达方式就是"极大地促进了社会生产力的发展，迅速地恢复了经济，为大唐一统天下奠定了坚实的物质基础和经济基础"。

这两项制度也构成了李唐王朝的基本赋役制度，持续到唐朝中叶。

相信大家可以看出来，这两项制度都是那种短期效果差、长远利益大的项目，远没有李世民征战沙场效果来得快、来得明显。

以上种种，最起码可以说明一点：李建成也不是个庸人。

好父亲与好皇帝，不可兼得

李渊对李建成的偏爱，是可以看出来的。

大业十三年（617年）五月，李建成前脚刚到晋阳，李渊后脚就任命他为左领军大都督，封陇西郡公，并且特意把举义首战——攻打西河——这一艰巨而光荣的任务交给了他（李世民当时只是他的副手）。

当年底，李渊渡过黄河西进，又将屯驻永丰、扼潼关、抵御隋军东援之师的艰巨任务一手交给了李建成。

义宁年间（617—618），李建成先后被隋帝杨侑册封为唐王世子、尚书令，并且曾于武德二年，以东讨大元帅一职率军十万攻略洛阳。

当然了，这些荣誉都离不开李渊在幕后的推波助澜。可是，李渊为什么偏偏要为李建成谋这些好差事和好待遇呢？为什么他就不能考虑考虑李世民呢？答案其实很简单，李渊就是认准了李建成，他在有意地制造机会，以历练和培养这位未来的接班人。作为一国之君，不懂军事那是绝对不行的。

李渊登基称帝仅一个月，便立李建成为皇太子，压根儿就没有考虑过李世民。试想，如果李世民在李渊心中的地位真的比李建成高，以他在建国大业中的卓越功勋，李渊怎么可能不把太子之位给他？

李渊培养李建成的步伐可以说是一刻也没有停歇过。建国以后，李渊基本上就不让大儿子出去带兵打仗了。他开始有意培养李建成治国理政的能力。为了帮助李建成快速成长进步，李渊还特意为他请了礼部尚书李纲和民部尚书郑善果当家教。

同样是生活在一起的两兄弟，却遭到父亲的不同对待，这难道不是赤裸裸的偏爱吗？

李世民过的桥和吃的盐毕竟比较少。他天真地认为，只要自己好好表现，鞍前马后地为大唐效劳，风头盖过自己的哥哥，在将来的某一天，父亲一个高兴，说不定就会改立自己为太子。

要说李渊确实挺过分。他为了使李世民毫无保留地卖力干活，总是似有似无地给李世民几个暧昧的眼神，或者若即若离地说几句暧昧的话，又或者开几张巨额面值的空头支票。

武牢一战克两枭雄，李世民立下了盖世奇功。他的风头不仅盖过了太子李建成，甚至直逼老皇帝本人。春风得意的李世民被胜利冲昏了头脑，办起了文学馆，招募政治人才，居然真的开始打起了皇位的主意。

李渊曾经问封德彝，该怎么办？

李世民一直信任有加的封德彝居然是这么回答的："秦王自恃有功，位居太子之下，心中不服，若不早立他为太子，则要尽早采取措施。"

关键时刻，李渊出手了。小子，想啥呢？醒醒吧！从武德五年以后，大规模的军事行动，李渊再也没有用过李世民。八巨头中的萧铣和辅公祏都是由李世民的堂兄赵郡王李孝恭搞定的。

现在看来，李渊的用意实在是再明显不过了，无非就是不想再让李世民建功立业。这样做，一来可以避免李世民进一步在军中树立威信，勾连朋党；二来可以防止他居功自傲，野心膨胀，威胁皇权。

就在李世民逐步受到打压的时候，李建成先是平定了河北，然后陆续在政治上出台了几项重大措施，朝野上下欢声雷动。

李世民至此才终于看清了李渊的本来面目：他就是一个彻头彻尾的太子党成员。

说实话，李渊也曾大玩平衡政策，努力缓和二子之间日益紧张的关系。可是，他总是处理不好父亲和皇帝之间的关系。该以父亲的面孔出现时，他偏偏以皇帝的身份出现；该以皇帝的身份出现时，他偏偏又当起了父亲。既想当个好皇帝，又想当个好父亲，两者都想要，就必定两者都得不到。

对于"玄武门之变"，李渊的确负有不可推卸的责任。

你看看我这匹马如何？

李建成的举动越来越出格，这一点连李渊都受不了。

武德七年（624年），李建成擅自从全国招募了两千多名精壮青年，充当东宫卫士。因为这支人马驻扎在东宫的长林门附近，所以被称为长林兵。李渊虽然心中不爽，但也忍住没说什么。

紧接着，李建成又密令自己的亲信可达志，从罗艺那里调来三百精锐骑兵。为了掩人耳目，李建成将这些人暂时分散安置在东宫东面，准备找个合适的机会将之充实到宫中。

结果，有人适时地将这个事情捅了出来。这一回，李渊就坐不住了。这是要干什么？他将李建成提溜过来一顿臭骂，但也仅仅是臭骂而已。替罪羊可达志被流放到外地，李建成还是毫发无伤，此事就此不了了之。

究竟是谁把消息捅了出去，我就不说了，你们懂的。李建成也懂的，因此心中暗恨李世民。

他正琢磨着怎么报复李世民呢，李渊派人来通知他，将于近日在城南设场围猎，让他们兄弟三个都参加。

李建成灵光一闪，一条妙计涌上心头。

话说到了围猎这日，老李让三个儿子骑马射猎，角逐胜负。

李建成牵了一匹高头大马，笑眯眯地对李世民说："二郎啊，我知道你是个马痴。你看看我这匹马如何？"

李世民转头一看，果然是匹好马，高大健硕，膘肥体壮，不由得流露出欢喜的神色："不错，是匹良驹。"

李建成看在眼中，心中窃喜："是啊，我这匹马跑起来好似一阵风，几丈宽的涧水，它一跃即过。我知道你爱马，要不要骑上试试？"

李世民呵呵一笑，扯过缰绳，翻身上马。那马嘶鸣一声，四蹄猛刨，向着远方的一群野鹿奔去。李世民非常享受这种风驰电掣的感觉。蓦然，那马突然尥起蹶子，李世民猝不及防，被抛了出去。亏得他是个行家里手，总算没有摔倒，"噔噔噔"退了好几步，方才稳住身形。

李世民还以为是意外，等马儿稳定下来以后，又跃了上去。结果，这匹马又尥蹶子了。好在他已经有了准备。这样连着两次以后，李世民算是明白了，这匹马就是喜欢尥蹶子，李建成让他骑这匹马，其实是暗藏祸心。

李世民牵着马回来，看到李建成的眼睛里满是失望，突然就气不打一处来了。

他对李建成身旁的宇文士及说："人的生死是命中注定的，以为用匹野马就可以害得了我吗？"说罢，扬长而去。

李建成的脸青一阵、白一阵，十分尴尬。想了一会儿，他索性恶人先告状。

李建成指使张婕妤和尹德妃诬陷李世民说："秦王刚才偷偷说了，说上天授命于他，要让他当天下的共主，怎么会白白地死掉？"

李渊听了，脸当时就黑了，你小子还真是狂啊。他先将李建成和李元吉叫来，随后又把李世民叫来，责备他说："谁是天子，这也是命中注定的，不是智力所可以改变的。你的野心是不是太大了？"

李世民吓坏了，摘下王冠，叩头求饶。

李渊依然怒气不止，正要处罚李世民的时候，突然有人报告突厥前来侵扰。李渊立马变了脸，转而安慰起李世民，与他商议对付突厥人的办法。

七月二十一日，李世民、李元吉率军前往幽州，这件事才算过去了。

第十二章
乱战

· ·

　　多少年来，尉迟敬德把脑袋别在裤腰带上，追随李世民出生入死，先后数次把李世民从死亡的边缘给拉了回来。他为什么会这样做？因为，李世民不仅个人魅力极强，而且还是一个知恩图报的人。李世民对尉迟敬德那也是相当不错的，从来没有怀疑过他的忠诚，而且对他是绝对的重用。

坚定的秦王党战士

时光的车轮滚滚向前，转眼已是武德九年（626年）了。

这一年注定是一个血腥的年份。春节刚过，二月二十八日，突厥铁骑进犯原州。三月十四日，梁师都南下入侵，攻陷静难镇。二十三日，突厥进犯灵州。二十九日，突厥进犯凉州。四月初九，突厥进犯朔州。十二日，突厥再犯原州。十五日，突厥进犯泾州。二十日，安州大都督李靖与突厥颉利可汗激战于灵州硖石。二十五日，突厥进犯西会州。五月初五，党项人也来凑热闹，进犯廓州。五月十一日，突厥进犯秦州。十九日，吐谷浑与党项联军侵犯河州，突厥进寇兰州。

六月初一，出现了一个奇怪的天文现象：太白金星居然于大白天出现在天空正南方的午位。在我国古代天文学当中，午位又被称为"秦地分野"。

眼看着李建成咄咄相逼，两派力量对比日趋拉大，老爹却越来越偏心，李世民这辈子头一次感受到失败的威胁。他的自信心受到了极其严重的打击。当然了，尽管前方风雨如晦，但他也只能风雨兼程地继续走下去。因为，他已经走上了一条不归路，不是他想放手就可以放手的。况且，此时他的手已经放不下来了。

是时候为自己想想后路了。李世民立即着手，派亲信秦王府车骑将军张亮率一千精锐士兵入驻洛阳，美其名曰加强防备，实际上是想尽快把洛阳建设成将来与李建成对峙争锋的后方堡垒。李世民的打算是，皇位之争胜则已，不胜则退守洛阳，保有中原，将来再与李建成一较高下。

纸当然是包不住火的，张亮等人的行为引起了李元吉的警觉。他上书告发张亮图谋不轨，阴谋造反。本来就是瓜田李下，嫌疑难免，兼之张亮等人确实行为可疑，因此就被李渊投入了大牢。

李元吉授意主审法官严加盘问张亮，让他死咬李世民这条大鱼。但很明显，李元吉低估了张亮。

在秦王府诸将当中，张亮的出身是最贫贱的，农民。但是，此人"倜傥有大节，外敦厚而内怀诡诈，人莫之知"。大业末年，张亮拄着根手杖，前去投靠李密。可能是李密看不上他的出身，张亮并没有受到重用。后来，李密的军中出了一个内奸，刚好被张亮发现了。他就把这个情况报告给李密，这才受到李密的重视，被任命为骠骑将军，在徐世勣手下做事。

徐世勣归附李唐之后，张亮也跟着过来，做了大唐的郑州刺史。好景不长，郑州被王世充攻破，张亮孤军无援，只好逃到了共城的深山老林里。好在房玄龄、徐世勣二人觉得张亮这个人不错，"倜傥有智谋"，就把他举荐给了李世民，任秦王府车骑将军。

李世民很快就发现，张亮确实是个人才，便对他"委以心膂"。

张亮在政治上绝对可靠，他是徐庶进曹营，一言不发，充分彰显了秦王党战士坚定的立场。没有证据，主审法官也不敢对他严刑逼供。再加上有李世民从中斡旋，张亮很快就被释放，并重归洛阳。

想去洛阳？没门儿！

据史书记载，就在六月初一这天晚上，发生了一件大事。

李建成居然请李世民来东宫夜饮，而李世民居然答应了。当晚，李世民与叔叔淮安王李神通一起赴宴。建成、元吉哥儿俩表现得还不错，对李世民频频劝酒。李世民也不以为意，索性放开了肚子，畅饮一番。

正喝得高兴，李世民突然感到腹中剧痛无比。李神通见状，便赶紧扶着他返回秦王府。到了府中以后，李世民疼痛加重，"吐血数斗"。不过，吉人总是自有天相的，性命并无大碍。

李渊听说李世民喝酒喝到吐血，赶紧跑来探视。他声色俱厉地喝令李建成："世民不善饮酒。从今以后，你们再也不要和他喝酒了。"李建成头点得跟小鸡啄米似的。

看了史书中的描述，相信大家会得出这样一个结论：李建成和李元吉用毒酒谋害李世民。但是，如果我们仔细分析一下，会发现这件事其实大有蹊跷。

首先，此时李世民与李建成、李元吉之间的矛盾已经激化到无法调和的地步了，秦王党、太子党两大阵营剑拔弩张，大有一触即发之势。李建成恨不得用两板砖将李世民拍死，他怎么会请李世民来喝酒？即便他真的请李世民来喝酒，李世民又怎么会一口答应？再说，即便李世民不好推辞，真的去赴宴了，他又怎么会敞开肚子猛喝呢？

其次，据考证，唐代的斗有大小两种。大斗容量相当于今天的六升，小斗容量相当于今天的两升。李世民"吐血数斗"，我们就按四小斗来算，李世民大约吐了一万六千毫升的血。

去医院献过血的人都知道，标准献血量是两百毫升，最多不超过四百毫升，再多就要出人命了。李世民一下子就吐了一万六千毫升血，居然还没事，简直邪乎。退一万步来讲，即便李世民真的体质超好，吐了那么多血都没死，也不至于恢复得那么快、那么好！三天之后，在玄武门，他气定神闲，拈弓搭箭，只一箭就射死了大哥李建成。这还是人吗？

所以，所谓李建成用毒酒害李世民一说，纯属扯淡。

连番的事情把李渊搞得头都大了。作为一个帝王，他不愿意让李世民篡夺李建成的太子之位；作为一个父亲，他更不愿意看到手足相残，不想让建成和元吉加害世民。李元吉状告张亮谋反的事反而给他提供了一种解决问题的思路：既然兄弟几个凑在一起老掐架，那把他们分开不就行了吗？就让世民到洛阳去。另外，再给世民以不输于天子的地位，得到了好处的他，想必就不会再惦记着哥哥的位子了吧？

于是乎，李渊对儿子们提出了自己的建议：让李世民出居洛阳，建天子旌旗。

李建成听了，欣喜若狂，顿生天地豁然开朗、心胸一片畅快之感；李世民听了，如遭惊雷，手脚冰凉，恍若隔世。一在天之涯，一在海之角，这个突如其来的消息严重地伤害了李世民的感情。他跪地哭泣，以不想远离父亲为由，一再哀求。

李渊的心非常痛，但是也只能开导李世民说："洛阳和长安离得不远，我想你了就会去看你，你想我了也可以回来看我，没有必要悲伤。"

李世民见老爹不为所动，只好满含无奈地接受了这个决定。

就在李建成沾沾自喜、李世民愁肠满怀的时候，有一个人跳了出来，把李渊的如意算盘踹翻了。这个人就是李元吉。

李元吉警告李建成："李世民此去洛阳，犹如龙归大海，届时他就会独霸中原。如果他就在京城待着，势单力孤，咱们要办他很容易；可是他去了洛阳，就会成为响当当的一方诸侯，到那个时候，再想动他就比登天还要难了。"

李建成一听，这才发现了利害之处。是啊，他和李世民之间的矛盾实际上已经到了有我无你、有你无我的不可调和的境地。纵使他有心相让，届时实权在握的中原王李世民又岂会善罢甘休？李世民那么能打，好不容易得来的皇帝宝座也许轻而易举就被他夺了去。

李建成反悔了，赶紧指使党人以密奏的形式上奏李渊，声称："秦王身边的人得知秦王前往洛阳的消息以后，无不欢喜雀跃。察看李世民的意向，恐怕他不会再回来了。"裴寂等人也以李世民去留的得失利弊来劝说李渊。李渊仔细一咂摸，确实也是这么回事，便将这件事搁置了起来。

李世民本来都已经收拾好行囊，就待老爹一声令下便走人，离开这个伤心之地。等了好久，他见老爹绝口不提出居洛阳之事，就知道肯定是李建成和李元吉从中作梗。

树欲静而风不止，李世民无奈地慨叹："我当此日，不为兄弟所容，实有功高不赏之惧。"

避无可避，这就是宿命。既然如此，那索性就勇敢地直面吧！

我很看好你哟

这还不算完。李建成、李元吉、张婕妤、尹德妃、裴寂等人轮番向李渊诬陷李世民。李渊本来就对李世民有所怀疑，架不住这些人七嘴八舌，便信以为真，准备惩治李世民。

关键时刻，一向对李世民抱有好感的重臣陈叔达站出来，劝谏道："秦王殿下为江山社稷立下了汗马功劳，怎么能轻易废黜呢？况且，他生性刚烈，您这样折辱他，他八成会因愤成病。到时候，万一他有个三长两短，您后悔都来不及了。"

李渊想想也是，便没有处罚李世民。

但李元吉不答应，一个劲儿地劝说李渊杀掉李世民。李渊十分无奈："二郎立下了盖世奇功。没有确凿的证据，怎么能轻易杀掉他呢？"

李元吉一着急，把大实话也秃噜出来了："他刚刚平定东都洛阳的时候，观望形势，不肯返回，散发钱财布帛，以便树立个人的恩德，又违背陛下的命令，不是造反，又是什么？只管将他杀了就是了，何必担心找不到借口？"

李渊为之一愕，低头不语。

明眼人都看得出来，李世民和他的秦王党现在很危险。李世民的小弟们人人忧虑，个个恐惧，人心思变了。那么多的赳赳武夫，最坐不住的人反倒是儒雅的房玄龄。

房玄龄来到秦王府，找到了长孙无忌："现在两派的矛盾已经到了不可调和的地步。一旦李建成抢先动手，不止咱们这些人要玩完，恐怕大唐也要亡国。依我看哪，我们应该劝说秦王尽快行周公之事。"

必须明确，这里的"周公之事"，既不是指做梦，也不是指房事，而是指一个历史典故。是说西周成王即位之初，因年少由他的叔叔周公摄政。结果，周公的两个弟弟管叔和蔡叔不服，发动了叛乱。周公亲自讨伐，最终诛杀了管叔，将蔡叔流放。

房玄龄的眼光还是蛮锐利的，他一早就看出，李世民之所以犹豫不决，其实是因为无法克服杀害亲兄弟的心理障碍。所以，房玄龄就把周公给搬出来了。须知，这周公可是封建道德的制定者，他老人家干的事能有错的吗？既然他杀亲兄弟是对的，你李世民杀亲兄弟怎么就会是错的呢？

他的话很对长孙无忌的胃口："你说得对。我有这个想法也很久了，只是不敢说出来。你刚才的那些话，与我的想法不谋而合。我现在就去禀告秦王。"

不一会儿，长孙无忌出来了，李世民要见房玄龄。

房玄龄劝李世民说:"您的功劳足以遮天蔽日,最应该继承皇位。上天也会站在您这一边,希望您不要再举棋不定了。"

李世民不置可否,仍然犹豫不决。

他在犹豫,李建成与李元吉却在抓紧时间行动。

话说这日,尉迟敬德从秦王府开会出来,主仆两人两马刚刚转过街角。突然,一个人冷不丁地钻了出来。尉迟敬德将受惊的马堪堪按住,定睛这么一瞧,原来是一个普通市民打扮的人。来人冲他拱手作揖:"将军,有人托我把这封信转交给您。"说罢,那人将信塞给尉迟敬德,转身就消失在了茫茫人海。

尉迟敬德被搞得一头雾水,抽出信一看。哎哟,落款居然是"李建成"。尉迟敬德只听到自己的那颗小心脏"扑通扑通"直跳。

太子是什么人?那可是未来的帝国领袖啊,以他如此尊崇的地位,居然会纡尊降贵,给一介武夫写信,而且还是亲笔信,这简直是太不可思议了!

李建成在信中说,一直以来,他都十分欣赏尉迟敬德的高超武艺,希望能和尉迟敬德交个朋友。为了表示自己的诚心,他特意命人将一点小小的见面礼送到尉迟府上去了。

尉迟敬德快马加鞭,赶回府中,终于见到了李建成在信中提及的"小小的见面礼"。

整整一车的金银财宝!

李建成是一个自信的人。在他看来,无论从哪个角度来说,尉迟敬德都没有道理拒绝自己。当朝太子主动招揽,又是精神吹捧,又是物质馈赠,这样的机会,很多祖上积了多少代德的人都轮不上啊。你尉迟家的祖坟岂止是在冒烟,简直就是在喷火嘛!

俺不是那种人

然而这一次，李建成绝对是过分自信了。他千算万算，始终还是忽略了一个问题，少考虑了一个角度，那就是：人的性格是不一样的，品行也是不一样的。

尉迟敬德是一个粗人不假。但是，粗人不见得就是见利忘义的小人。而且有些时候，粗人反倒是豪气干云的侠义之士。一个人品格的高低是不能用知识来衡量的。

多少年来，尉迟敬德把脑袋别在裤腰带上，追随李世民出生入死，先后数次把李世民从死亡的边缘给拉了回来。他为什么会这样做？因为，李世民不仅个人魅力极强，而且是一个知恩图报的人。李世民对尉迟敬德那是相当不错的，从来没有怀疑过他的忠诚，而且对他是绝对的重用。

这一回，李建成错了，彻彻底底地错了，他热乎乎的脸蛋结结实实地贴了尉迟敬德冷冰冰的屁股上。

尉迟敬德以确定一定以及肯定的口吻回了一封信给太子爷，明确地拒绝了李建成的拉拢："殿下，我原本是一个出身卑微的平头老百姓。多年来，一直都干着反朝廷、反社会的造反事业，算得上是罪大恶极、死有余辜了。"客气了几句之后，尉迟敬德笔锋一转："是秦王殿下，给了我一个重新做人的机会。我今天所有的一切，都是他给的。没有他，也就没有今天的尉迟敬德了。您说，这样的恩德，我怎能不以死报答呢?!"

当然了，猛尉迟也没有忘记对李建成的盛情表示感谢："您送给我那么丰厚的礼物，我心里很感激。但是，我没有为殿下您做过什么事情，怎敢凭空接受您如此丰厚的赏赐呢?"

客套话终于说完了，接下来猛尉迟就暴露出了他的真实"嘴脸"："话说回来了，倘若我收下这些礼物，那就是对秦王殿下有二心，就是一个不折不扣的见利忘义的小人。殿下您这么英明神武，要这样一个小人有什么用呢?"

这话说的，真是掷地有声、义正词严。

不谀贵，不贪财，赤胆忠心，尉迟敬德，俺顶你!

这件事情，一方面充分地彰显了尉迟敬德高尚的人格，另一方面也极大地伤害了李建成的信心和面子。

我好心好意地抬举你，你不领情也就罢了，还写了一封信对我冷嘲热讽，真正是欺人太甚。这件事情肯定会传到李世民的耳中，到时候他一定会讥笑我有眼无珠的。一想到李世民嘴角微微噘起的模样，李建成就气得嘴都快歪了。尉迟敬德，你给我等着，我一定要你好看。李世民，你也不要高兴得太早了，咱们骑驴看唱本儿——走着瞧。

小卒也可以拱死老帅

秦王府里，众幕僚早已笑作一团了。

只有一个人没笑，那就是李世民。

李世民满怀真诚地对尉迟敬德说道:"明公，你对我的忠心，比泰山都坚实牢靠。我相信，即使他送给你的金子一直堆到了北斗星，你也不会有一丝一毫的动摇。其实啊，你就是收下他的金银又有何妨? 你可以用这些钱来修缮一下房屋，或者添置些仆人婢女什么的啊。"紧接着，他的话锋又是一转:"话又说回来，你可以假装接受他的诱惑，这样就可以打入他们的内部，洞悉他们的阴谋。你这样直接地拒绝他，让他下不了台，我担心他会伺机报复你。"

尉迟敬德"嘿嘿"一笑了之。

在不久的将来，他就不会像今天这样笑得这么轻松、这么恣意了。

其实，就在太子党大肆收买秦王党骨干成员的同时，秦王党也在一刻不停地对太子党进行着渗透。而且，在这一方面，李世民做得明显要比李建成好。李建成四面出击，大撒金银，到最后，连秦王府的一根鸡毛都没有买来。李世民亲自上阵，基本上没花多少钱，就轻松地拿下了太子党的四枚棋子。

这四枚棋子分别是负责掌管玄武门禁军的云麾将军敬君弘、中郎将吕世衡和统领常何，以及太子率更丞王晊。

敬君弘，绛州太平人氏，乃是北齐右仆射敬显隽的曾孙。

武德年间，敬君弘官至骠骑将军，封黔昌县侯，授云麾将军，掌管玄武门的禁军。

吕世衡生平不详，在唐书当中并没有传记，可见此人是个小人物。武德年间，他受封中郎将，与敬君弘一起掌管玄武门禁军。

常何在唐书当中也没有传记，具体情况不可考。只知道此人在武德年间是玄武门禁军的一把手。

太子率更丞王晊就更逊色了。以上三位好歹都是政府官员，吃皇粮的。王晊呢，实际上只是太子的家仆。而且，他所做的工作十分简单，就是负责查看时间。想想古人真是够浪费，居然专门找人来看时间。

总而言之，以上四位其实都是小人物。李建成根本就不会把这几个不入流的小角色放入眼中。他以为他们不重要，其实他们都很重要。这就好比是下象棋，只要运用得当，关键时刻，小卒也可以拱死老帅。

李建成妄自托大，李世民审慎经营，只此一点，就可以得出：李建成必败，李世民必胜。

果然，后来发生的一切无可辩驳地证明，这四个人的倒戈对于李世民赢得最后的胜利起到了决定性的作用。如果没有他们，李世民发动的玄武门政变就不会成功；玄武门政变失败，李世民必死无疑；李世民死了，后来的贞观之治也就无从谈起了；没有了贞观之治，也就不会有高宗李治、女皇武则天、唐明皇李隆基这些人了，甚至也就不会有后来的安史之乱和黄巢大起义了……所以，没有这四个人，中国历史发展的脉络将会被彻底颠覆。现在的中国将会是个什么样子，这谁都无法预测。

千万别小看和忽视小人物，小人物往往能改变大历史。

轻轻地，他走了

李世民猜得不错，太子党第一个下手对象正是尉迟敬德。

李建成认为，尉迟敬德患有严重的"色盲症"，分不清形势，看不准火候，站不对队伍。因此，他专门为尉迟敬德安排了一个"头颅环切手术"。李建成很会挑人，他安排的主治医师正是和尉迟敬德有着深仇大恨的齐王李元吉。当然了，李元吉是不会亲自干这种事情的，倒不是因为他的胳膊腿儿金贵，而是因为他学艺不精，不是尉迟敬德的对手。稍有差池，谁给谁做头颅环切手术可就不好说了。

李元吉就把主刀的任务推给了另外一个人，一位游侠。

所谓游侠，其实就是游荡的大侠。一方面，这些人爱憎分明，胸怀正气，以锄强扶弱、除暴安良、济世为民为己任。他们武艺高强，来如疾风，去如闪电，说一声"拜拜"，人已经蹿出一百多米了。另一方面，游侠通常自视甚高，鄙视农业生产，所以他们不积蓄资产，而是只身一人仗剑走天涯，一人一马一柄剑，荡尽世间奸恶之人，是典型的无产者。在我们这个古老的农业国度里，他们的这种行为不能为世俗所接受。而且，他们通常与达官权贵作对。所以，政府很不喜欢他们，觉得他们是社会的不稳定因素。

现在，李元吉就选择了这么一位主儿。这名刀客，他的眼神很冷，他的手很冷，他的刀很冷，但是他的心更冷，当然了，最后他并没有冷死。此人武艺高强，而且下手是出了名的干净利落。在齐王李元吉那里，这位无名刀客领受了一个足够令他终生难忘的任务：刺杀尉迟敬德。

李元吉自以为神不知鬼不觉，只有他们两人知道。殊不知，李世民的情报人员早已潜伏在他的身边多时了。他和刀客的对话，刚好被这名卧底给听了个正着，刺杀计划很快就传到了尉迟敬德的耳中。

话说这天夜里，无名刀客趁着茫茫夜色，悄悄潜入了尉迟敬德的府邸，并一路摸到了猛尉迟所住的院落。在潜行的过程中，他还幻想着手起刀落、干净利索的杀人场面。可是，等真正到了目标地，眼前的情形却让他大惊失色。只见尉迟敬德的卧房门窗大开，一副任君出入的样子。顺着昏暗的月光望去，隐隐约约可以看到，有一个人躺在卧榻之上。

这是怎么回事呢？刀客不由得犯了嘀咕。依据他多年的杀人生涯所得来的经验，眼前的这种情形绝对是不正常的。一个人半夜三更，居然大开着门窗睡觉，这实在是太蹊跷了。当然了，这可能是富有尉迟敬德特色的生活习惯，但更大的可能则是他已经做好了准备。

尉迟敬德是何等人物，那可是天下第一高手啊！如果他真的已经有所准备，我肯定是有来无回了。而且，卧榻之上躺的那个人到底是不是尉迟敬德，还是一个大大的未知数呢。很有可能，床上躺的另有其人，里面埋伏了大量刀斧手。虽然我是一个游侠，但我上有八十岁老母，下有八岁小儿，万一我那个啥了，他们可怎么活……

刀客越想越害怕，终于下定了决心：逃。

于是乎，轻轻地，他走了，正如他轻轻地来，他轻轻地挥手，不提溜走一颗脑袋。

尉迟敬德是看着这个刺客逃离他的别院的。

小样儿，幸亏你走得快，否则老子非把你的脑袋给拧下来不可。

步步紧逼

此路不通。

气急败坏的李元吉便在李渊面前狠狠地告了尉迟敬德的黑状，说他为了自己的荣华富贵，大肆离间李氏兄弟，而且居功自傲，除了李世民，不把任何人放在眼里，拥兵图谋不轨。

李世民和尉迟敬德都不以为然，盲目乐观，认为李渊断然不会失察。现实给了他们无情的一击：李渊连面都没露，直接下了一道敕书，将尉迟敬德下入天牢，择日让他去当天使。

慌了，慌了，谁都没有料到李渊居然会不走寻常路，不打寻常牌。他没经任何的调查考证，直接就要把尉迟敬德弄死。好在有李世民再三请求，从中斡旋，尉迟敬德才被放了出来。

这厢李世民马不停蹄地忙着救人，那边李元吉也在马不停蹄地忙着害人。他先是以同样的理由诬陷左一马军总管程咬金，继而又用金银财宝引诱右二护军段志玄。当然，这哥儿俩都没有屈服在李元吉的淫威之下，结果都遭到了太子党的"反攻倒算"。程咬金被外放为康州刺史，段志玄也被调离了原先的工作岗位。

太子党前前后后那么多轮攻击，到如今总算是见了点实效。

程咬金走得显然不像无名刀客那般潇洒，他扔给李世民一句话："大王，您的肱股羽翼已经快要被人家给剪除干净了，再不果断采取措施，您就快自身难保了。"

李世民默然无语。

东宫里欢呼雀跃的胜利景象与秦王府的黯然落寞形成了鲜明的对比。听完了李元吉满怀轻快与自豪的汇报之后，李建成只意味深长地说了一句话："其实，在秦王的党羽中，真正值得我们畏惧的只有这两个人——房玄龄和杜如晦。"

李元吉嘴角微微一撇，将杯中酒一饮而尽……

翌日早朝，李元吉当廷参了房、杜一本。

他义愤填膺地向李渊提出，这两个人一贯从事破坏李氏兄弟感情的卑劣行为，立场又臭又硬，必须对其采取措施，打击他们的嚣张气焰。

现实又给了李世民当头一记闷棍：李渊下令对房、杜二人实施隔离，从此以后，一不能踏入秦王府一步，二不能私自接受李世民的指示，三不能擅自离开长安半米，等候下一步的处理意见。

李世民看看周围，所有的智囊当中，只有他的大舅哥长孙无忌还在身边。长孙无忌、高士廉、侯君集等人夜以继日地展开车轮般的游说，力劝李世民发动兵变，诛杀李建成、李元吉，夺取帝位。

李世民犹豫不决。弑兄夺位，那可是为天理所不容的忤逆大罪。无论成与不成，都将受千夫所指、万人唾骂。不到万不得已，他怎敢冒这样大的风险啊？再等等吧，看看父皇会有什么样的反应。实在不行，我就到洛阳做个土皇帝也好。李世民这样想道。

是啊，如此看来，事情还是有回旋余地的。此时的李世民正是抱着一种"努力追求不强求"的态度，竭尽全力去争取帝位，实在争取不到就返回中原做一个土皇帝。不错，这小算盘打得啪啪响，不能说是最有利，但最起码很安全。

的确，安全能压倒一切。但是前提得是"安全了"才行。李世民真的安全吗？他以为他可以安全。

形势的发展已经远远地超越了他的智慧所能预料的范围。

第十三章
艰难的抉择：先发？后发？

·
·

　　李世民一看王晊欲言又止的样子，就猜到这一定是一个大情报，就把王晊带到了密室。在密室里，王晊向李世民和盘托出了李建成策划发动"昆明池政变"的详情。他所说的每一个字都像一把尖利的飞刀，重重地插在了李世民的心头。杀弟逼父，李建成的果决与残忍让他大为惊诧。

天与不取，反受其咎

武德九年的大唐政局，可以用三个词来形容，那就是：乌烟瘴气、阴云密布和杀机重重。

一方面，李渊忙着花天酒地，醉生梦死，大搞"爱情呼叫转移"，整日里从这个妃子的宫殿流浪到那个妃子的宫殿；另一方面，李大、李二和李四等人也没闲着，成天里钩心斗角，一心想着置对方于死地。

他们闲着没事，掐着玩，可把他们的邻居突厥人给乐坏了。六月初一，颉利可汗给李渊送来了一份"厚礼"：五万突厥铁骑。突厥边将郁射设（突厥官名）率领着五万雄师如风卷残云般穿越大漠，突破长城防线，兵锋直指边陲重镇——乌城。

乌城乃是大唐北部边疆上的一处重要堡垒，一旦丧于突厥人之手，后果不堪设想。

突厥大军包围乌城的消息传到了长安，大唐朝廷顿时乱作一团。当此外敌入侵、国家生死存亡之际，按理说，大家应该捐弃前嫌，勠力同心，共御外侮。可是，愈演愈烈的皇权斗争已经让李建成彻底地丧失了理智。

其实，设身处地为李建成想一想，他着急也是情理当中的事情。你想啊，都已经斗了这么多年，明的暗的大的小的好的坏的，什么样的招数都使过了，可是李世民仍然像泰山一样稳稳地矗立着，任你千锤百炼、狂揍暴扁，他就是屹立不倒，真是气死个人！

在争夺皇权的斗争当中是找不到"共赢"这个词的，有你没我，有我没你。既然李世民笃定了心思要做那巍然屹立的高山，李建成就只能选择做那移山的愚公了。除此以外，再无他路。

世间的事情通常都是十分微妙的，很难用绝对的好或者绝对的坏来形容。比如，李建成和李元吉就认为，突厥入侵这件事情，很可能就是一个一举铲除秦王党的绝佳契机。天与不取，反受其咎，这样的机会必须要把握住……

翌日早朝，统兵北拒突厥的人选当然成为朝会的唯一主题。如果换作从前，类似这样的事情根本就无须进行过多的讨论。还有什么好商量的？当然是英明神武的秦王李世民！从前的李世民在遇到这种情形时，也会像《武林外传》里的无双一样，拍拍骄傲的胸脯，大包大揽地说道："没事儿，放着我来！"不过，所有这一切都是"从前"的事情了。

秦王党的一众成员对这次出兵的人选问题高度重视。他们觉得，这是一个为李世民挽回颓势的绝佳机会。只要能让李世民执剑跨马、上阵杀敌，他就一定能够再创佳绩、再续辉煌。

是的，他们就是有这个自信，因为他们的主人是秦王，是赫赫有名的一代战神——李世民。所以，他们每个人都准备了一肚子的精心说辞，就等着在朝堂之上对李渊进行疯狂的"理论轰炸"了。

不过，照这天早朝的情形来看，他们是白准备了。因为，李建成压根就没有给他们任何说话的机会。早朝一开始，李建成第一个就站了出来。太子爷嘛，国家遇到这么大的困难，如果没有点策略和想法，那是十分说不过去的。他旗帜鲜明地提出，应当派遣齐王李元吉率兵北上抵御突厥人。

出乎一些人的意料，但不出乎另一些人的意料，李渊同意了李建成的建议。李元吉也趁机以顾全大局的口吻提出，秦王府的兵将久经战阵，战斗经验极为丰富，战斗力极为强悍，带着他们去抵御突厥人，一定可以马到成功。

他还特别提出，一定要由尉迟敬德来担任北伐军的先锋。

李元吉的提议深深地感动了李渊。没想到啊，这个心胸狭窄的小四也有长大的一天。关键时刻，他还是识大体、明大理的，能够以国家利益为出发点，舍弃个人恩怨。李渊当即就批准了李建成和李元吉的建议。

李建成与李元吉相视一笑，他们扭头想看一看李世民的表情，映入眼帘的只有李世民略显落寞的身影。

不过，这已经足够了。

昆明池计划

读过《孙子兵法》的朋友，对于这一招肯定不陌生——明显就是"釜底抽薪"嘛。大家想想，秦王府的兵将们都跟着李元吉北上抗敌了，京城里可不就剩下一个光杆司令李世民了吗？到时候，李世民就是长着三头六臂，有通天彻地之能，也只是别人砧板上的一块小肉了。李建成想把他剁成肉丁儿，就可以把他剁成肉丁儿；想把他剁成臊子，就可以把他剁成臊子。

如此看来，李元吉率军北上之后，李建成就要向自己的同胞兄弟举起胜利的屠刀了。太子党的党众是这么想的，秦王党的精英们是这么想的，齐王李元吉是这么想的，秦王李世民也是这么想的。

凡事总有例外，有两个人就不这么想：第一个是大唐皇帝李渊，他老人家不这么想的原因很简单，因为他没心没肺；第二个则是太子李建成，李建成之所以不这么想，是因为他另有打算。

就在前不久，封德彝对李建成说了一番意味深长的话："要想成就大业，就要抛开亲情的羁绊。当年，项羽要将刘邦的老爹剁成肉酱，刘邦居然满不在乎，还说要项羽分他一杯羹。你是想做项羽呢，还是想做刘邦呢？果断一些吧！"

李建成陷入了沉思。斗了这么久，每每在将要取得胜利的关键时刻，李世民总是能化险为夷、死里逃生，真是奇了怪了。看来，夜长真的是梦多啊！还是先让元吉把李世民的人都带走，而后再寻找机会对他下手？这里面还有很多的细枝末节需要运作，需要处理，万一哪一个环节出了差池，精心设计的计划岂不是又要付诸东流了？不行，绝不能这么干，必须要重新改写计划！

正是李建成的这个打算，差点儿改变了中国的历史。这个决断虽然很仓促，但也正因为其仓促，所以才会出乎所有人的意料。

这是人世间最可怕的计谋——临时变卦。

退朝之后，李建成邀李元吉来东宫密谈。先招已胜，兄弟二人都很开心。

李建成屏退左右，眨着眼睛问李元吉："现在，秦王府的骁将猛卒都已经在你的掌控之下了。你知道下步该怎么办吗？"

李元吉不无得意地晃着脑袋说："知道。臣弟北上之后，找个机会将尉迟敬德等人全部做掉，一个不留。而后，皇兄你就可以放心地对李世民动手了。"

李建成瞥了李元吉一眼，意味深长地笑了。他这一笑，李元吉可就蒙了。李建成彻底向李元吉摊了牌："你想得太浅了。北伐之日，我会和李世民一起到昆明池为大军钱行。你预先埋伏好刀斧手，到时候，看我眼色行事，一起杀出，乱兵将李世民剁为肉泥。而后，我们就地诛杀尉迟敬德等人，将秦王一党连根拔起！"

一旁的李元吉早就惊得愣在了一旁。他怎么也没有想到，李建成居然会有这样的打算。李建成望着他，他也望着李建成。他从李建成的眼中读到了从未有过的坚定与狠辣。这位太子爷变了，真的变了。

许久，他才不无担心地提醒李建成："父皇那边怎么办？"

李建成长吁一口气，拍着李元吉的肩膀说："放心，到时候，我会表奏父皇，说李世民突然暴毙身亡，秦王府兵将伺机作乱。"

李元吉还是很担心："父皇会相信吗？"

李建成微微一笑："父皇相信最好，如果他不相信，我会派人逼他退位的。到时候，你就是皇太弟了。你明白该怎么做了吗？"

李元吉慎重地点了点头。

常言说得好，谋事在人，成事在天。李建成的谋划真可谓鬼斧神工。

可惜啊，老天爷就是不站在他这一边。李建成并不知道，他的东宫并非是一块无缝的铁板，不是所有的人都和他一条心。这不，在墙的那一边，就有一只耳朵在倾听。李建成与李元吉的谈话内容一字不落地进了这只耳朵。

谁？正是前文提及的东宫率更丞王晊。

王晊是一个名副其实的小人物，小到根本就不被李建成这样的大人物放在眼中。但是，永远都不要小看小人物。因为有些时候，小人物的举动反倒会影响大人物的前途，甚至是他们的生命。

这一点，早已经被历史无数次地证明过了。

王晊表面上的身份是东宫里负责计时的小官。然而实际上，他是李世民安插在东宫里的谍报人员。李建成注定要为自己的托大而付出惨重的代价。直到死的那一刻，他都没有机会听见王晊亲口对他说一句："对不起，我是卧底！"

东宫的后门，一个人探出脑袋，警惕地四处张望，确认没有可疑的人之后，便牵出马来，扬鞭向着秦王府的方向狂奔而去。

不，这哪里是秦王府的方向啊，分明是中国历史的大道啊！

灵魂深处的较量

就在李建成和李元吉合谋着怎么害人的时候，秦王府里同样在进行着一场激烈的讨论。除了被外放的秦叔宝、程咬金以及被隔离了的房玄龄、杜如晦，秦王府的所有幕僚都到了。

眼瞅着李建成和李元吉就要举起血腥的屠刀了，大家都很着急。

长孙无忌向李世民劝诫道："大祸就要临头了，大王你该拿准主意了。"

李世民颇有顾虑地答道："我和他们都是一母所生，怎么下得了手？"

尉迟敬德是个急性子，他忙着插话道："人没有不怕死的。可是现在，大家都愿意冒死跟着大王你干。这是什么？这就是天意啊！上天的意思你都不听？大王你怎么能因为妇人之仁而置大局于不顾呢？"

李世民沉默不语。

正在这时，忽然有人来报，东宫率更丞王晊求见。

李世民心想，王晊突然求见，一定是有重要情报，赶忙命人请入。

王晊几乎是跑着进来的。他冲进屋子，定睛一看，满屋子都是人。呀，这可怎么办？这么多人，谁知道哪个是真心，哪个是假意，我可不能当着他们的面说。万一有人告了密，大事就完了。

李世民一看王晊欲言又止的样子，就猜到这一定是一个大情报，就把王晊带到了密室里。在密室中，王晊向李世民和盘托出了李建成策划发动"昆明池政变"的详情。他所说的每一个字都像一把尖利的飞刀，重重地插在了李世民的心头。

杀弟逼父，李建成的果决与残忍让他大为惊诧。

走出逼仄的密室，六月的夏风拂面而来，李世民却感受到了一种说不出的寒冷，一种发自心底深处的要命的寒冷。这时，他才发现自己的衣服已经快要被汗水给浸透了。

大郎啊大郎，没想到你居然如此狠毒！

李世民把全部情况一公开，议事厅立马就炸开了锅。是啊，事到如今，已经不仅仅是李家兄弟之间的个人恩怨，而是演变成两大利益集团的生死之争了。一旦失败，不仅李世民要把自己的项上人头奉上，秦王党的其他所有成员，包括他们的家属，都要人头落地。众人七嘴八舌地劝李世民采取果断行动，一举粉碎太子一党的阴谋。

长孙无忌着急地说道："先发制人，后发制于人，这两句就足够了。"

李世民的内心早已是波浪翻腾了。杀兄夺位，上下嘴唇碰一碰就可以说出来，做起来简直是困难重重。论起在长安的实力，李建成经营多年，根基深厚，手下还有两千多装备精良、骁勇善战的长林卫，而李世民的手中只有区区八百名秦王府卫士，用起来捉襟见肘。再说了，一旦失败，自己近十年苦心经营所挣来的清誉可就要付诸东流，昔日的丰功伟绩将不被人提起，后来的人们只会记得那个杀兄夺位、丧尽天良的失败者了。

就这么办

想到此处，李世民喟然长叹："骨肉相残乃是古今大恶。他不仁，我却不可以不义，还是等他动手之后，我们再后发制人吧。"

急性子的大老黑尉迟敬德马上就表达了他的不满："眼看着大祸就要临头了，大王你却像是个没事儿的人一样。你就算不关心自己的生死，总得考虑考虑宗庙社稷吧？"也着实是难为尉迟敬德了，到了这个紧要关头，居然能说出这么道貌岸然的大话来。

李世民还是默默无语。

尉迟敬德一看李世民这个态度，就不知道该怎么办了，他气呼呼地甩出一句："如果你不听从大家伙的建议，我就准备去落草了，我是不会在这里等死的。"

长孙无忌也及时地将了李世民一军："是啊，如果你不听从大家的意见，我也要和他们走了。"

再看李世民那个样子，真的很气人，任你东西南北风正着吹、反着吹，就是岿然不动。其实，他并不是真的坐以待毙，只是因为事关性命与声誉，一方面拿不准主意，另一方面也没有十足的把握，所以才迟迟下不定决心。

良久，李世民才甩出一句："我的想法也不是完全没有道理，你们再好好商量商量。"

都什么时候了，你居然还这么说！毕竟是粗人，着急的尉迟敬德说起话来可就没那么客气了，他直言不讳地批评李世民："处理事情优柔寡断，这是不明智的；面临危难犹豫不决，这是不果敢的。实话告诉你吧，王府里的八百勇士，已经准备就绪了。就算是你不起事，我们也要干了。"

照尉迟敬德话里的意思，李世民同意也得同意，不同意也得同意。

这个时候，大家都坐不住了，纷纷跳了出来："齐王这个人凶狠奸诈。前几天我们听说，他的护军薛实曾经对他说过：'大王，您的名字合起来是一个唐字，看来您才是天命所归的真龙啊！'齐王听了十分高兴，还说：'只要除去李世民，李建成就不足为虑了。'大王，您听听，这个人包藏祸心。如果您不果断采取措施，大唐的江山社稷恐怕就要毁在他们的手上了。"

李世民现在才知道，局势已经到了濒于失控的地步。是啊，这件事情并不仅仅关系到自己一个人的生死与荣辱，更关系到这些下属和他们家人的生死存亡。就算是自己不动手，这些家伙也会打着自己的旗号和李建成拼个你死我活的。一旦失败，最后的清算还是要落在自己的头上。

不动手，死的可能性极大，但毕竟还有不死的可能；可是一旦动手，就只许成功不许失败了。

到底动手，还是不动手呢？这是一个问题。

想到此处，李世民总算是扬起了头颅，但他还是放心不下："算上一卦，看看天意如何。"

在这里，我们是不应该嘲笑李世民的优柔寡断的。兹事体大，现在的他最缺乏的就是信心，只要有一种方法能够给他哪怕是一丝的慰藉，他都会去尝试。

正在卜卦的当口，大将张公谨赶到。

他一看这个场面，劈手就夺过李世民手中的龟壳，重重地摔在地上："遇到无法决断的困难情形时，才需要卜卦问神。现在的局势已经这么明了，还有什么好犹豫的？难道占卜的结果不吉利，我们就不干了吗？"

李世民抬头问张公谨："依你之见，事情果然可行？"

张公谨坚定地答道："非但可行，且应速行。"

张公谨的行为驱走了李世民心中最后一丝的犹豫。想不干都不行了，那就干吧。决心是定下了，但还有一个问题没解决。

啥问题？人的问题。

光有决心是远远不够的，要想把事情办成，就必须得具备实现决心的实力。论在长安的实力，他远不及大哥李建成。李建成不仅有皇帝老子的支持，而且绝大多数的文官都拥护他，东宫蓄养的士兵数量也几乎是秦王府的三倍。李世民现在最缺的就是人。

从哪里能搞到人呢？

他们不是不行，他们是没有

不知大家有没有注意到这样一个现象，李氏兄弟虽然斗得狠，但是他们之间的内斗并没有演变成前朝杨广与杨谅之间的内战。

这是为什么呢？

原因很简单，李氏兄弟手上都没有兵。

我们可以换个角度，用一个通俗的事例来理解"玄武门之变"。说是大唐村村长李渊的两个儿子李大和李二为了争夺家产闹得不可开交。兄弟俩各怀鬼胎，明争暗斗，无所不用其极。但是，不管他们哥儿俩怎么闹怎么斗，这场纷争始终限于家庭范畴内，并没有演化为全村的内战。

隔壁的大明村就不一样了，叔叔朱棣和侄子朱允炆为了争夺家产，大打出手。他们自己打还嫌不过瘾，便发动全村老少一起参与。结果，大明村一片乱战，死伤惨重，鸡犬不宁。

村子的性质是一样的，都是中央集权的封建农村。家庭矛盾根因也一样，都是为了争夺家产。可是，为什么斗争的范围却不一样呢？

这个问题，就要从制度和人两个层面上来找答案。

唐朝的府兵制决定了李氏兄弟的内斗不至于演变成内战。

什么是府兵制呢？府兵制其实就是唐朝的兵役制度。这项制度是中国古代兵役制度史上的重点，如果解释起来，没有个三五天是掰扯不清楚的。相信大家也等不了那么久，所以我就用一个简单的事例来说明这个问题。

我们首先来设置一下故事的主人公：第一个，李四，身份是皇帝；第二个，王五，身份是将领；第三个，赵六，身份是农民。

在隋末唐初那段岁月里，战争可以说是家常便饭，有时候是内乱，有时候是外患，反正没几天消停的。打仗就需要兵丁。兵从哪里来？只能从老百姓中来，确切地说，就是从农民中来。因为，传统的中国社会是个农业社会，农民占了人口的绝大多数。

如何使农民拿起刀枪到战场上卖命呢？各朝各代都有各自的办法。皇帝李四采取的办法就是府兵制。李四让政府在全国各地设置了大量的折冲府（唐初共有634个）。这个折冲府大致就相当于我们今天的人武部。折冲府会把所有符合服役要求的男丁登记造册，作为将来抽组军队的第一手依据。农民赵六就这样成为一名注册的府兵。

赵六当然不愿意去打仗。原因很简单，打仗可是个危险系数极高的活，好好的一个人，说不准什么时候就挂了。但是，赵六又不得不去参战。原因还是很简单，因为他有土地。有土地其实也就相当于被土地绑住了。政府来找你，一找一个准儿。

当国家没有战事的时候，赵六就会老老实实、安安稳稳地待在家里，伺候他那几亩薄田。但是，一旦发生了战争，赵六就得响应政府的号召，拿着兵器铠甲，牵着自己的马到折冲府报到。折冲府将府兵集结到一起，而后就会上报朝廷，皇帝李四指令大将王五，统领府兵作战。

这就是府兵制的运行原理。

王五是赵六的上司不假，但是赵六也明白，真正给他发工资的其实是王五的上司李四。所以，赵六归根结底还是会听李四的话。对于他而言，王五只是一个人名，可以是张五，也可以是刘五，但真正的老板其实只有一个，那就是李四。

上述的事例大家都能看明白，府兵制的特点也就清楚了：

第一，府兵其实是兼职的士兵，他们的主要身份还是农民；

第二，对于府兵而言，我的上司固然是我的上司，但是我的上司的上司更是我的上司。

清楚了上述两条，大家也就会理解李氏兄弟间的内斗为什么没有演变成内战了。因为无论是太子李建成，还是秦王李世民，抑或是二人的手下，基本上（罗艺是个例外）都没有直接调动府兵的权力。手上没那么多人，自然也就无法凑成一场大规模的群架了。

这种状态完全可以借用《剑雨》中的一句经典台词来概括：他们不是不行，他们是没有。

碰了俩软钉子

当然，也并非所有的将领都手中无兵。比如罗艺就是一个例外。

除了罗艺，当时的大唐军界还有两人手中有兵，他们就是"二李"——李靖和李世勣。

李靖，本名李药师，出身于官宦之家，从小就有"文武才略"。大业末年，李靖官至马邑郡丞。当时，反隋暴政的农民斗争已风起云涌。隔壁太原的留守李渊也暗中招兵买马，伺机而动。李靖"察高祖，知有四方之志"，便"自锁上变"，打算到江都告状。啥意思呢？就是说，李靖为了达到告发李渊的目的，想了一个办法。他找了个罪名，自己将自己绑了起来。根据当时的法律规定，像他这种级别的官员犯罪，须经皇帝过问。皇帝在哪里？皇帝在江都。这就需要将犯人李靖解送江都。

李靖想得好，以为这样就可以掩人耳目。不料，人算不如天算，阴错阳差之下，他居然成了李渊的阶下囚。

事情的经过是这样的，李靖解送的路途本来是比较顺利的。但是，到大兴这一站时，出问题了：关中大乱，"道塞不通"，去不了江都。李靖只好逗留在大兴。

这一逗留又出了问题。不久之后，李渊的大军就攻入长安。李渊在大兴的天牢中意外地发现了李靖。

李渊很高兴，老朋友见面，多亲切！来人啊，推出去砍了。

李靖听了，着急了，大声疾呼："公起义兵，本为天下除暴乱，不欲就大事，而以私怨斩壮士乎?!"

李渊一听，这小子还是有几分血性的，心中不由得一动。李世民本来就挺欣赏李靖的才识和胆气，趁机请求李渊开恩。李靖这才捡了一条小命，在李世民的幕府中做事。

在后来的李唐平王世充一役中，李靖开始崭露头角，受到了李渊的重用。

武德四年（621年）二月，李靖与赵郡王李孝恭联袂出击，仅用了两个月的时间，便消灭了江南最大的割据势力萧铣。李渊敕封他为上柱国、永康县公，赐锦缎二千五百段。同年十一月，李靖越过南岭，到达桂州，派人分道招抚，连下九十六州，所得民户六十余万，"岭南悉平"。李渊下敕劳勉，任命他为岭南道抚慰大使，检校桂州总管。

武德六年（623年）七月，辅公祏乘杜伏威入朝之际，窃据丹阳（今江苏省南京市），举兵反唐。李渊命李孝恭为帅、李靖为副帅，率李世勣等七总管东下讨伐。李靖运筹帷幄，判断准确，很快就平定了辅公祏的反叛。

高祖十分钦佩他的军事才干，由衷地赞叹道："靖乃铣、公祏之膏肓也，古韩（信）、白（起）、卫（青）、霍（去病）何以加？"

"二李"当中的另一李——李世勣其实就是《说唐》《隋唐演义》中徐茂功的原型。李世勣原名徐世勣，表字懋功，汉族，曹州离狐（今山东省菏泽市一带）人。徐世勣出身土财主家庭，"家多僮仆，积粟数千钟"。不过，他和他的父亲徐盖都不是那种为富不仁的人，"皆好惠施，拯济贫乏，不问亲疏"。

徐世勣十七岁那年，见天下大乱，很想干一番惊天动地的大事业，便就近参加了翟让的军队，成了瓦岗寨中的实力派人物。后来，他又劝说翟让将主公之位让给了李密。在李密的手下，徐世勣的才能得到了进一步的发挥。秦叔宝的第一任主人张须陀就是被徐世勣设计击杀的。

武德二年（619 年），李密被王世充击败，无奈之下归附了李唐。不久之后，徐世勣也归附了李唐。李渊下敕授徐世勣黎阳总管、上柱国，封莱国公，不久又加右武候大将军，改封曹国公，赐姓李，赐良田五十顷，甲第一区。

不久之后，窦建德擒斩宇文化及，趁胜攻打黎阳，大败李世勣，李世勣"力屈降之"。窦建德十分欣赏李世勣，便把他的父亲李盖扣作人质，令李世勣仍守黎阳。李世勣投降窦建德只是被逼无奈的权宜之计，他是人在夏营心在唐，天天琢磨着怎么越狱。第二年，李世勣终于找到了一个机会，溜了。有人劝窦建德杀掉李盖。可是，窦建德却说"李世勣忠臣，各为其主"，居然派人将李盖送了回去。

李世勣的忠诚受到了李渊的高度赞扬。后来，李世勣协同李世民连平王世充、窦建德、刘黑闼、徐圆朗等人，并追随李孝恭、李靖剿灭了萧铣、辅公祏等割据势力，为李唐江山立下了赫赫战功。

有一个故事很能说明李世勣的人品。

李世勣和单雄信原本都是瓦岗军的大将，二人既是战友，也是好友。瓦岗军战败以后，李世勣投靠了李唐，单雄信归附了王世充。

王世充败亡以后，单雄信被生擒活捉，李世民将他列入了处斩名单。李世勣多次哀求李世民，希望他能对单雄信网开一面，但李世民坚决不肯答应。

李世勣无奈，只好与单雄信在大狱中诀别。

单雄信还一个劲儿地埋怨他："我固知汝不办事。"

李世勣听了，放声大哭，用刀从腿上割下一块肉让单雄信吃，并说："本来想随仁兄一起死，但谁来照顾你的家人呢？此肉随兄入地下，以表我拳拳真情。"

单雄信无言，含泪上路。

他死后，李世勣果然如家人般照顾他的妻子儿女。

现在，李世民极其缺人。当此关头，他一下子就想到了李靖和李世勣二人。

找二李要人，其实也就相当于让他们表态：到底支持谁？这样的话，李世民现在是不能说的。于是，他想了一个比较委婉的方法。

他派人去见二李，把自己目前的困境告知二人，并向二人求教该如何破解危局。

厉害啊厉害！高超的政治手段，意思已经到了，但话却不说透。

他满怀希望，最终却满怀失望。

李靖一再推辞，说他也不知该怎么办。李世勣和李靖是一个鼻孔里出气的，也这么说。事实上，他们没有表态就是已经表态了。这两位爷给了李世民一个软钉子：你们兄弟俩想咋就咋，我们哥儿俩不掺和。

李靖和李世勣都是有责任感的人，历经隋末唐初的连年混战，身为军人的他们深知国家的稳定来之不易，不愿意卷入朝廷内部的纷争。正是因为他们在关键时刻保持了中立，新建的大唐才没有陷入连绵的内战当中。

我要由衷地对他们说一句："靖公、勣公，善莫大焉。"

东窗事发？

外人终究是外人，关键时刻，还是得看自己人。

李世民又想到了被隔离的房玄龄和杜如晦。

他霍然起身，眼神中的彷徨犹豫一扫而光，取而代之的是他那招牌式的坚毅与果敢："无忌，有劳你走一趟，去请房玄龄和杜如晦来商量对策。"

李世民的快速转变让长孙无忌着实吃了一惊。

他愣了愣神，才反应过来，脸上露出了衷心的微笑："臣得令。"

在这个关键时刻，李世民必须听一听智囊房玄龄和杜如晦的意见。

没过多久，长孙无忌一个人回来了。一个人？是的，一个人，因为房玄龄和杜如晦不来。长孙无忌带回了"房杜组合"的一句话："陛下特意下敕给我们哥儿俩，不允许我们服侍大王您。如果我们私自去见您的话，属于抗旨不遵的恶劣行为，项上人头恐怕就不保了。我们不敢去啊！"

其实，房杜二人是担心李世民决心不够大，这是故意在激怒李世民。果然，李世民听了，勃然大怒：我有那么逊吗，连你们都成了墙头草？不行，长孙无忌太文了，这种情况还得找武夫。想到此处，他转身抓过自己的佩剑，递到了尉迟敬德的手上："房玄龄和杜如晦怎么敢背叛我？你拿着我的剑和无忌去请他俩，如果他俩果无来意，你就当场将二人杀死，带着他们的首级来见我。"

尉迟敬德郑重地点了点头，跟着长孙无忌转身离去。尉迟敬德和长孙无忌将李世民下定决心的好消息告诉了房玄龄和杜如晦："咱们老大已经下定决心了，你们也别装了，赶快跟我们回府商量大事吧。"

要说心细，还是得看房玄龄。毕竟是在隔离期内，房玄龄说："如果咱哥儿四个一起走，恐怕会引起别人的注意。这样吧，你们先回去，我和老杜乔装改扮一下，一会儿就到。"

于是，四人分头行动。

长孙无忌一个人先行。

房玄龄和杜如晦化装成道士，一前一后，间隔出发。

尉迟敬德则绕道返回了秦王府。

当天夜里，李世民终于见到了朝思暮想的房玄龄和杜如晦。

秦王党的一班骨干围绕着政变的具体步骤，迅速展开了讨论。

当最终的方案终于被确定之后，众人才发现窗外已是大亮。

大家彼此相顾，无声地笑了。

就在此时，窗外传来了一个细声细气的声音："圣上有旨，宣秦王殿下入宫觐见！"

众人大惊失色，再看李世民，额头上早已挂满了细密的汗珠。

他惊慌失措地望着众人，众人也惊慌失措地望着他……

这个时候入宫，莫不是东窗事发了？

第十四章
玄武门前夜：生死就在一念间

·

·

　　官员给皇帝上奏疏，这本是再正常不过的事情了，没什么好稀奇的。但是，问题在于，今天太史令上的这道奏章可不一般。首先，奏本并不是像往常那样，通过公开的程序，由相应的部门呈递上来，而是以秘密的形式直接呈递到了李渊本人的手上；其次，奏本的内容除了表达太史令对于天文现象的见解外，同时也直接指向当朝的政治动态。

特殊的天文报告

时间：六月初三夕

地点：武德殿

龙椅之上，唐皇李渊正面色铁青地等候着李世民的到来。

面色铁青？

对，因为李渊不高兴！没办法，这都是让一道密奏给闹的。

就在刚才，李渊接到了太史令傅奕的密奏。

有人可能要问了，这太史令是干什么的，听着好像和太史公差不多，是不是也是史官啊？虽然当中有一个"史"字，但是太史令所从事的工作可跟历史没一丁点关系。在唐代，太史令实际上是掌管天文的官员，大致相当于今天的国家天文台台长。

官员给皇帝上奏疏，这本是再正常不过的事情了，没什么好稀奇的。但是，问题在于，今天太史令上的这道奏章可不一般啊。首先，奏本并不是像往常那样，通过公开的程序，由相应的部门呈递上来，而是以秘密的形式直接呈递到了李渊本人的手上；其次，奏本的内容除了表达太史令对于天文现象的见解外，同时也直接指向当朝的政治动态。

按理说，一个天文官员只要专心研究头顶上的那片星空就可以了，犯不着掺和纷繁芜杂的朝廷政治。可是，傅奕不一样，因为在太史令这个公开的身份背后，他还有一个隐秘的身份——太子党成员。

为了给即将到来的"昆明池政变"提供天体物理学上的科学依据，

在李建成的授意和指使之下，傅台长给李渊上了这道密奏。

在密奏当中，傅奕陈言，最近的天象极为反常，太白金星居然于六月初一和初三，两次于白天出现在秦地分野。

首先，太白金星出现的时间极为奇特，两次都是在白天出现，反常。

其次，太白金星出现的次数极为奇特，居然在三天之内先后出现了两次，更反常。

最后，太白金星出现的地点也极为奇特，这么大一个国家，那么广袤的疆域，出现在哪儿不好，可它偏偏在秦地分野上露头，这个最反常。

太史令傅奕奏章的中心思想完全可以用一句话来概括：太白金星之所以这么频繁地在白天出来溜达，就是为了告诉大家，秦王李世民在不久之后就要成为一国之主！

扯淡，相当扯淡。大家可能不知道，这个傅奕其实是一个自然科学家。就在这一年的前几个月，他还旗帜鲜明地反对佛教，甚至建议李渊把十万僧尼配成夫妇，让他们繁育后代。这样一个无神论者，居然在此时提出了如此荒诞的气象预言，背后要是没人指使，那才真是活见鬼！

星空固然没有立场，但是研究星空的人却是有立场的。

我们不相信，但是架不住李渊信呀。

傅奕的密奏让李渊坐卧不安，他已经笃定心思要把江山社稷留给大儿子李建成了。可是，讨厌的太白金星却跳出来说，老二李世民应当拥有天下。这说明什么？太白金星当然是不可能扯谎的了。唯一合理的解释就是：李世民要谋朝篡位了。想到此处，李渊急忙派宦官宣李世民速速入宫觐见。

雷死人不偿命

李渊的这个举动，可把李世民等人吓了个够呛。思量再三，李世民认定李渊不知情，便硬着头皮前来谒见。然而，从李渊的脸色可以看出，绝对不是什么好事。莫非我们的谋划这么快就泄露了？想到这里，李世民的额头开始冒汗。

李渊黑着脸，一言不发，把傅奕的奏本重重地摔在李世民的面前。

不知所措的李世民拾起奏本，仔细一看，登时吓出了一身冷汗。

李世民果然是李世民，他很快就想到了法子，跪地哭诉道："这是说我要谋反啊。父皇，作为兄弟，我没有对不住他们两个的地方。可是，他们却不念手足之情，一心想要置我于死地。他们的手下大多是王世充和窦建德的老部下。大郎和四弟如此残酷地对我，就好像是要为王世充、窦建德报仇。"

这句话像鼓槌一样重重地擂在了李渊的心头。他虽然支持李建成，但是并不讨厌李世民。相反，在内心深处，他十分喜欢这个优秀的儿子。可是到了现在，他才发现，建成与世民之间的矛盾已经激化到势不两立的地步。

李渊也不忍李世民伤心，便出言宽慰。

李世民见得计，索性一不做二不休，说出一番雷死人不偿命的话来："据儿臣所知，大郎建成、四郎元吉与张婕妤、尹德妃勾搭成奸，淫乱后宫。"

李渊听了，惊得嘴都合不住了："有这等事吗？"

建成、元吉居然与张、尹二妃有奸情？从理性的角度而言，李渊是不相信的。但凡是正常男人，听到这样的话，都不会泰然处之。因为男人对这个问题非常在乎，无论是思考的向度还是处理的方式，都偏重于感性。李渊是一国之主，他更加在乎自己的声誉，自己的女人和儿子勾搭在一起，这要是传出去，让他这张老脸往哪里放啊？

李渊命人传旨，召太子李建成和齐王李元吉明日提早入宫，裴寂、萧瑀、陈叔达、封德彝、宇文士及、窦诞等重臣务必参加早朝。李渊之所以这样安排，一是想亲自询问李建成和李元吉，看看他们是否和张婕妤、尹德妃有一腿；二是想拉着重臣们，一起为李建成和李世民调解调解，缓和一下他们之间紧张的关系。

李渊让李世民先回去，明天也来参加朝会。

望着李世民远去的背影，李渊感觉自己的头比大象的脑袋都大。

然而，无论是他，抑或是李世民，都没有注意到，在偏殿的帷幔之后，一双美丽的眼睛已经把这里发生的所有一切都看在了眼里……

东宫，张婕妤的亲信正绘声绘色地向李建成讲述着刚才李渊和李世民在武德殿中的对话——淫乱宫闱的栽赃深深地刺激了这个女人。李世民走了之后，她便急匆匆地来见李建成。

李建成怎么也没料到，李世民居然会使出这样的损招。张婕妤走后，李建成立刻派人将李元吉召来，商量对策。

两人都感到，在这个紧要关头，李世民居然一反常态，干起栽赃陷害的事来了。这其中肯定有什么不可告人的阴谋。但到底是什么阴谋呢？哥儿俩想破了脑袋，都没想出个一二三来。当前的首要问题是：明天早上要不要去父皇面前对质？

李元吉要比李建成谨慎一些，他提出了一个比较保守的建议：一方面，密令宫中卫士加强戒备，做好随时动手的准备；另一方面，向父皇推说身体抱恙，无法入朝，静观局势的变化，再做定夺。

李建成却否定了他的建议，理由是："这样做不就相当于自认有过吗，反倒加重了父皇的疑心，同时也给了李世民一个口实。我们内有张、尹二妃，外有两千将士，李世民再厉害，恐怕也是无计可施。咱们不如入宫面见父皇，当面澄清事实，狠狠地将他李世民一军，看他如何收场。"

李元吉想想，似乎也有几分道理，便不再坚持。

玄武门：就是这里

我相信，从皇宫出来后，李世民绝对会有一种游走于生死边缘的感觉。

"太白金星事件"本来是李建成等人精心策划的一个阴谋，意图置李世民于死地。可是，李世民凭借着自己的智慧不仅起死回生、化险为夷，反而还用机智为自己的政治博弈创造了一个绝佳的良机。

明早对质，这就是上天赐予他的机会。本来，秦王党人还在争论何时动手，在哪里动手。现在，这两个问题都得到了解决。明日清晨就是最佳的下手机会，而下手的地点当然就在李建成入朝的必经之路——玄武门。

何时开始准备呢？

现在。

李世民快马加鞭，返回王府。

房玄龄、杜如晦、长孙无忌等人都在等他。李世民将之前的情况简要说了一遍，大家一致同意：马上做！

人多不好隐藏，所以李世民仅让尉迟敬德挑选了七十个精锐骑士。相信李建成也不会带多少人，出其不意，七十人足矣。房玄龄、杜如晦、长孙无忌、侯君集、段志玄、张公谨、刘师立、公孙武达、独孤彦云、杜君绰、郑仁泰、李孟尝、张士贵、庞卿恽等人全都随同李世民上阵。

不到一百人，这就是李世民发动"玄武门之变"所用的人手。

智者千虑，难免一失，就因为这个安排，李世民差点儿失败，非常悬，就差那么一点点。

趁着茫茫夜色，李世民率众赶到了玄武门，在常何、敬君弘、吕世衡等人的接应下，顺利进入玄武门。等所有的准备工作都完成后，天色已近寅时，一干人等拥入临湖殿，刀出鞘，弩上箭，只等着即将到来的天明。

远方的天际上，启明星不知何时已偷偷爬上东边的天空，一闪一闪地眨着好奇的眼睛，这是干什么呢？一阵微风掠过，天边已渐渐现出鱼肚白，改变中国历史的一刻即将来临……

玄武门怪圈

"玄武门之变"可谓是中国古代知名度最高的宫廷政变了。因为这次政变发生在我国历史上最伟大的朝代——唐朝，且事件的当事人之一又是与秦皇汉武齐名的李世民。提起"玄武门之变"，但凡是有点儿历史常识的人，都能将这件事的大概经过和最终结果说个差不离儿：李建成和李世民争夺皇位，急了眼的李世民在玄武门杀了他的大哥和四弟，登上了皇帝之位，最后开辟了"贞观盛世"。

知道归知道，了解归了解，但很可惜，这是一种定式思维。事实上，如果大家仔细翻阅一下《新唐书》《旧唐书》和《资治通鉴》等史料，你就会惊叹：天哪，有唐一代，在玄武门这个地方居然先后发生过四次政变，"玄武门之变"竟然不是唯一的。

唐高祖武德九年（626 年），秦王李世民在玄武门诛杀太子李建成和齐王李元吉。

这是唐代历史上的第一次"玄武门之变"。

唐中宗神龙元年（705 年）一月，宰相张柬之率军攻占玄武门，斩杀了武则天的情夫张易之、张昌宗兄弟，并逼迫武则天退位，继而拥立太子李显复位，重新恢复唐朝正统。

这是第二次"玄武门之变"。

唐中宗景龙元年（707 年）七月，距第二次"玄武门之变"仅两年零六个月。太子李重俊假称奉敕，率左羽林和千骑兵三百余人，攻杀武三思和武崇训，随即发兵包围皇宫，打算捕杀祸乱宫闱的韦后和安乐公主。狡猾的韦后与中宗登上玄武门城楼，宣布李重俊谋反。士兵临阵倒戈，李重俊逃到终南山，后被捕杀。

这是第三次"玄武门之变"。

紧接着三年之后，也就是唐中宗景龙四年（710 年）六月，韦后和安乐公主毒死中宗李显，拥立温王李重茂为帝。相王李旦之子、临淄王李隆基联合太平公主发动政变，占领玄武门，随即纵兵闯入皇宫，斩杀了韦后和安乐公主。事后，相王李旦登基，是为睿宗。

这是第四次"玄武门之变"。

每一次都是玄武门，你们说怪也不怪？

这里有两个疑团：首先，为什么偏偏是玄武门？为什么就不能是别的门？玄武门俨然已经成了悲剧与血腥的代名词，莫非这里是一个受到诅咒的地方？其次，在这四次政变当中，凡是控制玄武门的一方最终都赢了，凡是没有控制玄武门的一方最终都输了。这又是为什么呢？

我将这种奇怪的历史现象概括为一个词：玄武门怪圈。

究竟是什么原因造成了玄武门的怪圈呢？让我用剥洋葱的方法为大家解读"玄武门怪圈"之谜底。

咱们首先得了解一下古长安城的构造。

唐都长安城周长为 35.56 公里，面积约 84 平方公里，是当时世界上规模最大、最为繁华的国际都市。有人做过统计，唐代长安城的面积是汉长安城的 2.4 倍、北魏洛阳城的 1.2 倍、隋唐洛阳城的 1.8 倍、元大都的 1.7 倍、明南京城的 1.9 倍、明清北京城的 1.4 倍、公元 447 年所修君士坦丁堡的 7 倍、公元 800 年所修巴格达的 6.2 倍、古代罗马城的 5 倍。

这座四四方方的大城由外郭城、宫城和皇城三个部分组成。外郭城和皇城与咱们今天所讲的主题无关，我将这两瓣葱片剥去，单表宫城。

李渊时代的宫城同样是由三个部分组成，分别是大兴宫、东宫和掖庭宫。大兴宫始建于隋朝，后来在唐睿宗景云元年（710 年）改称太极宫，是长安城三大宫殿群之一。另外两大宫殿群则是大明宫和兴庆宫。大明宫建于唐太宗时。兴庆宫建于唐玄宗时。换言之，在"玄武门之变"发生的时候，压根就没有这两座宫殿。

大兴宫居中，是唐朝的政治中心。东宫，顾名思义，在大兴宫的东面，是太子起居生活的地方；掖庭宫则位于大兴宫的西面，是宫女、太监们居住的地方。再剥去东宫和掖庭宫这两瓣葱片，单讲大兴宫。

咱们中国人搞建筑讲究很多，尤其是古人，说道更多。我在这里只提三点：一是讲求"坐北朝南"，房子不能建歪了，必须是背靠正北，面朝正南；二是讲求"内外有别"，生活起居的地方一定要放在里面，办事会客的地方则一定要放在外面；三是讲求"四四方方"，我们中国人的房子不能造成三角形、菱形或者别的什么形状，只能造成长方形。

别小看了这几条规则，里面包含了古人的哲学智慧。"坐北朝南"谋的是兴旺，"内外有别"讲究的是礼数，"四四方方"彰显的则是方正的品格。正是因为有深厚的理论基础，所以中国的古人，上至九五之尊，下至黎庶黔首，都严格遵循，不敢有丝毫的逾越。

百姓人家的建筑尚且如此，皇家宫苑就更讲究了。大兴宫，乃至整个长安城，都采用了以上几条建筑原则。中国古代以北为尊，所以长安城的建筑物全都是坐北朝南。其中，大兴宫更是位于最北方，取君临天下之意。

大兴宫分外朝和内廷两个部分：外朝主要是皇帝听取朝政、举行宴会的宫殿和若干官署；内廷则是皇帝和后妃的寝宫和花园，是帝王后妃起居游憩的场所。根据内外有别的原则，外朝位于大兴宫的南部，内廷则处在大兴宫的北部。

大兴宫东西南北共有十座城门。

东面的城门最少，只有一座，叫作通训门。通训门实际上是连接大兴宫和东宫的通道。因为，它既是大兴宫的东门，也是东宫的西门。李建成每次入宫觐见老爹李渊，都要走这道门。

南面城门最多，共有三道。中间的一道叫作承天门，是大兴宫的正门，是皇帝举行外朝大典之处。有时，朝廷在宣布大赦天下、颁布新律、接见外使的时候，皇帝也要驾临此门听政。承天门有两道侧门，左边的一道叫作永安门，右边的则是长乐门。

西面有两道门，一曰嘉猷门，一曰通明门。

北面同样开有两道门：安礼门和玄武门。玄武门是大兴宫北面的正门。安礼门的位置实际上已经是在东北角了，偏得很。

"剥"去安礼门，直奔"洋葱核"——玄武门。

玄武门是大兴宫十座城门当中最牛掰的城门。首先，玄武门的地理位置就很牛。此门位于长安城的制高点——龙首塬上，登上城楼即可俯瞰整个长安，气象端的是恢宏磅礴。其次，玄武门的战略地位更牛。作为大兴宫的北正门，玄武门实际上是进出内廷的必经之地。内廷安危实际上就系于玄武门。

正是因为战略地位至关重要，宫廷禁卫军的总部就设在这里。《两京城坊考补》就明确说了，"唐初，称乱及平乱之门禁，皆在宫城之后门——玄武门"，此处有"宫中劲旅羽林、飞转等军队"。而且，玄武门是大兴宫诸门当中戍守兵力最多、城门最厚重、工事最坚固的一道城门。

了解完以上情况，"玄武门怪圈"的谜底便呼之欲出了：

只要控制了玄武门，就可以控制内廷。

只要控制了内廷，就可以控制皇帝。

只要控制了皇帝，就可以控制朝廷。

只要控制了朝廷，就可以控制整个国家。

近代的大学者陈寅恪说得更精练："俱以玄武门之得失及屯卫北门禁军之向背为成败之关键。"

这就是"玄武门怪圈"的谜底。

讲到此处，秦王党的阴谋想必大家都已经知道了，那就是：抢占玄武门，借上朝之机，诛杀太子李建成和齐王李元吉，而后进入大兴宫，控制皇帝李渊。

整个行动其实可以细分为三个步骤：

第一步，控制玄武门，在门内设置伏兵；

第二步，诛杀李建成、李元吉；

第三步，进入大兴宫，控制李渊。

拜常何等人所赐，第一步已经顺利完成了。

现在，轮到第二步了……

第十五章
千古一变：喋血玄武门

·

·

　　李建成骑着马一路小颠，心情无比悠闲，简直掩饰不住内心的喜悦。一切看起来都和平常一样，一样的蓝天，一样的白云，一样的树林，一样的鸟鸣，还有那一样的静谧。李建成回首向李元吉笑道："这个可恶的二郎，居然敢在父皇的面前诬陷我们，今天一定要他好看。"

中间路线

　　武德九年（626年）六月初四的清晨，李建成和李元吉依照原定计划，策马直奔玄武门。过了玄武门，行至临湖殿时，二人才发觉情形不对，"跋马东归宫府"。

　　李世民见状，抢先追了出来，"从而呼之"。电光石火之间，李元吉张弓回射李世民，居然"再三不彀"。李世民却比较镇静，一箭就射死了李建成。

　　随后赶上的尉迟敬德等七十骑也"射元吉坠马"。混战当中，李世民的战马受惊，"逸入林下，为木枝所挂"，李世民"坠不能起"。李元吉回身夺下李世民的弓，"将扼之"。紧要关头，尉迟敬德"跃马叱之"，李元吉转身向武德殿跑去，结果被尉迟敬德射死。

　　二李授首，但事件到此仍未结束。李建成和李元吉的部下冯立、薛万彻、谢叔方等人听说此事后，便即刻"率东宫、齐府精兵二千驰趣玄武门"。好在"张公谨多力，独闭关以拒之"，二李人马才没有攻入玄武门。玄武门守将常何、敬君弘、吕世衡等赶紧组织人马阻击。众寡悬殊之际，李世民的妻舅高士廉与妻叔长孙顺德"率吏卒释系囚，授以兵甲，驰至芳林门，备与太宗合势"，这才稳定了战场形势。

　　薛万彻见久攻不下，便提议舍玄武门而攻打秦王府。尉迟敬德"持建成、元吉首示之"，东宫人马即刻溃散。随后，李世民派遣尉迟敬德入宫讨敕。

当时，刚刚泛完舟的李渊正在海池边休息。尉迟敬德全副武装入见，按律已经犯了杀头大罪。李渊见他来势汹汹，大惊问道："今日乱者谁邪？卿来此何为？"

尉迟敬德回答说："秦王以太子、齐王作乱，举兵诛之，恐惊动陛下，遣臣宿卫。"

李渊听了，大吃一惊，便问裴寂："不图今日乃见此事，当如之何？"

暗中支持李世民的萧瑀、陈叔达出面圆场："建成、元吉本不预义谋，又无功于天下，疾秦王功高望重，共为奸谋。今秦王已讨而诛之，秦王功高宇宙，率土归心，陛下若处以元良，委之国事，无复事矣！"

李渊无奈地说："善！此吾之夙心也。"

随后，李渊派"天策府司马宇文士及自东上阁门出宣敕，众然后定。上又使黄门侍郎裴矩至东宫晓谕诸将卒，皆罢散"。

李世民发动的玄武门政变，至此才取得了最终胜利。

以上就是史书记载的"玄武门之变"的真实情形。

我断定，看到此处，绝对会有人这样惊叹：不会吧？冲着书名跟着看了这么久，就是为了这一段。没想到，你三言两语就一笔带过，这也太不过瘾了。其实，对于这个问题，俺也很无奈啊。因为史书上对此事的记载仅寥寥数语，加在一起都不足两百字。你们让俺咋办？

一边是昨天的故事，一边是今天的读者，如何将昨天的故事生动地呈现在今天的读者面前，这是一个让无数历史写作者头痛欲死的难题。因为逝去的历史只能被粗略地记载，却无法被详尽地真实再现。也正是因为历史的这个局限性，所以才有了野史、传说和历史文学的生存空间。正史虽然严谨，但却于详细有失；野史、传说及历史文学虽然生动，但常常于真实有失。

"玄武门之变"就是一个很好的例子。《新唐书》《旧唐书》和《资治通鉴》的记载基本一致，但都仅限于两三百字的篇幅，相当单薄。有关此事的野史、传说及文学作品倒是不少，都想重现那段血腥的历史，而且其中也不乏优秀的作品。但是，所谓的优秀都是从艺术的角度来衡量的。从历史的角度而言，文艺作品再好再优秀，都是不可信的。

所以，这就让我十分为难，给大家翻译史书上的文言文吧，两三百字就带过去了，大家肯定看得不过瘾；将野史和传说胡侃一番，大家倒是满足了，但必定会被严重地误导。误人子弟、歪曲历史的事，咱是断然不能干的。

怎么办？几经思量，我最终决定走中间路线：以信史为创作依据，以文学演绎为润色，尽可能地为大家呈现一个真实丰满的"玄武门之变"。

以下就是我大胆尝试的结果——北溟玉版的"玄武门之变"。应该说，这篇文章的文学色彩非常浓厚，但是窃以为，文章的真实性、可读性和逻辑性还是蛮强的。

敬请列位批评指正……

玄武门的血

宦官怎么不见了

公元626年7月2日，时为大唐武德九年六月初四，清晨时分，太阳又和往常一样，尽职尽责地爬上了东方的天空。雾霭在阳光的照射下渐渐地散去。鸟儿婉转起伏的鸣叫在若隐若现的树林中此起彼伏。又是一个天朗气清、惠风和畅的好日子！

如此慵懒的风景理应有静谧的心情作为陪衬。不过，埋伏在玄武门后临湖殿中的李世民等人显然没有这样的闲情逸致。他们个个圆睁着双眼，刀出鞘，箭上弦，紧张地望着玄武门前的石头大道。

时间仿佛在此刻凝固，每一分每一秒都是那么的漫长。白花花的石头大道尽头依然不见李建成的身影。有的人沉不住气了，开始交头接耳：莫非太子已经得到消息，不来了？

李世民的心也是怦怦跳个不停，依照往常的惯例，他们俩现在应该到了，可今天是怎么回事，莫非真的……李世民都不敢再往下想了。此时此刻，汗水已经将衣服和皮肉紧紧黏在了一起，这让他有说不出的难受。

忐忑之间，突然"咯噔咯噔"的马蹄声隐隐约约地传来。声音由远及近，由小转大，渐渐地清晰起来，像一记记鼓槌般重重地敲打着李世民的心房。李世民不由得狠狠地咽了一口唾沫，双手紧紧地握住手中的弓箭，眼睛死死地盯着远方白石大道与蓝天相交的地方。

蓦地，只见影子一闪，一骑跃上了地平线。李世民定睛一看，正是大哥李建成，心中不由得一阵狂喜。紧接着，齐王李元吉以及一众卫士陆续出现在众人的视野当中。

李建成骑着马一路小颠，心情悠闲，一切看起来都和平常一样，一样的蓝天，一样的白云，一样的树林，一样的鸟鸣，还有那一样的静谧。李建成回首向李元吉笑道："这个可恶的二郎，居然敢在父皇的面前诬陷我们，今天一定要他好看！"

李元吉也笑着附和道："对，我们一定要当着父皇和群臣的面，戳穿他的谎言，揭露他的卑鄙嘴脸。到时候，看他如何收场！"

正说话间，一堵气势恢宏的厚重城墙出现在了眼前，上面赫然刻着"玄武门"三个遒劲有力的大字。李建成抬头瞟了一眼，便纵马穿过了玄武门。李建成并不知道，今日的玄武门就是他的鬼门关。从踏进此门的那一刻起，他就注定再也出不来了。他只知道，守卫在这里的云麾将军敬君弘、中郎将吕世衡和统领常何都是自己人，玄武门实在是再安全不过了。李世民绝不敢擅自妄为。退一万步来讲，就算他敢胡作非为，也绝对占不到半点儿便宜。

穿过玄武门，前方便是临湖殿。只见内里一片寂静，只有几名士兵守在大门的两侧。李建成与李元吉扯住缰绳，缓缓地往临湖殿逶迤而来。

寂静，无声的寂静，可怕的寂静。

李建成倒不觉得什么，可是常年在外征战的李元吉却突然生出一种说不出的恐怖感觉。他只感到后背一阵阵发凉，似乎有什么食人的猛兽在窥视着自己。

突然间，他发现了一个不寻常的现象：宦官呢？那些忙碌的宦官怎么不见了？正在思忖间，他猛地发现临湖殿中隐隐有人影闪动。刹那间，他明白了："大哥，快跑，有埋伏！"

李建成这才反应过来，兄弟二人立刻拨转马头，向着宫门狂奔过去。

到底还是让你给赢了

事情发生得太突然了，埋伏在殿中的李世民大惊失色，他本想等李建成和李元吉进入临湖殿后，让刀斧手一起杀出，将二人剁成肉酱。谁知道，居然会被李元吉窥破天机。

来不及多想，他一马跃出，在后面猛追，边追边喊："大哥，停下！大哥，停下！"他的出击给了其他人一个信号。尉迟敬德等七十骑纷纷从躲藏的地方冲出来，向着李建成等人围拢过去。

李建成听见李世民呼喊自己，回头一望，吓得胆战心惊。只见正殿和偏殿拥出数十骑人马，手中挥舞着各式兵器，狂呼着冲杀过来。震惊，实在是太震惊了！李建成想过一万种可能，唯独没有想到李世民会铤而走险，下此毒手。

到底是在战场上历练过的人，李元吉的反应就比李建成快多了。只见他拈弓搭箭，瞄准李世民，直射而去。也许是因为久离战阵、功夫生疏，也许是因为神经紧张、心情慌乱，一连三箭居然都没有射中。

李世民却稳住马，他深深地吸了一口气，张臂搭箭，箭似流星一般破空而来。李建成还以为他是要回射李元吉，压根儿就没有防备。岂料，李世民的这一箭就是奔着他来的。只听"噗"的一声闷响，他的喉头登时鲜血直喷，一个倒栽葱从马上跌落下来。

这是李世民这一生所射出的最为关键的一箭。这一箭命中咽喉，直接结果了李建成。

李元吉见大哥中箭落马，赶紧纵马去救。

不承想，尉迟敬德等人已经赶到了近前。一阵箭雨撒来，李元吉也中箭落马。好在有随行的侍卫返身抵挡，李元吉只好忍着伤痛，撇下李建成，继续向门外狂奔。

李建成的衣服已经被自己的鲜血染红了，渐渐涣散的瞳孔中，仍然可以看到那种深深的错愕与惊诧。是的，他不相信二郎会下如此毒手。但是，这残忍的一切毕竟已经无可挽回地发生了！

而他，注定要死了。

喊杀声、兵器撞击声已经渐渐地远去，他只能看见头上那片碧蓝如洗的天空中，不时有鸟飞过。一阵风拂过，他感觉自己又冷又软，像棉花一般轻柔，似乎要飞起来。

这时，一双大脚出现在他的头边，一个模糊的身影低头望着他："臣尉迟敬德为太子殿下送行。"刀光一闪，大唐第一位太子的头颅便骨碌碌地滚在了一边。

正在此时，一阵异样的马嘶鸣声传入了李元吉的耳中。根据多年征战的经验，李元吉断定，这是马受惊脱缰的声音。他回头一看，禁不住喜出望外。原来在混战当中，李世民的战马受到了惊吓，突然冲入了一旁的树林当中。当时，林中有好多的树枝藤蔓，战马躲避不及，被地下的树枝绊倒。李世民被重重地甩了出去，这一跤摔得可不轻，他半天都爬不起来。

李元吉实在是太恨李世民了。他见李世民爬不起来，也忘记了逃跑，狂呼着向李世民冲来，誓要为李建成报仇雪恨。李世民正挣扎着爬起来。他还没有起身，李元吉已经冲到了身边。李元吉一把夺下李世民的弓，顺手就套在了李世民的脖子上。他一脚重重踏在李世民的背上，准备发力用弓弦勒死李世民。

正在这个紧要关头，尉迟敬德纵马赶来，大喝一声："逆贼大胆！"李元吉抬头一看，正是他最害怕的尉迟敬德。这个时候，也顾不上李世民了，李元吉拔腿就跑。

李世民这才捡了一条命。

尉迟敬德岂肯善罢甘休，一边拍马猛追，一边连射数箭。李元吉接连中箭，摔倒在地。"咳咳咳"，李元吉一咳就是一大口的鲜血。他挣扎着爬起来，摇摇晃晃地继续往前走。尉迟敬德赶上来，扬起手中的马刀，划了一个残忍的弧线。李元吉的脑袋飞起几丈高，脖腔中的鲜血激射而出。在漫天的血雨中，李元吉的头落在了地上。

此时，战斗已经接近尾声。李世民坐在地上，一边抚着被勒出红痕的脖子，一边用力地咳嗽着。尉迟敬德大步走来，"咚咚"扔下两颗人头。李世民再也咳不出来了，那是他两个亲兄弟的头颅。现在，这两颗头颅上沾满了血泥，惨不忍睹。然而，两颗脏兮兮的人头依然不甘心地睁着双目。李世民望着李建成的眼睛，那眼睛似乎在说："世民，到底还是让你给赢了！"他又望了望李元吉的眼睛，那眼神似乎满含悲怆："二哥，还是你狠！"

胜利了，李世民却没有太多的欢乐。这时，李建成和李元吉的种种不是，他居然一点都想不起来了，只记得从前一起嬉戏打闹的欢乐场景……

突然之间，玄武门外响起了冲天的喊杀声，似有无数人马正如潮水般涌来。

李世民与众将士相顾愕然，这究竟是怎么一回事？

成败一线间

原来，就在混战当中，李建成的一名贴身侍卫拼死突出了重围。他狂奔回东宫，将发生在玄武门的事情报告给了东宫卫队首领——车骑将军冯立。

听说李建成被杀的消息后，冯立好似晴天遭了一记霹雳，他堪堪稳住身躯，仰天长叹道："我受太子恩宠多年，怎能为了保住一己之命而逃避灾难呢？来人啊，传我将令，东宫所有卫士马上出动，通知齐王府的谢叔方，我们一起去玄武门为太子和齐王殿下报仇。"

就这样，冯立与副护军薛万彻、屈直府左车骑将军谢叔方率领两千人马直扑玄武门，誓要为李建成、李元吉二人报仇。

玄武门外，杀声震天，刀如林，剑如丛，箭似飞蝗满天飞。此时，李世民身边只有尉迟敬德、长孙无忌、侯君集等八十余人，敌众我寡，已经明显落在了下风。

到底是李世民，他大声狂呼："赶快关上城门！"

是啊，玄武门城防坚固，关上城门尚可抵挡一阵。如果让冯立攻入了玄武门，那么李世民等人肯定就活不成了。李世民一死，这场政变就必然归于失败，所有的参与者连同他们的家人都会丧命。

当时，守在门口的正是大将张公谨。听到李世民的话，他急忙抓住两扇沉重无比的大门，用力地往外推。在刺耳的"吱嘎吱嘎"声中，木门缓慢而艰难地闭合着。

远处的冯立一直都在关注着城门。他定睛一瞧，不好，大门要关上了。来不及多想，冯立用鞭子狂抽战马，战马吃痛，发起怒来，向着城门猛冲过去。

张公谨见冯立赶来抢门，急得大喝一声，拼尽全身力气关城门。真是千钧一发！就在大门合上的那一瞬间，冯立的马头"咚"的一声撞在了门上。功亏一头，冯立恨得都要抓狂了，他迅速组织人马攻城。

城门虽然关上了，但是李世民的人实在是太少了，如果没有援兵及时赶到，最终还是难逃一死。大家的心都悬到嗓子眼儿上了。

云麾将军敬君弘见李世民危在旦夕，便下令玄武门驻军随他出击东宫人马。

他的一名亲信劝他说："现在胜负难料，咱们还是静观其变为好。"

敬君弘可不听这些："还拖？再拖下去，秦王就没命了。咱们也得完蛋。"

玄武门的血

他和吕世衡、常何一起率军杀出！

这厢，冯立正在组织人马猛攻玄武门。突然，一彪人马从侧翼掩杀过来。冯立仔细一看，原来是常何、敬君弘、吕世衡等人统率的玄武门守军。冯立本以为敬君弘等人和自己是一个战壕里的战友，孰料他们竟然帮着秦王来谋害自己的主子。现在仇人相见，真是分外眼红。冯立立即掉转马头，与玄武门禁军厮杀在了一处。

敬君弘等人加入战阵后，李世民这边的压力便大大减轻。但是玄武门禁军人数也不多，过了一会儿，便显现出败象。正在此时，又有一队生力军加入了战阵。秦王妃长孙氏的叔叔长孙顺德和舅舅高士廉带着秦王府卫兵及时杀到。

秦王府的卫兵怎么会赶来增援呢？依着原定计划，李世民仅带尉迟敬德等八十余人在玄武门截杀李建成，为的是轻装简从、力求保密。岂料，东宫人马居然得到消息，及时赶来厮杀，而李世民之前压根儿就没有让府中卫士增援的打算。

但长孙氏始终放心不下，她一直让人将玄武门的情况尽快报来。当得知东宫人马攻打玄武门的消息后，她马上意识到事情发生了变故，赶紧将叔叔和舅舅召来，让他们带领秦王府卫士驰援玄武门。在出发之前，长孙氏"亲慰勉之,左右莫不感激"。高士廉还想了个法子,他将监狱里的囚犯都放了出来,发给武器。最后,高士廉和长孙顺德引着这帮人马赶往玄武门。

也是天佑李世民,高士廉等人及时杀到。有了这支生力军,秦王人马终于抵挡住了冯立的攻势。战场局势就此陷于胶着。

此时的冯立已然杀红了眼。他丧失了理智,但是薛万彻可没有。薛万彻知道,想攻进玄武门已经是不可能的事情了。但是,既然卫兵们都赶来增援,那么秦王府此时的防备必定相当薄弱。于是,薛万彻振臂高呼:"众将士,秦王府现在无人防守,大家随我血洗秦王府,为太子和齐王报仇!"此言一出,东宫众军士发出一声喊,转身就跟着薛万彻向秦王府的方向冲杀过去。

城楼上的李世民听了薛万彻的这句话,急痛交加之下,差点儿从城楼上栽了下去。他狂呼道:"赶快回援王府!"高士廉、敬君弘等人赶紧领命而去。尉迟敬德见情况紧急,匆匆辞过李世民,提溜着两颗人头,追两军去了。

通往秦王府的路上,血腥的战斗仍在进行着。混战中,吕世衡为乱军所杀,敬君弘也被冯立一刀劈死。冯立已经变成了一个血人,他挥舞着大刀,大呼道:"兄弟们,给我冲,血洗李世民的老巢!"

秦王府危若累卵。

就在这时,突然有数骑冲入战阵,其中一人大喝道:"都给我住手,你们看这是什么?"众军闻听此声,都停止了厮杀。来人便是尉迟敬德,而他手中拿的居然是太子和齐王的首级。一时间,东宫将士军心大乱。

冯立泪流满面,仰天长呼:"太子殿下,末将力尽于此,杀了敬君弘这个小人,也算是为你报仇了!"说罢,他带着薛万彻和谢叔方等人一路泪奔,向城外逃去。

政变至此,才终于取得了胜利。

这也是我一贯的心愿啊

听完了尉迟敬德的汇报，李世民悬着的心终于放了下来，他感到浑身有一种说不出的畅快。蓦地，他转过身来，紧紧抓住尉迟敬德的双臂，瞪着血红的眼睛，一字一顿地说道："明——公——速——速——入——宫——护——驾！"

护驾？尉迟敬德愣住了。

战斗已经结束了，宫中的皇上怎么会有危险呢？猛然间，他省悟了过来，莫非……尉迟敬德用眼睛问着李世民。李世民的眼中掠过一线杀机，决绝地点了点头。

尉迟敬德扭头就走。

此时，高祖李渊正在海池边的凉亭中歇息。本来，约好了要在朝臣面前当堂对质，岂料三个儿子都没有参加早朝。虽然有些突然，但李渊心中的石头好歹是落了下来。散朝之后，他就带着裴寂、萧瑀、陈叔达、封德彝、宇文士及等一班老臣，一起到海池泛舟。李渊划了一会儿船，见几个儿子还没有到，自己也有些疲惫了，便靠岸上亭中休息。

正在休息的时候，只见一名禁军慌慌张张地狂奔而来，一边跑一边大喊："陛下，不好了，出大事了！"

李渊一阵迷惘：这国泰民安的，能出什么大事啊？

军士扑倒在地，喘着粗气，失声道："陛下，大事不好了！秦王和太子两军在玄武门打起来了，玄武门禁军也参与其中，死伤无数！"

"轰"的一声，好似晴天霹雳在脑中炸响一般，李渊只感觉天旋地转。他堪堪稳住身形，急切地问道："作乱的是谁，秦王，还是太子？"

"作乱的乃是太子！"一个洪亮的声音伴随着有力的足音由远及近地

玄武门的血

传来。

李渊定睛一看，这不是尉迟敬德吗？只见尉迟敬德身着甲胄，手持长槊，原本明晃晃的盔甲已然被血污覆住了光芒。

尉迟敬德大步流星，排开众人，直接来到李渊的面前，屈膝答道："太子与齐王图谋犯上作乱，秦王起兵勤王，已将二贼诛杀。秦王挂念陛下安危，特命臣等入宫护卫。"

此言一出，众人都惊呆了。李渊惊得"噌"的一下就站了起来，继而又颓然地跌坐在椅子中。他眉头紧锁，双目紧闭，悲伤的眼泪像断了线的珠子般从眼眶中滚滚洒落。

那一刻，李渊分明听到了心碎裂的声音。

天哪，这种惨绝人寰的事情居然就发生在自己身上。手心是肉，手背也是肉，可是这相亲相爱的两块肉，为什么就偏偏是有你无我、有我无你呢？白发人送黑发人，人世间最大的痛苦莫过于此。可怜我的大郎啊，为父竟然连你最后一面都没有见上。世民哪，你真是太狠毒了，建成可是你一母所生的亲哥哥啊，你怎么就下得去手？可怜我的元吉啊，他今年才二十四岁啊……

"陛下，太子逆党仍在顽抗。为讨逆大事计，请陛下速速降旨，授秦王以京畿驻军的指挥权，责令太子党徒放下武器。"尉迟敬德冷冷地说道。他可没有心情来欣赏李渊的悲哀，秦王还处在危险当中呢。

李渊缓缓地睁开眼。只见尉迟敬德手抚槊柄，眼睛直直地看着他。李渊心里恨得要死，你这个狗奴才，以前就是借你一万个胆子，你都不敢如此，这哪里是护驾啊，分明就是来逼宫的。此时的李渊真恨不得活吃了尉迟敬德。

可是，他不能。因为，他知道，自己和大兴宫已经处于李世民的控制之下。如果不从，难保杀红了眼的二郎不会下狠手杀父。既然亲哥哥和亲弟弟都可以杀，多一个老爹又算得了什么？

片刻之间，李渊的心头闪过了无数的念头。但最终，他还是无奈地叹了一口气，问众人道："想不到事情居然闹到了今天这个地步，你们说，该如何是好？"

裴寂是铁杆儿的太子党，此时见李世民已然得势，况且尉迟敬德又在一旁，只好缄口不言。老狐狸封德彝首鼠两端，当起了徐庶。萧瑀和陈叔达本来就偏向支持李世民，此时便出言劝李渊："建成和元吉嫉妒秦王的功劳，便勾搭成奸，图谋对秦王不轨。现在，秦王已经诛杀了他们。秦王功盖宇宙，天下归心，陛下如果立他为太子，把国家大事委托给他，就不会有什么事了。"

事到如今，李渊还能说些什么呢，便趁着这个台阶下："好，这也是我一贯的心愿啊！"

紧接着，老李含泪发布了两道敕书，由宇文士及出东上阁门宣敕，昭告天下，首恶已诛，与众人无关，安定众心；同时，派黄门侍郎裴矩前往东宫，晓谕将士，一律罢归。

东宫留守人马接到李渊的敕书，顿时作鸟兽散。

他终于创造了历史

李渊的使者在玄武门找到了李世民，说圣上要召见他。

李世民看着玄武门内外满地的死尸，长长地呼了一口气，紧紧地闭住了眼睛。往事好似电影胶片一般，一幕幕、一桩桩地从他的眼前掠过。结束了，结束了，这一刻，他终于创造了历史。良久，李世民睁开了双眼，坚毅再一次爬上了他的面庞。他阔步而去，双足在白色的石板上留下了一连串血色的脚印，一直延伸到很远很远……

自打李世民进入视线范围，李渊的眼睛就一刻也没有从他的身上离开过。李渊在极度的痛苦之中反倒产生了一丝的好奇。他想亲眼看一看，手上沾满了兄弟鲜血的李世民会有着怎样的表情。

李世民的表情十分奇怪，十分复杂，以致让阅人无数的李渊都摸不着头脑。说开心吧，又带着些许悲伤；说悲伤吧，又带着一丝喜悦。或许，这就是人们常说的且喜且忧吧！

李渊明白了，李世民其实也有属于他的痛楚。一瞬间，自责和懊悔塞满了李渊的心胸。如果自己当初果断采取措施，就不会有现在兄弟阋墙的人间惨剧了。嫡生的四个儿子当中，李元霸早死，李建成和李元吉于今日授首，只剩下一个李世民了。虽然李渊万分痛恨李世民，但是他也知道，能够挑起帝国未来重担的，也就只有这个可恨的世民了。

那一刻，李渊整个人都沉浸在无边无际的无奈当中。

曾经，理想是那么的丰满；现在，现实却是如此的骨感。

造化弄人！

李世民终于缓缓走到了李渊的面前。他望着他，他也望着他。李世民再也抑制不住复杂的心情，猛地投入到李渊的怀中，放声大哭。是啊，如果不是到了万不得已的地步，他怎么会屠戮自己的兄弟呢？他这一哭，李渊的眼泪也喷涌而出。

父子二人都哭了，只是哭的内容却大不相同。李世民哭的是，自己一生将声誉看得比性命都重要，想不到如今却为了皇位而杀害自己的兄弟，真不知未来的历史会如何书写自己，后世的人们又会如何评价自己。李渊哭的是，自己非但不能杀了李世民为建成和元吉报仇，反而还要亲手将这个凶手扶上皇帝宝座。

过了许久，李世民先止住了哭声。感情已经宣泄完了，理智又重新占领了大脑，事到如今，想要回头已经是不可能的事情了。李渊也停止了哭泣，他从李世民的眼神当中看到了刚才不曾有过的果敢与决绝。

李世民的眼角依然挂着泪珠，他用沙哑但无比坚定的声音对父亲说："父皇，当今叛党未除，时局尚不明朗，请父皇降旨，授儿臣以临时处断之权。"

李渊已经料到会有这一步，他敛容说道："传旨，朕偶感风寒，身体不适，国家一切事宜，暂由秦王世民代朕处理。"

"儿臣谢父皇隆恩，"李世民叩首答道，"儿臣尚有要事处理，暂且告退。"

李渊挥手示意，而后便转过身不再看李世民。

李世民用无比复杂的眼神深深地望了一眼李渊的背影，便大踏步地离去。

李渊清楚，李世民这是赶着去斩草除根呢。急火攻心之下，他只觉眼前一阵发黑，天旋地转。

第十六章
后玄武门时代鲜为人知的故事

•
•

　　李世民也是男人，第一次看到杨氏的时候，他就被这个女人的美貌俘虏了。现在，李元吉已经死了，李世民索性一不做二不休，将这个朝思暮想的美人夺了过来。后来，杨氏还为李世民生了一个儿子，正是第十四子曹王李明。需要指出的是，李世民始终未给杨氏一个名分。这个可以理解，杀其夫而夺其身，这委实不是什么光彩的事情。

在血泊中走向新时代

鲜血之后仍然是鲜血，仗是不打了，但血腥的杀戮也开始了。

现年三十八岁的李建成共生育了六个男孩。长子太原王李承宗少年夭折，算是兄弟当中比较幸运的了。剩下的安陆王李承道、河东王李承德、武安王李承训、汝南王李承明、钜鹿王李承义全部被李世民的部下杀死。

一同被杀的还有李元吉的五个儿子，梁郡王李承业、渔阳王李承鸾、普安王李承奖、江夏王李承裕和义阳王李承度。这一年，李元吉只有二十四岁。如此算来，他最大的孩子也不过十岁，最小的李承度可能还没有断奶。但覆巢之下是没有完卵的。

李渊还被迫下敕，"绝建成、元吉属籍"。所谓"绝籍"，就是将李建成和李元吉这两个李姓分支从皇家谱系上彻底除名，即剥夺他们作为李唐皇室子孙的资格。在以宗法制度为核心架构的古代中国，这可谓是最严厉的惩罚了。

二李家人当中，唯一活下来的是齐王妃杨氏。这个可怜的女人能活下来，不是因为李世民仁慈，而是因为她本人实在是太漂亮了。杨氏体态风流，性情柔媚，"面如出水芙蓉，腰似迎风杨柳"，是李唐皇室女眷中姿色最为出众的一个。虽然她丈夫和秦王李世民水火不容，但是她却和李世民的老婆长孙氏走得很近。

李世民也是男人，第一次看到杨氏的时候，他就被这个女人的美貌俘虏了。现在，李元吉已经死了，李世民索性一不做二不休，将这个朝思暮想的美人夺了过来。后来，杨氏还为李世民生了一个儿子，正是第十四子曹王李明。需要指出的是，李世民始终未给杨氏一个名分。这个可以理解，杀其夫而夺其身，这委实不是什么光彩的事情。

依着李世民的想法，还想将李建成和李元吉的亲信全部杀掉。面对这样的残忍和冷酷，尉迟敬德都有点儿看不过去了，他劝李世民不要滥杀无辜："过错全在李建成和李元吉二人。他们已经死了，再追究他们的余党，恐怕不是安定之道啊！"

李世民采纳了他的意见，屠杀行动这才宣告终止。

李渊下敕，大赦天下："谋反之罪，仅限于李建成和李元吉。余党一概不予追究。所有国家大事，由秦王李世民全权处理。"

魏征被五花大绑地推到李世民的面前。

李世民厉声质问："汝离间我兄弟，何也？"

他以为魏征会吓得尿裤子。岂料，魏征根本不为所动，反而淡淡地回了一句："如果太子早点听从我的建议，断然不会有今日之祸。"

李世民听了一怔，随后哈哈大笑："魏征就是魏征！"他一向很欣赏魏征的才华，此时便改变态度，对魏征以礼相待，提拔他为詹事主簿。

随后，李世民又派人将李建成的亲信王珪和韦挺召回，并任命他们为谏议大夫。

六月五日，走投无路的冯立、谢叔方、薛万彻等人只得前来自首。至此，长安的太子党势力被扫荡一空。

李世民恼冯立杀了敬君弘，便奚落他说："你当年在东宫的时候，就想方设法离间我们骨肉兄弟，这是第一桩大罪；昨天你还带兵顽抗，杀伤我的将士，这是第二桩大罪。你还想活命吗？"

冯立回答说："我受事主（现在也不称呼太子了）信任，理应为他效命，职责所在，便无所顾忌了。"说罢，"伏地歔欷，悲不自胜"。

此时的李世民就喜欢听人说真话，见冯立如此坦承，器重他是条好汉，便不再追究了。冯立回家后对自己的亲人们说："秦王对我有不杀之恩，我必当以死相报。"后来，他果然践行了自己的诺言。

六月七日，李渊颁敕，册封李世民为皇太子，并下敕重申："自今军国庶事，无大小悉委太子处决，然后闻奏。"

我的荣华富贵全靠你了

此时，山东等地的李建成党徒蠢蠢欲动。李世民即刻让李渊下敕，任命屈突通为检校行台左仆射，镇守洛阳。

这几天，可把庐江王李瑗给愁坏了。想当初，李瑗之所以要投到李建成的门下，无非是看中李建成的太子身份，觉得他一定会当上皇帝，自己将来一定会获得享之不尽的荣华富贵。满以为是一本万利的好买卖，岂料李建成一朝毙命，李瑗被彻底套死了。

李瑗很害怕，担心遭到李世民的清算，天天烧香拜佛，祈祷李世民别想起他。可是，世界上的事总是那么有趣，越怕什么，就越来什么。没过几天，来了一道圣旨，让李瑗速速入朝。李瑗接完圣旨，腿肚子都在哆嗦，这哪里是圣旨啊，分明就是索命的无常嘛！

去，还是不去，这是个问题。

正在这个当口，他的女婿王君廓主动来找他了。

王君廓，并州石艾（今山西省平定县）人。大业末年，王君廓聚集数千人马，在晋南起义。他初投李密，后归顺李渊，屡任河内太守、常山郡公、辽州刺史。此人文武双全，有勇有谋，堪称帅才，是李世民最宠爱的将领之一。多年来，他追随李世民，在平定王世充、窦建德、刘黑闼等势力的战役中，都有精彩表现，为李唐统一大业立下了赫赫战功。李世民就不用说了，就连李渊都夸赞他"自古以少制众无有也"，"赐以御马"，晋爵彭国公。

后来，李渊准备让堂侄李瑗担任一方大员，但是考虑到李瑗懦弱无能，缺乏担任统帅的才具，便安排王君廓辅佐李瑗。李瑗也知道自己的弱项，便主动笼络王君廓，甚至将女儿嫁给了他。李瑗觉得女婿王君廓必然是自己的心腹了。但是很可惜，王君廓本人却不这么想。王君廓这个人虽然有勇有谋，是个人才，但他为人狡猾多诈，心术不正。眼看着老丈人就要大祸临头了，王君廓却把此事看作自己升官发财的天赐良机。一个极其卑鄙与无耻的阴谋在他的脑海中形成了。

王君廓假情假意地对李瑗说："您可千万不能入朝。您一旦入朝，就是自投罗网，李世民必定会和您清算，您就肯定回不来了。现在，您拥兵数万，怎么能受制于区区的一个使者呢？"

他这几句话算是说到李瑗的心坎里面去了。李瑗的愁肠被牵惹了出来，不争气的眼泪汹涌而出。王君廓也假惺惺地挤了几点猫尿。哭完之后，李瑗狠了狠心，做出一个艰难的决定：囚禁使者崔敦礼，起兵造反。

六月二十五日，幽州大都督、庐江王李瑗正式举兵造反。李瑗将内外大事通通交由女婿王君廓负责。他是个宽厚懦弱的人，当然看不出王君廓的险恶用心。不过，他的部下王利涉却是个明眼人。王利涉做李瑗的思想工作，说王君廓是一个反复无常的小人，应该剥夺他的兵权，转交给燕州刺史王诜，然后再设计除掉他。李瑗听了，对王君廓也动了几分疑心，但一想到女儿，他就犹豫不决了。

他不狠，但王君廓狠。王君廓毕竟是做贼心虚，听说这件事以后，担心阴谋败露，便决定抢先动手。他找了个借口，说要见王诜。当时，王诜正在洗头，听说王君廓求见，便握着头发出来了。他正要开口问话呢，只见刀光一闪，人头已经落了地。

王君廓提溜着王诜的脑袋对自己的部下说："李瑗和王诜打算谋反。

他们囚禁了皇上的使者，现在正在调兵遣将。王诜已经被我杀了，只剩下一个李瑗了。我问你们，你们是想跟着李瑗遭受灭族的灾难呢，还是想跟着我去获取荣华富贵呢？"

这还有什么好想的，众人齐声高呼："我们愿意跟着你讨伐逆贼。"

王君廓说道："好，跟我来。"

他领着一千多名手下进入幽州城，直奔监狱，释放了崔敦礼。直到这时候，李瑗才知道自己被宝贝女婿给卖了，连忙率领数百名亲信出逃。

老丈人和女婿兵戎相见于门外。

王君廓只说了一句"李瑗作逆误人，何忽从之，自取涂炭"，李瑗的人便跑光了，只剩下他孤零零的一个人。

李瑗惨然一笑："王君廓你这个小人，卖主求荣，老天爷一定不会放过你的。"

王君廓大怒，当场将李瑗缢杀，传首京师。

第二天，朝廷便下敕任命王君廓为左领军大将军兼幽州都督，将李瑗的家人全部赐予王君廓为奴。

一朝梦圆

事情还没有完。李建成和李元吉的很多党徒都流散逃亡到民间。朝廷虽然屡屡颁发赦免令，但这些人还是十分害怕，不敢出来。一些唯利是图的人争着抢着告发检举他们，好邀功请赏。

前太子党党徒、今谏议大夫王珪听说之后，就将这种情况报给了李世民。

李世民听了，直皱眉头："这怎么能行呢？"

随即，他颁发了一道命令："对六月四日以前与东宫和齐王有牵连的人，以及六月十七日以前同庐江王李瑗有牵连的人，一律不准揭发检举。违令者将治以重罪。"

此令一出，告状风、揪斗风瞬时平息。

七月十一日，李世民又派谏议大夫魏征安抚山东，允许他见机行事。魏征走到磁州的时候，迎面碰上了两个熟人：原太子千牛李志安和齐王护军李思行。此时，二李全身五花大绑，正要被差役解送长安受审。

魏征一看这情形，怒了："太子已经发布了命令，对原来的东宫与齐王府属官一律赦免，不予追究。你们现在这是干什么？这明显是在打太子的脸嘛！"于是，他下令将二李释放。

李世民听了以后，十分高兴。

八月初八，李渊正式宣布退位，由太子李世民继承大统。父子两人合演了一出双簧，李世民装模作样地推三推四，李渊也装模作样地摆出了一副非让位不可的姿态。最后，李世民"无奈地"接受了。

八月初九，长安显德殿，外表平静、内心狂喜的李世民在群臣的瞩目之下，登上了他向往已久的皇帝宝座。让我们记住这个不寻常的日子，正是从这一天起，中国历史上声名最盛的李世民大帝正式走到了历史的前台之上。这一年，他二十八岁。

同日，李世民高调宣布，大赦天下，关内地区以及蒲州、芮州、虞州、泰州、陕州、鼎州六地免除租调两年，其余各地免除徭役一年。

八月二十八日，突厥颉利可汗率十余万铁骑突然出现在长安近郊渭水便桥的北岸。经过两日的讨价还价和斗智斗勇，三十日，李世民被迫签订了屈辱的城下之盟。得意扬扬的颉利可汗拉着一车车的金银回漠北老家去了。

当年十月，李世民立长子中山王李承乾为皇太子。紧接着，他又对朝廷元老和有功之臣进行了厚重的褒奖：裴寂受封一千五百户，位居第一；长孙无忌、王君廓、尉迟敬德、房玄龄、杜如晦等五人封一千三百户；长孙顺德、柴绍、罗艺、李孝恭四人封一千二百户；侯君集、张公谨、刘师立三人封一千户；李世勣、刘弘基二人封九百户；高士廉、宇文士及、秦叔宝、程知节四人封七百户；安兴贵、安修仁、唐俭、窦轨、屈突通、萧瑀、封德彝、刘义节八人封六百户；钱九陇、樊世兴、公孙武达、李孟常、段志玄、庞卿恽、张亮、李靖、杜淹、元仲文等十人封四百户；张长逊、张平高、李安远、李子和、秦行师、马三宝六人封三百户。在战斗中阵亡的敬君弘被追封为左屯卫大将军，吕世衡被追封为右骁卫将军。

翌年正月初一，李世民改元为贞观元年。

贞观的长歌就此展开……

罗艺之死

李瑗造反未遂被杀的消息可把燕郡王罗艺给吓了个够呛。他和李瑗是一个战壕里的战友，同是李建成在地方的两大奥援。现在李瑗遭到了清算，罗艺担心，下一个恐怕就要轮到他了。于是，他赶紧着手准备，以应付即将到来的危险。

与此同时，罗艺一直在等待，等着朝廷派人来征召自己入朝。可是，从六月等到七月，又从七月等到了八月……一直等到年底，都不见朝廷使者的人影。到了第二年，也就是贞观元年的正月，终于被他等到了。不过，圣旨的内容却不是征召他入朝，而是拜他为开府仪同三司。

开府仪同三司是有唐一代级别最高的荣誉称号了。这究竟是怎么回事呢？不仅不追究责任，反而还要加以封赏，李世民到底唱的是哪一出？或许是李世民从逼反李瑗这件事当中吸取了教训，反正登基之初的他的确没有立即同罗艺算总账的意思。

反倒是罗艺，心中有鬼，"惧不自安"。不过，不安归不安，不到万不得已，罗艺还是不想举兵造反。就在这个时候，有人站了出来，给罗艺心头的熊熊烈火上浇了一盆油。

这是一个女人，她的名字叫作李五戒，身份是巫师。要说起这个李五戒，在当时也算是个名人。她自称能与鬼神沟通，包治百病。很多病人慕名而来，说也奇怪，绝大多数都康复了。于是，李五戒的名气越来越大，最后都传到李渊的耳朵里去了。李渊派人召她入京。

李五戒路过罗艺家的时候，对罗艺他老婆孟氏说了一句话："哎呀，王妃你的面相贵不可言啊，将来一定会母仪天下。""母仪天下"这个词只能用在一个人的身上，那就是皇后。孟氏本来就迷信，听了这句话，乐坏了。她还让李五戒给罗艺看看相。

李五戒又忽悠罗艺说："王妃之所以有如此贵相，其实是沾了您的光。您的贵气越来越旺了，依我看啊，你在十日之内将会登上龙床。"罗艺听了，怦然心动。再加上他老婆孟氏在一旁吹风，罗艺不禁喜上眉梢，决意起兵反唐。

正月十七日，罗艺在泾州举行了盛大的阅兵式，他忽悠将士们说太上皇给了他一道密敕，要他速速入京勤王。众将士不明就里，深信不疑，便跟着罗艺南下。行至幽州的时候，幽州治中赵慈皓出城迎接，罗艺不费吹灰之力就占据了幽州。

赵慈皓这才发现了罗艺的阴谋，但也只能假装归顺。可是在暗中，他一面派人飞奏朝廷，一面与统军杨岌书信往来，密商擒拿罗艺。

李世民接到赵慈皓的飞奏，即刻派吏部尚书长孙无忌、右武候大将军尉迟敬德率军征讨罗艺。大军刚发，罗艺就收到了消息。他暗中调查，发现原来是赵慈皓捣的鬼。事情败露，赵慈皓被罗艺关了起来。

幸好这个时候，杨岌已经聚集了人马，他出其不意地攻入城中。罗艺手下的兵将顿时作鸟兽散。慌乱之中，罗艺也顾不上老婆孩子了，带着少数亲信，出城向北狂奔而去。

罗艺思来想去，天下虽大，已无他容身之处，便打算去投奔宿敌突厥。岂料，走到宁州乌氏驿这个地方的时候，他就被自己的贴身小弟砍去了吃饭的家伙，传首长安，枭之于市。

一代枭雄就此谢幕。

《新唐书》说他"一生中归唐立功，可谓有识，但又听信妖言而为叛，善始不善终"，确实是说到了点子上。

不久以后，罗氏一族全部被杀，褫夺国姓，恢复原姓。

多行不义必自毙

仅仅过了八个月，王君廓也下地狱陪李瑗、罗艺"斗地主"去了。

说实话，李世民对王君廓挺宠的。武德九年十月，李世民重赏朝廷元老和有功之臣。王君廓受封一千三百户，居然与长孙无忌、尉迟敬德、房玄龄、杜如晦四人相同，仅次于受封一千五百户的裴寂。也就是说，在李世民的心目中，王君廓和长孙无忌等人的地位是一样一样的。照这个势头，王君廓确定一定以及肯定会进入后来的凌烟阁功臣榜中。但是，他这个人道德水平实在是太低，最终自己把自己作死了。

害了自己的老岳丈以后，王君廓也着实风光过一段时间，不仅荣升左领军大将军，加左光禄大夫，而且还接管了幽州都督一职。他将幽州视作自己的地盘，日益膨胀起来。王君廓身为帝国官吏，却带头违法违纪，行为放荡，嚣张跋扈。他的胡作非为引起了一个人的强烈不满。这个人就是房玄龄的外甥李玄道，时任幽州长史。

李玄道看不惯，便常常引用法律条文来约束王君廓的行为。依着王君廓的小暴脾气，早就恨不得将李玄道千刀万剐了。但他不敢，他倒不是害怕李玄道，而是害怕李玄道的舅舅房玄龄。思来想去，王君廓只得强咽下这口气，每天在心中默默问候李玄道的爹妈。

王君廓做梦都没有想到，他的人生会因为一封信而急转直下。

这一年十月，李世民下敕，让王君廓入朝。临行之前，李玄道来找他，让他帮个忙，捎一封家书给舅舅房玄龄。王君廓满口答应。走到半路上，他实在忍不住心中的好奇，就把信给拆开了。

王君廓捧着信左看右看上看下看，看了半天，愣是没看懂上面写的啥。人家李玄道是个草书高手，这封信就是用草书写的。王君廓并没有从自己的文化水平上找原因，反而对李玄道产生了深深的怀疑，觉得李玄道是在向房玄龄告发自己，怕被自己看出来，所以故意把信写得这么草。他越想就越觉得是这么回事，越想就越是害怕，越想就越看谁都不是好人。

正是这个不该有的怀疑要了他的小命。走到渭南这个地方的时候，王君廓心中的恐惧终于达到了极致。他觉得渭南驿站的吏卒都在用一种奇怪的眼光看着他。最终，他"恍然大悟"，这些人不是驿站的吏卒，而是朝廷派来抓捕我的。于是，王君廓一个冲动之下，做了一个极其错误的举动：杀掉了驿站的吏卒。

这件事干完以后，王君廓知道自己是没法再在大唐待了，便打算跑到突厥去。不过，老天爷并没有给他这个机会。九月二十二日，一代名将王君廓在逃往突厥的路途中被"野人"干掉了。这里的"野人"可不是神农架的"野人"，而是指种田的农夫。堂堂帝国大将，没有死在战场上，却死在了农夫的手中，悲哀啊悲哀！

天理昭昭，多行不义者终将自毙！

就这样，李世民还是没有追究王君廓。御史大夫温彦博看不惯了，上了一道奏章："君廓叛臣，不宜食封邑。"李世民这才削掉了王君廓的封邑，将他贬为庶人。

玄武门的血

第十七章
树倒猢狲散：太子一党的最后归宿

·
·

　　封德彝拍拍身上的灰尘，又向着更大的利益发起了冲锋。这一次，他看中了左仆射萧瑀的位置。说起来，萧瑀还是封德彝的恩人呢。想当初，要不是萧瑀为他说话，封德彝根本就进不了核心权力圈。但在封德彝的词典当中，是找不到"情义"这个词的。

来自灵魂深处的考问

说书唱戏，总免不了需要交代一下后事。其实，讲历史也是一样。因为，昨天和明天毕竟是息息相关的。昨天固然已成定局，但看一看明天，多少有助于我们加深对昨天的认识。

一场"玄武门之变"的大戏，主角、配角粉墨登场，为我们呈现了一段惊险刺激、哀婉悱恻的人间史话。如今，到了曲终人散的时候，不交代一下这些已然死去的或者仍然活着的人的后事，那是说不过去的。况且，我也不想他们半夜三更来扰我清梦。

最滋润的人当属李渊了。按理说，他应该是最凄惨、最可怜的人。三个儿子同室操戈，一个把另两个连同他们的儿子全都干掉了。所谓人生之大苦，白发人送黑发人便是其中之一。遭受如此惨绝人寰的事情，李渊理应日薄西山、命不久矣才对。

可事实是，"玄武门之变"以后，老李头又坚强地活了九年，一直到贞观九年（635年）七十岁高龄时，才恋恋不舍地离开了人世。而且，特别需要指出的是，李渊的这九年其实过得很爽很滋润，每日吃吃喝喝，弹琴赋诗，还抽空生了十几个王子、公主。厉害，不服不行！

李渊这一生，确实活得很潇洒，这得益于他开朗豁达的性格。也有人说，李渊之所以活得惬意，是因为他没心没肺。其实，这么理解也未尝不可。不过，不管我们怎样从道德上指责李渊，李渊自个儿确实过得很好。对于他个人而言，这已经够了。

李建成和李元吉死了，作为失败者可怜地死去了。虽然后来李世民在史书中对他们大加诋毁，极尽污蔑诽谤之能事。但说到底，都是出于政治的需要，都是为了巩固李世民这一系帝王的统治。作为当事人的李世民，当然明白他和建成、元吉之间的是非曲直。除去利益上的纠葛，他们仍然是兄弟，一母所生的手足兄弟。

李世民即位之后所做的第一件事情，就是追封李建成为息王，追封李元吉为海陵郡王，全部"以礼改葬"。史载，李建成与李元吉改葬之日，李世民在宜秋门外放声大哭，"哭之甚哀"。我相信，这必定是李世民一生当中最真挚的眼泪了。

贞观二年（628年）三月，有司表奏将息王李建成谥为"戾"。根据《逸周书·谥法》的记载，"不悔前过曰戾"。也就是说，有司认为李建成是个不知悔改的人。但李世民没有同意，下令重新议定谥号。

杜淹建议改为"灵"。"灵"的解释有六种："不勤成名曰灵。死而志成曰灵。死见神能曰灵。乱而不损曰灵。好祭鬼怪曰灵。极知鬼神曰灵。"但李世民仍然是摇头。

最后，有司建议将李建成谥为"隐"。"隐"的解释有三种："隐拂不成曰隐。明不治国曰隐。怀情不尽曰隐。"这一次，李世民同意了，正式确定以"隐"为李建成的谥号。同时，将李元吉谥为"刺"。

不仅如此，李世民还以十三子赵王李福为李建成的后嗣，以十四子曹王李明（李世民和李元吉的老婆所生）为李元吉的后嗣。

十四年后，也就是贞观十六年（642年）的五月份，李世民又做了一个决定：将息王李建成追赠为皇太子、海陵郡王李元吉追封为巢王。

仔细咂摸咂摸，这个举动的意义是非凡的。

李世民承认了李建成的太子地位和李元吉的王爷地位。这就表明，他实际上间接而委婉地承认了自己是暴力夺权的。

我想，李世民之所以会这么做，多半是因为他良心有愧。所谓"瑕不掩瑜、功不蔽过"，李世民的功劳固然不可否认，但他的残忍与贪婪也不可忽略不计。宋代的范祖禹指出，李建成是"父之统也"，李世民根本就是谋朝篡位，"无君父也"。明清大儒王夫之在《读通鉴论》中说："太宗亲执弓以射杀其兄，疾呼以加刃其弟，斯时也，穷凶极惨，而人心无毫发之存者也。"分析得最透彻的是当代学者郭沫若："知者不便谈，谈者不必知。待年代既久，不便谈的知者死完，便只剩下必知的谈者。懂得这个道理，便可以知道古来的历史或英雄是怎样地被创造了出来。"

是的，李世民尽可以改写史书，但他无论如何都挡不住天下人的悠悠之口，更挡不住来自灵魂深处的考问。

不是不算，时候未到

裴寂当然遭到了李世民的清算。不过，不是当时，而是在三年以后。贞观元年（627年），李世民登基之初，不仅没有处罚裴寂，反而将他的封户增加至一千五百户。一年以后，李世民到南郊祭祀，让裴寂、长孙无忌二人和他一起乘坐金辂。身为臣子，能乘坐天子的金辂，这是莫大的荣耀。

裴寂当然不肯了，坚决推辞。李世民却说："你们二人为国家立下了大功。能和我同坐一车的，除了你们俩，还能有谁呢？"

于是，三人"遂同乘而归"。

如此看来，李世民对裴寂是格外开恩的，不仅没有反攻倒算，反而越发地恩宠重视。不过，接下来发生的一连串事件证明：以上的恩宠殊遇不过是李世民给裴寂灌的迷魂汤而已。

不是不报，时候未到；时候一到，小命难保。

贞观三年（629年），发生了一件趣事。事件的主人公是一个法号为法雅的和尚。这个法雅和尚是唐宫的宠儿，可以自由出入宫廷。但是，在这一年，大兴宫实施了改革，法雅不能再出入宫廷了。这让法雅很苦恼，很不满。都说出家人四大皆空、六根清净，我看不见得。这一点从法雅后来的表现就可以看得出来——"法雅怨望，出妖言"。

祸从口出，李世民指令兵部尚书杜如晦审问法雅。不知为何，法雅却死咬裴寂。裴寂虽然认识法雅这个人，但是并无来往，现在却是百口莫辩。于是，李世民大笔一挥，裴寂被免去一切官职，食邑也被削去了一半。

裴寂来求李世民，问能不能让他留居京师。

李世民这下可逮着机会了，把裴寂从头数落到脚："以你平庸的能力和微薄的功劳，本不可能有今天这么高的地位。只不过因为太上皇对你好，你才坐上了首辅之位。武德时期，政治法律方面的纰漏、谬误极多，官员作风松弛，施政紊乱，身为首辅的你负有不可推卸的责任。但我还是看在当年的旧情分上，不对你处以极刑。让你回归故里，这已经是格外开恩了，你还有什么不满意的？"

李世民的这番话不仅说得重，而且很难听。我相信，裴寂听了这番话，肯定要少活十年。于是，裴寂只好回到老家蒲州。

人生至此，裴寂也没有什么奢望了，只想着安安稳稳地度过余生。

但是，人要是倒霉起来，喝水都会塞牙缝。汾阳地区有一个名叫信行的精神病患者，胡言乱语，口出不逊。他常常对裴寂家的看门人说："你们家裴公不是一般人，很有天分啊。"信行死后，裴寂的手下恭命就将这件事原原本本地告诉了裴寂。

裴寂一听，吓坏了，乖乖，这不是要我的命吗？于是，他想到了一个很下三烂的规避方法：让恭命去把看门人杀掉，防止机密外泄。恭命表面答应，背地里却把看门人偷偷地放走了，叮嘱他要藏起来。

裴寂被蒙在鼓里。他让恭命去封邑收租，恭命却把收到的百余万钱全都挥霍了。裴寂大怒，派人去抓恭命。恭命狗急跳墙，就把前面的事上告朝廷。

唐太宗李世民大怒，对亲信说："裴寂犯下了四宗死罪：第一宗，位列三公，地位尊崇，居然与妖人法雅往来甚密；第二宗，事泄之后，居然心怀不满，说什么我朝拥有天下，全是他的功劳；第三宗，妖人说他有天分，他居然不敢上奏；第四宗，不仅不上奏，反而打算杀人灭口。就冲这四宗罪，杀他几百回都够了。但是，大家都建议将他流放。我只好听大家的了。"

于是，裴寂就被李世民一脚踹到了静州。静州是什么地方呢？静州就是今天的广西支平。也就是说，李世民把一大把年纪的裴寂从北方的陕西流放到了南方的广西。连史官都觉得有些过分了，将这件事记载为"竟流静州"。这个"竟"字，耐人寻味！

这一下，裴寂被彻底拍死了。

谁要是让老大皱眉头，老大就让他大出血。

裴寂的点儿确实够背的，到了静州，偏偏又赶上当地的土著——山羌族造反。有人趁机在李世民面前搬弄是非，说山羌族造反的目的是打算挟持裴寂为主。人心真是险恶啊，这摆明了是要把裴寂整死。不过这也说明，裴寂当权的时候，肯定也得罪过不少人。

这件事教育我们，当权之时对别人要尽量宽容一些，不要恃强凌弱。人生的事，三十年河东，三十年河西，谁也看不透未来。保不准你今天往死里欺负的那个人，明天就是你的顶头上司。为人处世，不要做得太绝，与人一条路，其实也是给自己一条路。

李世民就深谙此理。他听了那个人的话后，淡淡地说："大唐和我们李家对裴寂有大恩，他一定不会那样做。"果然，不久之后就传来了裴寂率家童平息山羌族变乱的消息。

又过了不久，李世民就把裴寂召回来了。是啊，他已经是黄土埋了半截子的人，给点儿教训就可以了，没必要赶尽杀绝。

经过连番的折腾，裴寂已经是油尽灯枯，不久就死去了，享年六十岁，不算高寿。李世民追赠他为相州刺史、工部尚书、河东郡公。

我现在都死了，你能拿我怎么样？

封德彝可谓是我国古代政客的典型代表，将唯利是图的政客本质彰显无遗。其实，他无所谓和谁是一党，都无所谓什么政治理想，因为他追逐的不是人，而是利益。利益在谁的手中，他就为谁服务。利益流向谁，他就转投到谁的门下。所以，当李建成占优势的时候，他就为李建成出谋划策；当李世民呈上升趋势的时候，他又为李世民打起了算盘。

封德彝也是我国古代政客的"杰出"代表，将圆滑厚黑的政客技能发挥到了极致。他周旋于以李家三父子为首脑的三股政治势力之间，居然游刃有余，处处融通，同时讨得了三父子的宠信。李渊在位期间，就视他为肱股之臣。而李建成、李世民兄弟，不论两人中的谁接班，都会念及封德彝的赤胆忠心且有助其继承大统之功而予以重用。

果然，英明神武如李世民者，都被封德彝玩弄于股掌之间。七月初七，李世民让老爹李渊下诏，任命封德彝为尚书右仆射（副宰相）。十月，已经成为皇帝的李世民大封群臣，又赏给封德彝六百封户。

封德彝拍拍身上的灰尘，又向着更大的利益发起了冲锋。这一次，他看中了左仆射（宰相）萧瑀的位置。说起来，萧瑀还是封德彝的恩人。想当初，要不是萧瑀为他说话，封德彝根本就进不了核心权力圈。但在封德彝的词典当中，是找不到"情义"这个词的。

宰相和副宰相当然要经常在一起商量国家大事。每次封德彝和萧瑀商量国事的时候，萧瑀不论说得对不对，封德彝都会笑嘻嘻地说："哎呀，说得太对了，太精辟了，俺顶你。"

可是，一旦到了朝堂之上，无论萧瑀说啥，封德彝总是第一个跳出来反对："陛下，左仆射所说，臣以为不妥。"最最要命的是，封德彝口才超好，每次二人意见相左之时，李世民都觉得封德彝的想法更有道理。

一来二去，萧瑀总算是看清了封德彝的面目，两人正式决裂。最最让萧瑀受不了的是：作为后起之秀的房杜组合居然也不鸟他，反倒与封德彝打得火热。愤愤不平的萧瑀给李世民上了一道奏疏，辞意相当凄凉。结果，歪打正着，李世民十分不快。不久之后，萧瑀又和另一名重臣陈叔达在李世民面前含怒争辩。七月二十五日，李世民出手了，以大不敬的罪名将萧瑀、陈叔达二人罢官免职。

踩下了萧瑀，封德彝以为宰相之位非他莫属了。贞观元年正月初三，李世民大宴群臣，席间演奏着著名的《秦王破阵乐》。李世民兴趣盎然："哎呀，想当年啊，朕东征西讨，民间于是流传着这个曲子。此曲虽然不具备文德之乐的温文尔雅，但却记录了我的功业，所以我很喜欢。"

封德彝趁机拍马屁："陛下您是靠神武之才平定天下的，文德之类怎么能与神武相提并论呢？"

结果，没拍好，拍在马蹄子上了。李世民当场驳斥道："平乱建国需要凭借武力。但是，治理国家就要靠文德。文武各有妙用，相得益彰。你说文不如武，此言差矣！"

见皇上不同意自己的观点，封德彝慌了，赶紧磕头道歉。

李世民一心图治，曾经让群臣举荐贤才。房玄龄、杜如晦、长孙无忌等人均有引荐，唯独封德彝一直没有动静。

终于李世民坐不住了，问他："这么长时间，你怎么一个贤才都没有举荐过？"

封德彝极力辩解："陛下，不是我不用心啊，实在是没有贤才啊！"

李世民有些不爽："用人要用其所长，不能苛责求全。古时候使国家达到大治的君主，难道是从别的时代去借人才的吗？你自己不识人才，却说这个时代没有人才，真是岂有此理！"

封德彝的脸红一阵白一阵，又羞又惭。

五月的一天，封德彝正在尚书省办公，突然间觉得头晕眼花。李世民亲自去探望，并且还命人用御辇将封德彝送回家。

六月初一，封德彝就挂了，时年六十。

封德彝病故的消息让李世民十分悲痛，他"深悼之，废朝三日"。这还不够，李世民又追封封德彝为司空，谥号为"明"。

一直到几年后，李世民才知道封德彝其实一直在骗他。李世民很受伤很受伤。

贞观十七年（643 年），"治书侍御史唐临追劾伦"。请注意这个"追"字，内涵极为丰富。唐临和封德彝毫无瓜葛，他是不是吃饱了撑的，实在闲得没事儿，居然弹劾一个死人？当然不是。我怀疑，这位唐临很可能是被人暗中指使的。幕后的主谋可能是长孙无忌，也可能就是李世民本人。

李世民让百官研究研究，该如何处理这件事。

民部尚书唐俭等人提议："伦罪暴身后，恩结生前，所历众官，不可追夺，请降赠改谥。"

封德彝：我现在都死了，你能拿我怎么样？是啊，人都死了，你还能拿人家怎么办？除了改谥号外别无他法。

于是，李世民下敕将封德彝的谥号改为"缪"，将所赠官职一律撤销，所受食封一律削除。

善始者实繁，克终者盖寡

李建成的一班文臣当中，只有魏征受到了李世民的重用。李世民就喜欢听魏征讲实话，常常"引征入卧内，访以得失"。魏征私下庆幸自己遇到了一个好君主，便"思竭其用，知无不言"。李世民曾经感喟万分："卿所陈谏，前后二百余事，非卿至诚奉国，何能若是？"

一次，有人状告魏征结党营私。李世民就让御史大夫温彦博核查。温彦博经调查，证明此事查无证据，纯属诬告。他回奏李世民说："魏征身为大臣，行为举止理应回避嫌疑，但他没有注意到这些，因此才有了这样的诽谤。虽然他并未犯罪，但是也要承担部分责任。"

李世民听了，觉得很有道理，便让温彦博传话给魏征："以后行事要注意点影响，尽量远避嫌疑。"

应该说，李世民的忠告是善意的。但魏征偏偏不买账，他对李世民说："我听说君臣之间，相互协助，义同一体。如果不讲秉公办事，只讲远避嫌疑，那么国家兴亡，或未可知。"

李世民知道他又开始犯职业病了，赶紧说："对，是我错了。"

但魏征还是不依不饶，又说出一番大道理来："希望陛下让我成为良臣，而不是忠臣。"

李世民听了感觉很奇怪，就问他："良臣和忠臣有什么区别？"

魏征回答说："使自己身获美名，使君主成为明君，子孙相继，福禄无疆，是为良臣；使自己身受杀戮，使君主沦为暴君，家国并丧，空有其名，是为忠臣。以此而言，二者相去甚远。"

李世民听了，深以为然，赐给魏征五百匹绢。

魏征进谏时，一点都不给李世民留面子。他为什么这么胆大呢？

李世民一直搞不懂这个问题。直到有一次，唐太宗在丹霄楼设宴款待群臣。酒至酣处，李世民半开玩笑半认真地夸奖魏征："人言魏征举动疏慢，我但觉妩媚，适为此耳。"

魏征估计是喝高了，嘴一秃噜："陛下导之使言，臣所以敢谏，若陛下不受臣谏，岂敢数犯龙鳞？"

李世民这才恍然大悟，怪不得这个魏道士胆儿那么肥，原来他是把我的心思吃透了。

别人都觉得魏征傻。其实，魏征不仅不傻，而且相当聪明，属于那种外方内圆的主儿。对于自己，魏征认得很清。他深谙"月盈则亏"的道理，便屡屡以眼病为由申请退休。

经过数次的拉大锯、扯大锯，魏征终于退休了。但是，他人退心不退，仍然给李世民上了四道奏疏。这其中就有那篇名扬千古的美文《谏太宗十思疏》。

李世民曾经不无感喟地对长孙无忌说："我即位之初，有人曾上书对我说，身为人主，必须独断乾坤，不能听那些大臣胡咧咧；也有人劝我对外用兵，让四夷宾服；只有魏征劝我要偃武修文，广施恩德，只要我们内部稳定，四夷就自然会臣服我们。最后，我听了魏征的话，果然天下大治，四夷君长都来朝贡于我。这都是魏征的功劳啊。"

贞观十六年，魏征病故，时年六十四。李世民亲临吊唁，放声痛哭，而且为此事"废朝五日"。他下敕追赠魏征为司空、相州都督，谥为文贞。

为了表彰魏征多年来的功绩，李世民打算给魏征办一个隆重的下葬仪式，特意准备了"羽葆鼓吹、班剑四十人，赙绢布千段、米粟千石"。但是，魏征的老婆裴氏却拒绝了，她说："我丈夫平生十分节俭朴素。如此风光的大葬，我相信他泉下有知，肯定不会安心的。"于是，裴氏"悉辞不受，竟以布车载枢，无文彩之饰"。

李世民听了越发感动，登上苑西楼，"望丧而哭"。他曾经忧郁万分地对侍臣说了一句千古名言："夫以铜为镜，可以正衣冠；以古为镜，可以知兴替；以人为镜，可以明得失。朕常保此三镜，以防己过。今魏征殂逝，遂亡一镜矣！"

事情到这里并没有结束，仍有下文。这个下文能够让大家更清楚地看透人性。

魏征生前曾经举荐过两个人，一个是中书侍郎杜正伦，一个是吏部尚书侯君集。魏征说他俩均有宰相之材。魏征死后，杜正伦因为犯罪而遭到贬黜，侯君集则因为谋反而遭到伏诛。

李世民很不高兴，开始怀疑魏征真的有结党营私的举动。

魏征还干了件让李世民很生气的事。他把自己前后所有的谏诤言辞都记录了下来，并交给了起居郎褚遂良，让褚遂良把这些都如实地写到史书里面去。换作是李世民之前的任何一个皇帝，此事都无可厚非。但到了李世民这里，就是不行。因为，李世民是中国历史上第一个对自己的起居注充满兴趣的皇帝。他不想自己的丑事被史官记录下来，因此对魏征擅作主张的举动十分不满。

本来呢，李世民允诺将衡山公主嫁给魏征的长子魏叔玉。事到如今，没戏，李世民下敕"停婚"。

后来，魏征家就渐渐地破败了。李世民前后行为之迥异，不正应了魏征《谏太宗十思疏》中那句"善始者实繁，克终者盖寡"吗？

第十八章
五味杂陈：秦王党群雄的迥异下场

·
·

李世民伤心欲绝，好长一段时间神经都有些不正常。一次，李世民正在美滋滋地吃西瓜，猛然间想到了杜如晦，当时就没了胃口，居然命人将自己吃剩的半个西瓜送到了杜如晦的灵前。要送你就送个整的，送了半个，还是你自己啃剩下的，你说九泉之下的杜如晦是该吃呢，还是不该吃？

虎父多败儿

贞观元年（627年），李世民对自己的一班小弟论功行赏。房玄龄与长孙无忌、杜如晦、尉迟敬德、王君廓四人并列第二，晋爵邢国公，赐实封一千三百户。

淮安王李神通极为不满："当年举义的时候，我是第一个率军来相会的。而如今，房玄龄、杜如晦这样的刀笔吏居然功居第一，我不服。"

李世民一听，十分不爽，一点儿都没给叔叔留面子："没错，当年你确实率兵来相助了，但是你并没有亲自参与战斗。窦建德南侵之时，让你专征，结果你全军覆没。刘黑闼造反的时候，你望风而逃。人家房玄龄有运筹帷幄、安定社稷的功劳，所以才居第一。"

将军丘师利等人本来也想借机闹事，一看李神通都被拍灭了，也全都熄了火。

此后，房玄龄简直就是坐上了火箭，一路飙升。贞观三年（629年），摄太子詹事，兼礼部尚书；贞观四年（630年），任尚书左仆射，改封魏国公，监修国史；贞观九年（635年），加开府仪同三司；贞观十一年（637年），代袭宋州刺史，改封梁国公；贞观十三年（639年），加太子少师；贞观十五年（641年），女儿被选为韩王妃，儿子房遗爱娶了唐太宗的闺女高阳公主；贞观十六年（642年），进拜司空；贞观十七年（643年），李世民评定"凌烟阁二十四功臣"，房玄龄位列第五，加太子太傅。

贞观二十三年（649年）的时候，房玄龄已经身染重病。他的病情牵动着李世民的心。如果听说房玄龄的病情稍有好转，李世民便"喜见颜色"；如果听说房玄龄的病情又加重了，李世民便"改容凄怆"。

虽到了弥留之际，但房玄龄心中还有一事未了，他不无悲怆地对自己的子女说："现在，天下大治，国泰民安。只是唯有这东征高句丽一事，实在是国家的大患啊。陛下一心要征服高句丽，大臣们都不敢犯颜劝止。我如果再不说的话，死都不能瞑目啊。"于是，房玄龄写下了一生中最后一道奏疏，劝李世民停止征讨高句丽。

李世民对房玄龄的忠诚高度认可："此人危惙如此，尚能忧我国家。"但他并没有因此而停止与高句丽的战争。

不久之后，房玄龄就去世了，享年七十岁。

李世民废朝三日，追赠房玄龄为太尉、并州都督，谥号为文昭。

房玄龄有三个儿子，长子房遗直，次子房遗爱，三子房遗则。

房遗爱的老婆高阳公主是唐代公主中出了名的刺头，她屡次挑拨房氏兄弟之间的关系。

高宗永徽年间，高阳公主诬告大哥房遗直"无礼于己"。高宗大怒，就让舅舅长孙无忌调查此事。结果他却"发现"，高阳公主和房遗爱图谋发动宫廷政变。长孙无忌借此机会将隋炀帝的外孙、李世民的三儿子吴王李恪也牵连进来。李恪、房遗爱、高阳公主、薛万彻等全部被杀。

论功劳，杜如晦和房玄龄是一样一样的；但论身体，他却差得不是一点半点了。杜如晦仅仅辉煌了不到三年，便病倒了，"表请解职"。李世民"许之，禄赐特依旧"，并"深忧其疾，频遣使存问，名医上药，相望于道"。贞观四年，杜如晦就病死了，时年仅四十六。

李世民伤心欲绝，好长一段时间神经都有些不正常。一次，李世民正在美滋滋地吃西瓜，猛然间想到了杜如晦，当时就没了胃口，居然命人将自己吃剩的半个西瓜送到了杜如晦的陵前。要送你就送个整的，送了半个，还是你自己啃剩下的，你说九泉之下的杜如晦是该吃呢，还是不该吃？

还有一次，李世民赐给房玄龄一条黄银带，并对老房说："当年，你和杜如晦同心辅佐我，现在到了我回馈你们的时候，居然只剩下你一个了。"说罢，李世民"泫然流涕"。哭了一会儿，他冷不丁又想起一出："我听说鬼神都很害怕黄银带。"于是，他便让房玄龄将另一条黄银带送到杜如晦的坟头上。

列位，你说他也不想想，杜如晦现在不就是个鬼吗，你送他黄银带，让他收还是不收呢？

不过，死得早也有死得早的好处。杜如晦的早亡换来了李世民的"终始恩遇"，连史家都说"未之有焉"。

杜如晦有两个儿子，长曰杜构，次曰杜荷。杜老二是个不安分的人。本来，他娶了李世民的闺女城阳公主，赐爵襄阳郡公，小日子过得非常滋润。但是，他偏偏参与了太子李承乾的叛乱，结果被杀。杜老大倒是个老实人，但架不住摊上了这么个弟弟，被流放到了岭表，后来就死在了那里。

有句老话怎么说来着？对，虎父多败儿。

爬得越高，摔得越惨

秦王党的一班文臣，最后就属长孙无忌发展得最好，爬得最高（当然，后来摔得也最惨）。

原因有三：

原因一：他是唐太宗李世民的大舅哥。不管怎么说，亲人永远是亲人，在内心深处，李世民肯定最信任长孙无忌。

原因二：长孙无忌的年龄相对较小。我查了一下资料，房玄龄生于579年，杜如晦生于585年，魏征生于580年，而长孙无忌却生于594年，要比以上三人小得多。这是一个非常大的优势。因为等以上三位都入土后，李世民就只能依靠正在壮年的长孙无忌了。

原因三：长孙无忌很"聪明"。他虽然贵为外戚，但是行事低调内敛，所以李世民对他很满意。

李世民登基后，为了表彰长孙无忌的功劳，曾想任命他为尚书右仆射（副宰相）。长孙皇后听了，第一个反对："我位居皇后，全家受到的恩宠已经很多了。我不想让哥哥再把持权柄。"不仅如此，她还提醒李世民要吸取汉朝吕氏、霍氏等外戚专权的教训。这是相当难能可贵的，只此一点，我就十分佩服这个女人。

长孙无忌也屡屡推却。但是，李世民就是不听，最后还是将长孙无忌提拔为尚书右仆射。但长孙兄妹仍不死心，软磨硬泡，就是不干。最后，李世民实在是拗不过，这才接受了长孙无忌的辞呈。不过，他转而给了长孙无忌一个高级荣誉称号：开府仪同三司。

如果大家觉得这件事充分体现了长孙无忌谦虚的高尚品德，那就大错特错了。事实上，长孙无忌相当精明，他这是"以退为进"。现在不要，其实是为了将来能要得更多。

有件事情可以充分显现他圆滑的性格。

贞观十八年（644年）四月，李世民在驾临太平宫时，对随行的大臣们说："你们这些臣子啊，大多看君主的脸色说话，很少有人敢直谏犯颜。我现在很想听听自己的过失，你们但说无妨啊！"

对于晚年的李世民而言，他能说出这样的话，已经是非常难得了。本来呢，这是一个趁机劝诫李世民的绝佳机会。但是，长孙无忌却说"陛下无失"。

屁话，人非圣贤，孰能无过，连孔子都要一日三省其身，李世民怎么可能会没有错误？李世民当时没说什么。

四个月后，李世民又一次让长孙无忌谈自己的过失："人苦不自知其过，卿可为朕明言之。"长孙无忌是这么说的："陛下武功文德，臣等将顺之不暇，又何过之可言。"

这一次，他算是拍到马蹄子上了。李世民当时很不高兴，并说他是"曲相谀悦"。

最能体现长孙无忌心计的是储位之争。太子李承乾被废之后，有资格竞选太子的王爷有两位，一位是皇四子魏王李泰，一位是皇九子晋王李治。本来呢，依着李世民的意思，他是想立老四魏王李泰为太子。但长孙无忌却更中意晋王李治。

李泰和李治都是长孙无忌的亲外甥，长孙无忌为什么弃太宗所宠李泰，反倒偏向年龄较小、资历较浅的李治呢？其实，这不是感情问题，而是利益问题。

长孙无忌深知李世民已经时日无多，所以他想将来主政的是一个资历浅、经验少、易于控制的皇帝。李泰很显然不是这样的人，他已经长大了，翅膀硬了，成气候了，身边也有自己的一班人马。这样的人当了皇帝，肯定就不会再用他这样的老家伙了。而李治就不同了，不党不群，光杆司令一个，而且为人懦弱，太适合控制了。于是，长孙无忌就把宝押在了李治的身上，"固请立晋王治"。

李世民受不了以长孙无忌为首的一帮老臣的唆使，最终立李治为太子。但是，李治仁弱，李世民实在是看不上眼，心中有些反悔，打算改立庶出的皇三子吴王李恪。

这时候，长孙无忌可就不再听他的了，站出来挡拆："晋王仁厚，守文之良主，且举棋不定则败，况储君乎？"李世民只得作罢。

李世民一死，长孙无忌立马就开始高调起来，"以元舅辅政，凡有所言，上无不嘉纳"，成为高宗朝炙手可热的权臣。他倒是做了一些事情，不过，他专权也是不争的事实。

长孙无忌自以为再无敌手，岂料却栽在了一个女人的手里。这个女人大家都认识，她就是后来赫赫有名的武则天。因为议立皇后的事，长孙无忌把武则天给得罪了。

高宗显庆四年（659年），武则天的党人许敬宗（十八学士之一）设计诬陷长孙无忌等人造反。懦弱的李治听信了许敬宗和武则天的一面之词，将长孙一门或流或杀，长孙无忌本人也被迫自杀。

爬得越高，摔得越惨。

宦海沉浮，前浪总是要被后浪拍在沙滩上的。

长孙顺德（长孙皇后族叔）这个人啥都好，就是贪小便宜。贞观元年，李世民即位后，就赏赐给他食邑一千二百户。但是，不久之后，他就因为收受贿赂而遭到检举。这一次，李世民念在他有功的分上，没有办他。但长孙顺德并没有因此而停止自己的愚蠢，他又和李孝常勾搭在了一起，图谋不轨。李世民这次黑了脸，将他撤职除名。

长孙顺德无比郁闷，很快就病死了。

由人变神

李世民的一班武将小弟中，成就最高的就是尉迟敬德和秦叔宝哥儿俩。

别人不管怎么发展，毕竟还在人的范畴内。

这两位可倒好，由人直接升华为神了，门神。

他俩是怎么成为神仙的呢？民间流传最广的版本有两个：

第一个版本说，李世民称帝之后，常常梦到李建成和李元吉的鬼魂来索命，搞得他彻夜难眠，神经衰弱。于是，长孙皇后就给他出了个主意：让尉迟敬德和秦叔宝二人来站岗放哨。这两人都是那种凶神恶煞的主儿，长得也比较委婉，且都参与过诛杀二李的行动。可能是二李的鬼魂害怕他们，果然从此再也没有骚扰过李世民。宫廷里的这件事很快就传到了民间。老百姓群起效仿，把二人的画像贴在门上，用来辟邪。久而久之，就成为一种习俗。尉迟敬德和秦叔宝二人也就渐渐地变成了门神。

还有一个版本源自四大名著之一的《西游记》。说是长安附近的泾河老龙王与一个算命先生打赌，结果因为置气的缘故而触犯了天条。玉帝大怒，命唐太宗手下的大臣魏征在午时三刻监斩老龙王。老龙王当然十分害怕，便托梦来求唐太宗。唐太宗一口答应，第二天他缠着魏征下棋，以为可以拖住魏征。不料正值午时三刻，魏征却打起了瞌睡。李世民不知道，原来魏征是在梦里监斩去了。老龙王还以为是李世民不守信用呢，死后天天来骚扰他。魏征便出主意，让尉迟敬德和秦叔宝二人站岗放哨，果然见效。但人毕竟是肉做的，二将也不能天天当夜猫子啊。于是，李世民就让手下人给二将画了肖像，贴于门上，结果照样管用。于是，此举也开始在民间流传，秦琼与尉迟敬德便成了门神。

当然了，以上都是"封建迷信"，不足为信。

玄武门之变，尉迟敬德功劳绝对是第一。但他是个粗人，经得起刀枪剑戟，却受不了荣耀加身。尉迟敬德犯了武夫常犯的错误：傲慢。他仗着自己的功劳大，甚至连长孙无忌、房玄龄、杜如晦等人都不放在眼里，"每见无忌、玄龄、如晦等短长，必面折廷辩"。

李世民念在他屡立功勋，不好意思责备他，便将他外放地方做官。

贞观八年（634年）九月二十九日，唐太宗大摆酒宴，已是同州刺史的尉迟敬德回京赴宴。席间，尉迟敬德见有人的席位在他之上，大怒不已："汝有何功，合坐我上？"

唐太宗的堂兄任城王李道宗坐在尉迟敬德的下首，见状赶紧出言劝解。岂料，尉迟敬德竟勃然大怒，反殴打起李道宗来。他下手没轻没重，李道宗的一只眼睛差点儿被打瞎。

李世民很生气，出言警告道："我看过汉史，发现刘邦的功臣基本上没有善终的。那时，我还觉得刘邦这个人很过分。所以我登上皇位之后，就想着怎么保全功臣，让他们的子孙都可以永葆富贵。可是，爱卿你身为朝廷命官，居然屡屡犯法。我这时才发觉，韩信等人被杀，原来也未必就是刘邦的错！"

表面上，李世民引经据典，文绉绉的。实际上，他的话里面透着血腥味。尉迟敬德这才意识到问题的严重性，赶紧磕头谢罪，从此便处处约束自己的行为。

贞观十三年（639年）二月初七，李世民突然对时任鄜州（今陕西省黄陵县）都督的尉迟敬德说："有人说你意图谋反，有这回事吗？"

尉迟敬德气得都快要爆炸了，将衣服脱掉，露出身上的伤疤，厉声反驳道："没错，我是造反了。我跟随您征战四方，身经百战，能够活到今天，已经是侥幸中的侥幸了。现在，天下已经平定，您反倒疑心我会谋反了？"

李世民哪料到尉迟敬德的反应这么强烈，他泪落如雨，由衷地说道："卿复服，朕不疑卿，故语卿，何更恨邪！"

有一次，李世民提出想把女儿嫁给尉迟敬德，岂料居然碰了个钉子。尉迟敬德一口回绝，并说："我老婆虽然身份低贱，相貌丑陋，但是这些年的风风雨雨，是她陪我走过来的。我虽然没什么文化，但是也知道古人有富不易妻的义举。陛下的抬爱我心领了。"

富贵而不忘糟糠之妻，尉迟敬德乃真丈夫也！

晚年的尉迟敬德迷信方术，在家中设炉炼丹，服食云母粉，以求长生不老。

唐高宗显庆三年十一月二十五日（658年12月25日），尉迟敬德于家中去世，享年七十四岁。

唐高宗为此废朝三日，令在京五品以上官员都去参加吊唁；同时册赠尉迟敬德为司徒、并州都督，谥曰忠武，陪葬昭陵。

"玄武门之变"后，秦叔宝获封左武卫大将军，得封邑七百户。

但是打这以后，这位猛将就再也没有领兵出征过。不是因为李世民不用他，而是因为秦叔宝身体不好，多年来疾病缠身。不过，秦叔宝倒是很豁达，他常常对人说："我从少年时代起就戎马倥偬，经历过大小两百多次战斗，屡次身受重伤，计量我前后流出的鲜血，共有几斛之多，怎能不生病呢？"

贞观十二年（638年），秦叔宝便因病去世了。李世民追赠他为徐州都督，陪葬昭陵，墓前雕刻石人、石马，以彰显其显赫的战功和超人的武功。

贞观十三年（639年），唐太宗改封秦叔宝为胡国公。贞观十七年，秦叔宝位列凌烟阁二十四功臣。

尘归尘，土归土

程咬金在玄武门之变后，被提拔为右武卫大将军，赐实封七百户。

贞观年间，他历任泸州（今四川省泸州市）都督，左领军大将军。后又被李世民改封为卢国公，授普州刺史。贞观十七年（643年）二月二十八日，名列"凌烟阁二十四功臣"第十九名。同年，转任左屯卫大将军，检校宫城北门驻军，加封为镇军大将军。

但是，程咬金美好的前途却在唐高宗显庆元年（656年）戛然而止。这一年，他受命任葱山道行军大总管，讨伐西突厥。程咬金听信副大总管王文度的一面之词，决策屡屡失误，无故屠杀降卒，加之有私分缴获钱财的嫌疑，所以回师长安后就遭到朝廷的调查，减死免官。

高宗麟德二年（665 年），程咬金善终于家。高宗赠他为骠骑大将军，陪葬昭陵。

段志玄算是李世民的老伙计了。李世民即位后，即擢升他为左骁卫大将军，封樊国公，食实封九百户。长孙皇后去世的时候，李世民令段志玄和宇文士及分统兵马出肃章门。

夜里的时候，李世民突然想起点事，便让亲信带着手敕去二人的大营。宇文士及一听说皇上的人来，赶紧打开营门，迎接使者。

偏偏去段志玄处的使者吃了闭门羹，段志玄还振振有词："军门不可夜开。"

使者很着急："此有手敕。"

段志玄就回了六个字："夜中不辨真伪。"

他坚决不让使者进营，一直到天亮才把使者放进来。

李世民听说了这件事后，喟叹不已："这才是真将军。汉代的周亚夫也不过如此。"

段志玄也就是碰上了李世民这样的明主，如果碰上别的领导，非得被拍死不可。

但是，段志玄的身体也不是很好，贞观十六年便早早地去世了。李世民追赠他为辅国大将军、扬州都督，陪葬昭陵，谥曰忠壮。十七年二月，图形于凌烟阁。

一班臣子当中，张公谨是最可惜的，英年早逝，死的时候只有三十九岁。"玄武门之变"后，张公谨授左武候将军，封定远郡公，赐实封一千户。后来，他跟随李靖出击突厥，生擒颉利可汗，进封邹国公。不久之后，张公谨就死在了襄州都督任上。

李世民听说张公谨病亡的消息后，泪落如珠。

有大臣提醒他说，今天日子不吉利，不应当哭泣。

李世民却说："君臣之义，同于父子，情发于衷，安避辰日？"

对于一个封建帝王而言，能够这样，是非常难得的。

贞观十三年，李世民将张公谨改封为郯国公。贞观十七年，图形于凌烟阁。

永徽年间，高宗又赠张公谨为荆州都督。

和其他人不一样，侯君集不仅武功卓绝，而且智商也高。所以，"玄武门之变"后，他得到了李世民的重用，任左卫将军，封潞国公，迁右卫大将军。贞观四年（630年），他改任兵部尚书，检校吏部尚书，实际上已经在行使宰相的职权了。

侯君集以自己的行动和成绩证明了李世民的眼光。贞观九年（635年），他任积石道行军总管，跟随李靖一举扫平吐谷浑。贞观十二年（638年），他又以当弥道行军大总管的身份，击退入侵的吐蕃军队。贞观十三年（639年）冬，交河道行军大总管侯君集率兵出击高昌。到十四年八月，侯君集正式扫平高昌。至此，侯君集的声望和权势达到了顶点。

但是，侯君集在进入高昌时，因为自身私占钱财，不敢禁止将士抢掠。结果，在班师后被人揭发而下狱。打这以后，侯君集就对朝廷、对太宗严重不满。贞观十七年（643年），他甚至煽动洛州都督张亮和自己一同谋反，但李世民并未相信。

利令智昏的侯君集存心找死，竟然掺和到太子李承乾同魏王李泰的斗争当中。为了保住太子李承乾，他居然策划兵变，结果因为谋事不周而遭到逮捕。

他的反叛伤透了李世民的心。

临刑之前，李世民"亲往质问"，并痛心疾首地对他说："朕因汝从此不登凌烟阁！"

侯君集至此幡然悔悟，但为时已晚，他哭着祈求李世民念在旧情上，给他侯家留下一点香火。李世民破例赦免了他的老婆和一个儿子。侯君集慨然受刑。

屈突通死得更早，贞观二年（628年）就去世了，享年七十二岁。唐太宗痛惜良久，赠予尚书右仆射，谥忠。贞观十七年，屈突通名列"凌烟阁二十四功臣"第十二名。

起初，张亮的发展前景是比较好的。他先是因为善于行政而声名大噪，继而又因为揭发侯君集谋反、随征高句丽而屡立功勋。

但是，张亮办错了一件事：他娶错了一个人。正是这件事毁掉了他的后半生。

本来呢，张亮是有老婆的。但是，当他看到李氏的时候，便始乱终弃，甘心做了负心汉。李氏这个人声名狼藉，行为十分不检点，但张亮就是喜欢她。

后来，张亮到相州做官。邺县有个卖笔的后生和李氏勾搭上了。为了能够长相厮守，李氏想了一个点子。她给张亮大灌迷魂汤，让张亮承认该后生是他的私生子，并取名为张慎几。

李氏不仅是个淫妇，而且还十分迷信，特别喜欢巫术。张亮的名声被她败了个一干二净。因为李氏的缘故，张亮也开始讲迷信了。术士程公颖和他关系比较好。

有一次，张亮问程公颖："相州可是个好地方啊。有人说不出数年，这里将会走出一位王者。你以为如何啊？"程公颖趁机说张亮躺下来的时候特别像一条龙，以后肯定会大富大贵。张亮听了十分受用。还有一个叫公孙常的术士，也和张亮十分要好。张亮曾经半信半疑地对他说："我曾听说一句预言，说是'有弓长之君当别都'，这是啥意思呢？"公孙常说张亮就是预言指示之人，张亮十分高兴。

贞观二十年，出事了，有一个名叫常德的人告发张亮图谋不轨，证据是张亮养了五百个干儿子。李世民便派人调查此事，张亮的好朋友程公颖和公孙常都证实张亮确实有不臣之念。李世民很生气，对侍臣说："亮有义儿五百，畜养此辈，将何为也？正欲反耳。"群臣百官也都说张亮肯定是打算造反的，都建议将他诛杀。只有将作少匠李道裕认为证据不足。

盛怒的李世民可不管这些，将张亮"斩于市，籍没其家"。

第十九章
登峰造极：中立派"二李"的闪耀人生

·

·

如此能干的人，自然也就成了李世民重点笼络的对象。李世勣曾经患过一种不知名的怪病。太医说，只有用胡须灰做药引，才能治愈此病。李世民听了，二话不说，直接把自己那把漂亮的胡子给剪了，让太医拿去烧成灰，给李世勣做药引。

一代战神李靖

我一直觉得，刚刚登基的李世民有点儿存心恶心李靖的意思。因为，他仅赐给李靖四百封户。要说在军队系统的资历，李靖绝对堪称大哥大。可是，他的小弟们获得的好处都要比他多。就拿李世勣来说吧，年纪要比李靖小好多，所获封户居然是李靖的两倍还多；同获四百户的钱九陇等九人和李靖根本就不是一个重量级的。究其根因，无非是李世民小心眼儿，记恨李靖当初不帮他的忙。

记恨归记恨，但李世民终究还是离不开李靖。

因为，李靖很能打。

果然，贞观三年，李世民就提拔李靖为兵部尚书，全面主持军事工作。第二年，李靖就用一次巨大的胜利证明了自己卓越的军事才能。是年正月，李靖率领三千精锐骑兵一举攻破定襄，寄居突厥的隋齐王杨暕之子杨政道及原炀帝萧皇后被俘，颉利可汗率少量人马仓皇逃往碛口（今内蒙古二连浩特市西南）。

这下可把李世民给乐坏了，他高兴地对大臣们说："当年，汉朝的李陵率五千步兵出击匈奴，虽然几经血战，但最终还是投降了匈奴。即便如此，他的功勋仍然被史官记录了下来。而今天，李靖仅以三千骑兵就攻占了定襄，可谓是旷古未有的壮举。他这一仗足以洗刷当年我在渭水河畔的耻辱了。"

紧接着，李靖又进军阴山，杀敌一万余人，俘虏十几万，缴获牛羊数十万只（头），颉利的老婆隋朝义成公主也被杀死。颉利可汗打算投奔吐谷浑，结果在半路上被西道行军总管张宝相擒获，解送长安。不久，突厥可汗突利主动呈上降表。曾经叱咤亚洲、所向无敌的东突厥帝国至此烟消云散。

这是一次永载史册的伟大胜利。作为胜利缔造者的李靖也因此青史留名。须知，自隋朝起，东突厥就是汉人王朝的头号大敌。而今，李靖一举消灭东突厥，不仅解除了持续一百多年的边境祸患，而且洗刷了唐高祖、唐太宗两任皇帝向突厥屈尊的国耻。

久未露面的太上皇李渊也高兴坏了。他老人家把太宗、重臣、诸王、王妃、公主等好几百人通通召到凌烟阁，设宴庆祝大唐消灭东突厥。酒至酣处，李渊一时兴起，不顾太上皇的身份，居然为大家弹起了琵琶。皇帝李世民更离谱，也顾不得什么面子不面子，当场献舞。也难怪，憋屈了那么多年，如今一朝扬眉吐气，怎能不欣喜若狂呢？

是谁把胜利与欢乐带给了他们？是李靖。

李靖在李世民心目中的形象，至此彻底改观。

不久后，李世民即提拔李靖为尚书右仆射。

李靖是一个聪明人，深知"月满则亏、水满则溢"的道理。史载，"靖性沉厚，每与时宰参议，恂恂然似不能言"。其实，李靖并非是真的"不能言"，他只是在韬晦避祸罢了。到了贞观八年（634年）八月，担任宰相刚满四年的李靖便以罹患足疾为由，上表请辞。

李靖不迷恋权位，能够在关键时刻急流勇退。可见，他确实是有过人的智慧。

李世民是何等人物啊！他当然清楚李靖的心意，也十分欣赏李靖的举动。李世民接受了李靖的辞呈，并派中书侍郎岑文本转告李靖："朕观自古已来，身居富贵，能知止足者甚少……公能识达大体，深足可嘉，朕今非直成公雅志，欲以公为一代楷模。"

此事还未过两个月，就发生了吐谷浑进犯凉州的事件。李世民决定派兵反击，彻底把吐谷浑拍死。可是，让谁来做统帅呢？这是个问题。他自然想到足智多谋、威名远扬的李靖。可是，李靖足疾未愈，抱病在家。李世民不好意思叨扰他养病。

他没有找李靖，李靖却来找他了。李靖一听说有仗可打，顿时精神抖擞，主动求见宰相房玄龄，请求朝廷派他挂帅远征吐谷浑。李世民大喜过望，当即答应。

这一年十二月，李靖率军出击吐谷浑。在李靖的英明指挥下，唐军仅用了两个月的时间，便彻底搞定了吐谷浑。

但是，利州刺史高甑生因为贻误军机而受到李靖的责备，心怀不满的他便在战事结束后，诬告李靖谋反。李世民下令调查，最后终于洞悉了高甑生的阴谋，将他流放边疆。

但这件事也再次警示了李靖。打这以后，他"阖门自守，杜绝宾客"，"虽亲戚不得妄进"。一直到死，李靖再未统军作战。

十四年后，唐太宗打算亲征高句丽，派人招来老将李靖。

李世民问李靖："公南平吴，北破突厥，西定吐谷浑，唯高丽未服，亦有意乎？"此时的李靖已经是年过七旬的老翁了，他委婉地说："往凭天威，得效尺寸功。今疾虽衰，陛下诚不弃，病且瘳矣。"李世民见状，便不再要求。

贞观二十三年（649年），李靖病情恶化。李世民亲临病榻慰问。他见李靖病危，涕泪俱下："公乃朕生平故人，于国有劳。今疾若此，为公忧之。"

四月二十三日（7月2日），李靖溘然长逝，享年七十九岁。李世民追赠他为司徒、并州都督，谥号景武，给班剑、羽葆、鼓吹，陪葬昭陵。他还特意命人将李靖的坟墓造成突厥燕然山、吐谷浑积石山的形状，"以旌殊绩"。

黑色幽默

前文曾说过,《隋唐演义》中牛鼻子老道徐茂功的历史原型就是李世勣。看过《隋唐演义》的人都知道,这徐茂功可是个诸葛亮式的厉害人物。他上知天文,下知地理,懂阴阳,通五行,能掐会算,运筹于帷幄之中,却能决胜于千里之外。

其实,历史上的李世勣更厉害。他东征西讨,战功赫赫,出将入相,位列三公,历经高祖、太宗、高宗三朝,深得帝王的信任重用,是大唐帝国名副其实的"塞上长城"。

大家都晓得,李唐建国之初,外部最主要的敌人便是活动在北方草原和大漠深处的突厥人(具体说应该是东突厥)。突厥的老大颉利可汗活脱脱就是一土匪头子,仗着自己的骑兵彪悍,经常到大唐抢劫。李世民即位之初,这个颉利就曾率领铁骑千里奔袭长安,对唐朝构成了严重的威胁。可就是这个桀骜不驯的突厥,愣是被李靖和李世勣两人先打残、后打死。

突厥被搞掉之后,它的藩属薛延陀趁机填补了草原帝国的权力空白。一夜暴富的薛延陀重新走上了突厥的老路,继续与大唐为敌。李世民很生气,后果很严重。打这以后,唐朝连年对薛延陀用兵。负责操刀的正是李世勣。贞观十五年,李世勣在青山大败薛延陀,"斩其名王一人,俘获首领,虏五万余计"。五年后乌德鞬山一役,薛延陀被彻底消灭。

什么叫帝国藩篱?这就叫帝国藩篱!

什么叫塞上长城?这就是塞上长城!

如此能干的人,自然也就成了皇帝重点笼络的对象。李世勣曾经患过一种不知名的怪病。太医说,只有用胡须灰做药引,才能治愈此病。

李世民听了，二话不说，直接把自己那把漂亮的胡子给剪了，让太医拿去烧成灰，给李世勣做药引。

大家都知道，我国古代讲究"身体发肤，受之父母"。身为人子，对自己的身体不能刻意地有所损毁。一个平头老百姓能够这么做，已经是非常难能可贵了；身为九五之尊的李世民居然也这么做，那简直就是难能可贵的平方了。

但同样还是这个李世民，在贞观二十三年临终之际，居然给他儿子李治支了一记对付李世勣的狠招。他对李治说："李世勣这个人智商很高。但是，你对他没有恩情，我担心他将来不会乖乖地听你的招呼。所以啊，我打算将他一脚踹到地方去。如果他听到我的命令后，二话不说，立即起行，那么我死后，你就可以提拔他当大官，加以重用。如果他接到命令后，徘徊不走，你就不要多想了，直接让人把他干掉。"

由此可见，恩宠也好，冷遇也罢，说到底都是帝王"驭人"的权术。好在李世勣除了是军事上的能人外，还是政治上的明白人。他接到李世民的圣旨后，都没回家道个别，直接就赶赴叠州上任去了。

险啊，生死真的就在一念之间。

李世勣的忠诚经受住了残酷的考验。李世民驾崩以后，继任的高宗李治立即提拔李世勣为洛州刺史，加开府仪同三司、同中书门下，册拜尚书左仆射。虽然又换了一任老大，但李世勣所受的恩宠有增无减。不过，为了避唐太宗的名讳，李世勣只得去掉了名字中的"世"字，改称李勣了。

乾封元年（666年），李勣以七十三岁的高龄，挂帅东征高句丽。经过两年多的浴血奋战，总章元年（668年），平壤终被攻克，高句丽王高宝藏被俘，高句丽至此灭亡。

高句丽可谓是中原王朝多年的宿敌。早在隋朝时，隋文帝杨坚就对高句丽用过兵，可是遭到了惨败。后来，隋炀帝杨广接连三次，征兵数百万，东征高句丽，不仅没有拿下高句丽，反而因此亡国。英明神武的唐太宗李世民也曾先后对高句丽用兵，可惜不是大败而归，就是无功而返。高宗李治即位后，也曾多次派兵征讨，但总是无所作为。

直到老将李勣出马，才乘着高句丽内乱的机会，一举拔掉了这个难缠的"钉子户"，解除了大唐的心腹大患。估摸九泉之下的隋文帝、隋炀帝、唐太宗三人会凑在一起，整点儿小酒来好好庆祝一番的。

不过，到底是岁月不饶人啊，李勣的年龄毕竟不小了，加之征伐劳累，耗费心神，他在班师回国后不久就病倒了。

总章二年（669 年）十一月，久病卧床的李勣忽然让弟弟李弼举办一个家庭晚宴。老李家这一帮子人都以为，李勣病快好了。

孰料，李勣却说出这么一番话来："其实啊，我有感觉，我这一次是真的不行了。此次晚宴，就是为了和大家道个别。你们先别哭，且听我说几句。我亲眼见过房玄龄、杜如晦等人辛劳一生，最终才建立起门户。可是，就因为出了不肖子，所以最后都是家破人亡。我的子孙现在全都交给李弼你了。把我埋了之后，你就搬入我家，帮我抚养照料这些子孙。同时，你也要认真谨慎地观察他们。若是发现他们当中有谁行为不端，交友不慎，你就把他杀了，免得他以后连累家族！"

李勣的这番话，是他一辈子的经验所得，仔细想想，确有几分道理。

一个月后的十二月初三，即公元 669 年 12 月 31 日，李勣离开了人世，享年七十六岁。下葬之日，高宗李治登上未央宫的高楼，一边啜泣，一边挥手作别李勣的灵车。为了表彰李勣卓越的功勋，李治特地为他"起冢象阴山、铁山、乌德鞬山"。

明末清初的思想家王夫之对李勣有一句非常精彩的评论："于李密，忠也；于单雄信，义也；于兵士，恤也；于唐朝，始终如一，灭之高句丽，功至高也。"

李勣这一生唯一遭到后世诟病的事，只有一件。

那是在永徽六年（655 年），高宗李治打算废掉王皇后，改立昭仪武则天为皇后。此举引发了以长孙无忌、褚遂良为首的朝廷重臣的强烈反对。左右为难的李治便想找李勣拿个主意。他问李勣:"朕欲立武昭仪为后,遂良固执以为不可。遂良既顾命大臣,事当且已乎?"

李勣听了,只说了一句话:"此陛下家事,何必更问外人!"

当年李世民和李建成争夺太子之位时,曾经以问计的形式,向李勣伸出过橄榄枝。那一次,李勣选择了中立。现在,面对李世民的儿子李治,李勣仍然选择了中立。但他的中立已经足以让高宗坚定废立的决心了。于是,武则天在不久之后即被册封为皇后。持反对意见的长孙无忌、褚遂良等人或贬或死,无一善终。李勣则岿然不倒,反而受到了武则天的青睐。

但是,李勣精明了一辈子,他终究还是没有明白一个道理:有的时候,即便是明哲了,也未必能保身;即便保得了自己,也未必保得了自己的子孙。

中宗嗣圣元年(684年),李勣的孙子李敬业在扬州起兵,竖起了反武则天的大旗。不久之后,兵变遭到了镇压,李敬业被杀。武则天余怒未息,下诏削去李勣的官爵,并刨开了他的坟墓,恢复其本姓徐氏。李勣奋斗一生的成果在瞬间被归零。他的子孙全部被杀,即便是旁系的子孙,也只能是"窜迹胡越"。

李勣和胡人打了一辈子仗,没想到最后居然是胡人收留了他的子孙。这绝对是一个黑色幽默。

所以说,世事无常,人的智力岂能窥破天机?!

第二十章
宿命轮回：肝肠寸断的唐太宗

· · ·

　　老天爷貌似《天龙八部》中的慕容世家，特别擅长使用"以彼之道，还施彼身"的斗转星移神功。他老人家把李世民加诸李渊身上的痛苦打了一个平方，继而又由李世民的儿子们施加在他的身上，形式更为猛烈，后果更为惨重，把李世民玩得肝肠寸断。

以彼之道，还施彼身

李世民当上皇帝之后都干了些啥？这个地球人都知道，就是高度凝练的四个字：贞观之治。

虽然他暴力夺权的行为很残忍，但谁都无法否认，作为帝王，他是相当优秀的。毛泽东主席曾经在诗作《沁园春·雪》中，将唐太宗李世民与秦始皇嬴政、汉武帝刘彻、宋太祖赵匡胤、成吉思汗铁木真等而观之。但我认为，秦始皇残暴不仁，汉武帝穷兵黩武，赵匡胤目光短浅，铁木真崇尚暴力，无论是才具气度，抑或是胸怀韬略，他们均无法与李世民相比肩。唐太宗李世民是中国古代最为杰出的帝王。

在文治方面，他重用长孙无忌、房玄龄、杜如晦、魏征等贤臣，虚心纳谏，抚民以静，大力推行府兵制、租庸调制、均田制和科举制等在当时具有进步意义的制度，因隋末唐初连年战乱而凋敝的民生和衰减的国力，在他的手上不仅得到了迅速恢复，而且有了大幅提升。

在武功方面，他重用李靖、李世勣、侯君集等优秀将领，贞观四年（630年）灭东突厥，贞观九年（635年）降吐谷浑，贞观十四年（640年）收高昌，贞观二十年（646年）平薛延陀，大唐帝国的外患被一一扫除。

在内，政治清明，经济发展，文化繁荣，民族团结；在外，边疆安定，海晏河清，四夷宾服，万国来朝，是谓"贞观之治"，很好很强大。

但是，我最佩服李世民的，并不是以上他的那些功绩，而是他虽然残忍地杀害了自己的兄弟，虽然无耻地阅读和修改了自己的起居注，但最终，他还是让史官对"玄武门之变""削去浮，直书其事"。

既然都开始改写历史了，改一点儿是改，改两点儿也是改，以他的能力，就是将这件事儿完全从正史上抹去也未尝不可，但他并没有这样做。究竟是什么原因促使他做出这样的决定呢？是因为受到了良心的谴责，还是因为深知挡不住天下人的悠悠之口，抑或是别的什么原因，我们暂且不论。单就行为本身而言，能做出这样的决定，绝对需要非凡的勇气和博大的胸襟。

其实，对于李世民而言，对也好，错也罢，都已经不重要了，重要的是李建成和李元吉已经死了，更为重要的是他已经登上了梦寐以求的皇帝宝座，并且坐得还很舒服。

但很明显，他忘记世间还有"报应"这个词。天理昭昭，因果循环，不是不报，只因时候未到。老天爷貌似《天龙八部》中的慕容世家，特别擅长使用"以彼之道，还施彼身"的斗转星移神功。他老人家把李世民加诸李渊身上的痛苦打了一个平方，继而又由李世民的儿子们施加在他的身上，形式更为猛烈，后果更为惨重，把李世民玩得肝肠寸断。

往是吾子，今为国雠

唐太宗李世民共有十四个儿子。老大太子李承乾、老四魏王李泰和老九晋王李治都是李世民和长孙皇后所生的嫡子。剩下的十一个庶子中，老二楚王李宽和老十二代王李简的母亲都是后宫无名氏，我怀疑他们是宫女所生；老三吴王李恪和老六蜀王李愔的母亲是大杨妃；老五齐王李祐是阴妃所生；老七蒋王李恽的母亲是王氏；老八越王李贞和老十一江王李嚣的母亲是燕妃；老十纪王李慎是韦妃的儿子；老十三赵王李福的生母是小杨妃；老十四曹王李明是杨氏（李元吉的王妃）所生。

就理论上而言，这十四个娃都有继承皇位的资格。但是，老二楚王李宽、老十一江王李嚣和老十二代王李简均是幼年夭折，排除；老十三赵王李福和老十四曹王李明分别过继给了已死的李建成和李元吉，排除；老六蜀王李愔和老七蒋王李恽纨绔浪荡，不成器，也可排除。所以，实际上有能力、有资格继承皇位的是七个人。

狼多肉少，这就使得发生在李世民和他兄弟之间的事情不可避免地在他的儿子们当中重演了。

所有的矛盾在贞观十七年（643年）这一年集中爆发。先是在齐州任都督的老五齐王李祐在李世民的心口上狠狠捅了一刀。

李祐是个典型的纨绔子弟，喜欢蓄养武士，骑马打猎，整天游手好闲，不务正业。这让李世民很头疼，都说"龙生龙，凤生凤，老鼠的儿子会打洞"，怎么老五偏偏就是个异类呢？为了教育好儿子，李世民先后给他找了多个老师，但每个都干不长。最后，实在没办法的李世民想到了为人正直的权万纪，让他做了李祐的长史。

别人惯着李祐，但权万纪可不惯着他。权万纪到任以后，迅速对李祐采取了雷厉风行的措施，什么猎鹰啊，放掉；什么猎犬啊，放掉；什么小人啊，也放掉。这简直就是要李祐的命啊。李祐忍无可忍，就命人杀掉了权万纪。为了泄愤，他居然将朝廷命官权万纪肢解。出于个人恩怨，未经法定程序，擅自残杀朝廷命官，这是十分说不过去的。闯了大祸的李祐有点儿慌了，在部属的怂恿之下，他索性造起反来。

当年李世民杀兄逼父，做得已经够绝了。没想到，他儿子更绝，居然扯旗造反，要革老爹的命。这让李世民情难以堪，心疼得要死。他以无比沉痛的心情给李祐写了一封信，宣称父子情义一刀两断，"往是吾子，今为国雠"。据史书记载，李世民写完这封信后，"为之洒泣"。泣就泣呗，居然是"洒"泣，可见，这一次，他确实是伤心到家了。

李祐起兵师出无名，在情理上和道义上均站不住脚，所以很快就遭到了失败。

解送长安后，李祐即被父亲李世民"赐死于内省，贬为庶人"。

莫非出来混，真的迟早要还吗？

李世民心灵的创伤还在淌着血呢，太子李承乾和魏王李泰又在他的伤口上撒了一大把盐。

李承乾和李泰是一母所生的同胞兄弟，本来应该相亲相爱，但谁让他们都生在了帝王之家且都长了一颗不消停的野心呢?! 为了争夺储君之位，两人结党营私，斗得是不可开交，手足之情荡然无存。

两兄弟中，李泰更为狡猾。几番争斗，上风基本上都被他占了去。李承乾实在是受不了，便联合七叔汉王李元昌、兵部尚书侯君集、驸马都尉杜荷等人图谋发动叛乱，诛杀李世民，夺取皇位。确实够狠，结果因为谋事不周，遭到失败。

李承乾被贬为庶人，李元昌被赐自尽，侯君集等人全部被杀。

李世民万万没有想到，最疼爱的儿子居然会向自己举起血腥的屠刀。他当面怒斥李承乾。李承乾却振振有词："我已经是太子了，还有什么可希求的？但是，李泰图谋抢夺我的太子之位，我只不过是自保罢了。我不当太子没关系，但是如果您要立李泰为太子，就正中他的下怀了。我死都不会瞑目。"

痛定思痛，李世民发现李承乾说得也有几分道理，如果不是魏王李泰步步紧逼，以李承乾柔弱的性格是断然不会铤而走险的。于是，伤透了心的李世民又下敕训斥魏王李泰"以承乾虽居长嫡，久缠痼恙，潜有代宗之望，靡思孝义之则"，将他降封东莱郡王。

据《资治通鉴》记载，做出这个决定以后，李世民肝肠寸断，他黯然地对长孙无忌、房玄龄、李世勣、褚遂良等人说："我三子一弟，所为如是，我心诚无聊赖！"说罢，他"自投于床"，长孙无忌等人赶紧上前搀扶。李世民"又抽佩刀欲自刎"，褚遂良一把夺过刀，而后做了一个关键的举动："以授晋王治。"

仁慈而稍嫌懦弱的老九晋王李治因此捡了个大便宜，被立为皇太子。大家争得死去活来，最后反倒是当初不争的那个人冷手执了个热煎饼，想想真是有趣。

李治倒是顺顺当当地坐上了皇位。可是，大家都知道，他的江山最后被他的媳妇武则天给夺了去。李世民算计了一辈子，到死也没算到会有这么一出。江山被自家人占了去，倒也能说得过去，可偏偏是被外人夺走了；被外人夺走就夺走吧，可偏偏是被一个女子给夺走了，你说丢人不丢人；没办法，被女人夺了就夺了，可偏偏还是被自己曾经睡过的女人给夺了。李世民如果泉下有知，非得气活不可。

除去少年夭折的三个儿子和后来的高宗李治，李世民其余的十个儿子中，因参与谋反被杀的占了五个，分别是老三吴王李恪（李治所杀）、老五齐王李祐（李世民所杀）、老八越王李贞（武则天所杀）、老十纪王李慎（武则天所杀）、老十四曹王李明（李治所杀）；纨绔浪荡、十分不成器的有两个，分别是老六蜀王李愔和老七蒋王李恽；因斗争失败郁闷而死的有两个，即前太子李承乾和前魏王李泰；比较成器且最后得以善终的只有一个，就是过继给李建成的老十三赵王李福。

玄武门的血

我也要去打高句丽

贞观十六年（642 年），唐朝的不友好邻邦高句丽发生了一件大事：东部大人渊盖苏文发动政变，杀死了掌权的荣留王，立高宝藏为王，并自封为大莫离支（相当于宰相），实际上掌握了高句丽国家政权。渊盖苏文是典型的军国主义者，他执政以后，即向邻国新罗发动了猛烈攻击。

论国力，新罗压根儿就没法跟高句丽比。但新罗有一个肯为它两肋插刀的大哥，这个大哥就是唐朝。危难关头，小弟新罗赶紧向大哥唐朝求救。唐太宗李世民几经斟酌，决定对高句丽用兵，一劳永逸地摆平这个难缠的对手。

相信大家对高句丽已经不陌生了，遥想隋炀帝杨广当年，兴兵百万，接连三次讨伐高句丽，结果不是惨败而归，就是无功而返。经过三次劳民伤财且收效甚微的远征，杨广把老爹留给他的家底彻底败光了，最终把自己的江山和小命也给败掉了。高句丽是个桀骜不驯的国家。隋朝强盛时，他们不理隋朝；唐朝强盛时，他们照样不理唐朝，完全不把"天可汗"李世民放在眼里。李世民早就对高句丽有想法了，便想趁着这次机会，一举荡平卧榻之侧的这个强敌。

经过一年多的准备，唐太宗李世民于贞观十八年（644年）率领李世勣、李道宗、张亮、长孙无忌等人，统兵十万，远征高句丽。

战争初期，唐军进展极为顺利，一路高歌猛进，大有直捣高句丽首都平壤之势。可是，贞观十九年（645年）年初，在安市城（今辽宁省海城）这个地方，唐军遭到了高句丽人的顽强抵抗。双方你来我往，互有胜负，但唐军始终未能突破安市城，战局就此陷入僵持阶段。当年冬天，唐军供给开始匮乏，李世民虽然不甘心，也只得强忍着一口气撤退。

这次不成功的征讨也使李世民的身体亮起了红灯。在班师回朝的路上，他得了痈病。痈病是一种皮肤和皮下组织的化脓性炎症，多发于颈部和背部，常常伴有畏寒、发热等症状。李世民在并州（今山西省太原市）休养了几个月后才回到长安。但病情仍未得到缓解，只得将朝政交给了太子李治。

重病缠身的李世民至此才意识到了健康的重要性。他的世界观也因此而发生一百八十度的大转变：从一个无神论者变成了彻头彻尾的有神论者，而且相当痴迷，相当顽固。

早在贞观元年（627年）十二月，他就对身边的侍臣说过："什么都是浮云，世界上根本就没有神仙。"

他还用典故来教育身边的人，说当年秦始皇上了徐福的当，派遣数千童男童女随徐福到东海求取仙药，结果音信全无。他还说汉武帝也是个笨蛋，为了长生不老，居然把自己的女儿嫁给了道士，得知上当受骗后，又大开杀戒。世界如此美妙，汉武帝却如此暴躁，这样不好不好。最后，李世民得出了一个结论："据此二事，神仙不烦妄求也。"

由此可见，早年的李世民几乎就是一个无神论者，他不相信世上有神仙，更不相信人会长生不老。

曲终人散

可但是，但可是，人是会变的。征讨高句丽归来的李世民不仅身体不好，心情更差。本来因为诸子内斗的事，他的心情就很不爽，此次东征失败，他更是面上无光。自晋阳起兵以来，他披坚执锐，东征西讨，转战南北，所向披靡。岂料，如今却在安市城下碰了一鼻子灰，无功而返。这种鲜明的对比、迥异的落差，是李世民所无法忍受的。

内心的苦闷再加上健康的恶化，使得李世民滋生了对超自然力量的迷信，寄希望于道教方士的丹药，希望通过服用仙药达到长生不老的目的。但是，连续服用了一两年的道家丹药，却始终不见效果。按理说，李世民也该幡然醒悟，岂料他做得更过，他以为是国内方士专业水准差，转而把目光锁定在了国外术士的身上。

贞观二十二年（648年），大臣王玄策大破中天竺帝那伏帝国。在此役中，他俘虏了一个名叫那罗迩娑婆寐的印度方士。当年五月，王玄策就将那罗迩娑婆寐进献给唐太宗。那罗迩娑婆寐实际上就是个大忽悠，那张嘴能把死人说活了。他见了李世民一点儿都不害怕，反而大吹特吹，"自言寿二百岁，云有长生之术"，说他会配制长生不老药。

李世民居然深信不疑，觉得那罗迩娑婆寐就是他得道升仙的引路人，不仅特意安排他到金飙门配制丹药，而且还派了兵部尚书崔敦礼等人从旁协助。经过一年多的炼制，传说中的长生不老药终于在贞观二十三年（649年）的三月新鲜出炉了。

李世民当即依法服用。吃下长生不老药后，他的身体马上就出现了不正常的病理反应，"苦痢剧增"，病情一下子就加重了。但李世民没有醒悟，依然执着地服用。

在两个月后的己巳日，也就是公历7月10日这一天，唐太宗暴毙于翠微宫含风殿，向老爹李渊报到去了。

这一年，他只有五十二岁。

涉嫌搞死一国的皇帝，那罗迩娑婆寐理应小命不保，不判他个五马分尸，最起码也得是个千刀万剐吧？但实际的情形却是：这位印度神棍居然毫发无伤。当时有很多大臣"归罪于胡人，将申显戮"，但新即位的高宗李治认为，如果把那罗迩娑婆寐杀了，那么雄才伟略的太宗皇帝被神棍丹药毒死这一糗事就是板上钉钉了。为了维护老爹英明神武的形象，高宗李治将大事彻底化无，把那罗迩娑婆寐悄悄打发回印度老家去了。

后记：玄武门的前世今生

玄武门不是唯一的。在我国历史上，一共出现过四座玄武门。那么，古代中国人为什么如此偏爱"玄武"这个名字呢？这是因为，玄武的背后包含着一种价值取向。

其实，从初始意义上来讲，玄武是一个动物学概念。和龙凤一样，玄武也是一种想象中的动物，是龟和蛇的合体动物。南宋学者洪兴祖曾对《楚辞·远游》中的"玄武"一词做过注释："玄武，谓龟蛇。位在北方，故曰玄。身有鳞甲，故曰武。"

随着社会历史的发展，玄武的内涵日益扩大，后来又发展成为一个天文学概念。我国古人把天空里的恒星分为七大星区，即"三垣"和"四象"。"三垣"分别是象征皇宫的"紫微垣"、象征行政机构的"太微垣"和象征繁华街市的"天市垣"。这三垣环绕着北极星呈三角状排列。"四象"分布在三垣的外围。每一象由七个星宿组成。东方的角、亢、氐、房、心、尾、箕七星的形状好似一条龙，故曰青龙；西方的奎、娄、胃、昴、毕、觜、参七星的形状仿佛一只虎，所以叫作白虎；南方的井、鬼、柳、星、张、翼、轸七星的形状似乎是一只大鸟，所以称作朱雀；北方的斗、牛、女、虚、危、室、壁七星的形状好像是龟和蛇的合体，所以就被称呼为玄武。

根据我国的神话传说，四象各有一位守护神，称为真君。青龙的守护神是青龙真君。白虎的守护神是白虎真君。朱雀的守护神是朱雀真君。玄武的守护神就叫玄武真君。

玄武真君兼有以下四种神性：

首先，他是北方之神。洪兴祖在《楚辞·远游》注释道："玄武，北方神名。"《重修纬书集成》卷六《河图》做了更进一步的解释："北方黑帝，神名叶光纪，精为玄武。"

其次，他是水神。根据阴阳五行的理论，北方属水。所以，玄武真君同时也是水神。《后汉书·王梁传》就说："玄武，水神之名。"《重修纬书集成》卷六《河图》解释得更细："北方七神之宿，实始于斗，镇北方，主风雨。"我们知道，水是生命的源泉。在我国这样的农业社会，雨水在老百姓心目中的地位至关重要。所以，玄武真君在人民群众心目中具有相当崇高的地位。这一点，是其他三位真君所无法比拟的。

再次，玄武真君还是生殖之神。在我国的传统文化当中，蛇，尤其是交尾的蛇，是生殖和繁衍的象征。人类的始祖——伏羲和女娲都是人首蛇身。东汉的魏伯阳在所著的《周易参同契》中记载道："关关雎鸠，在河之洲，窈窕淑女，君子好逑，雄不独处，雌不孤居，玄武龟蛇，纠盘相扶，以明牝牡，毕竟相胥。"他就是利用龟蛇纠盘的例子来说明阴阳必须相合的观点。

最后，他还是司命之神。民间老百姓常说，"千年的王八，万年的龟"。龟在我国是长寿的象征。玄武七宿当中的第一宿是斗宿，俗称南斗。《甘石星经》中说："南斗云星，主天子寿命，亦宰相爵禄之位。"东晋学者干宝在《搜神记》中做了一个归纳："南斗注生，北斗注死。"

综上可见，这玄武真君除了是北方之神，还管着水、生、命三桩大事。这三桩大事都是人生的重头戏。所以，玄武真君在古人心目中的地位是其他三位真君所无法企及的。青龙真君和白虎真君，仅仅做了山庙里的门神。朱雀神君稍好一些，后来发展成为九天玄女。玄武真君在唐宋以后竟然渐渐地变成了道教的超级大神——真武大帝。

正是因为玄武的内涵如此丰富，所以古代中国人，尤其是统治者，十分偏爱这个词。

中国历史上最早的玄武门就是咱们故事中所讲的那座玄武门。这座玄武门是大兴宫的一道门。大兴宫是隋唐时期著名的宫殿群，始建于隋文帝开皇二年（582 年），唐睿宗景云元年（710 年）改称太极宫。负责该项工程的是中国历史上杰出的建筑家宇文恺。隋亡以后，大兴宫被唐王朝所继承。大兴宫四面共有十座城门。其中，北面的正门就是玄武门。

第二座玄武门位于唐长安城三大宫殿群之一（其余两个为太极宫、兴庆宫）的大明宫。大明宫始建于唐太宗贞观八年（634 年），当时还不叫大明宫，叫作永安宫，第二年才改名为大明宫。根据北宋文史学家宋敏求所著《长安志》的记载，大明宫是"以备太上皇（李渊）清暑"而用的，最后建成完工则是在高宗时期。又根据《唐六典》可知，大明宫共有十一座城门，北面有三座城门，其中一个正是玄武门。我们由兴建时间便可推断出此玄武门非彼玄武门也。

第三座玄武门兴建时间更晚，已经是唐朝末年了，大约在昭宗乾宁二年至四年之间（895—897）。乾宁二年，流落华州的唐昭宗提出返回长安，时任京兆尹的大军阀韩建提出："臣为陛下修营大内，结信诸侯，一二年间，必期兴复。"

因为战争的持续破坏和人口的大量减少，韩建只能对长安城进行改建、缩建。他去掉了原先广阔的外郭城和宫城（前两个玄武门很有可能就是在这次改建过程中被拆除了），仅仅保留了皇城。韩建改建后的长安城被称为新城。新长安城的北门也叫玄武门。

此后的五代、宋、金、元等朝代一直沿用韩建所建的新城。直到明朝建立以后，对长安城进行了大规模的修缮，并对旧有城门进行了重新命名。打这以后，西安这座古城就再也没有玄武门了。

最后一座玄武门比较特殊。它既是四座玄武门当中唯一一座不在西安的玄武门，也是唯一一座保存到现在的玄武门。这座玄武门位于六朝古都南京，始建于 1911 年，是南京著名旅游景点玄武湖公园的大门。

南京玄武门的名称来自玄武湖。玄武湖古称桑泊，实际上只是一块因为地壳断层而形成的沼泽湿地。秦始皇灭掉楚国后，改金陵为秣陵，桑泊随之也改称为秣陵湖。三国时期，孙权又将之改称为蒋陵湖。刘宋元嘉二十五年（448 年），因湖中先后多次出现"黑龙"（很可能是现在的扬子鳄），因而改名为玄武湖。1911 年，玄武湖被辟为公园，公园的大门也相应地改名为玄武门，沿用至今。

交代完玄武门的前世今生，我们的故事也要结束了。很多唐太宗的铁杆粉丝会对我拍砖，说我对历史的看法幼稚、思想浅薄，不一而足。我想说，你们的心情我完全理解，但是之所以把你们心爱的李世民写成这样，绝不是为了什么"语不惊人死不休"，而是为了还历史以清白，还公道于人心。

常言道，瑕不掩瑜，其实反过来也是成立的，瑜不掩瑕。一是一，二是二，功是功，过是过，这既是写史之人所应有的态度，也是读史之人所应树立的观点。唐太宗李世民确实是一代明君，但他绝非完美无瑕。我所做的只是呈现给大家一个真实的有血有肉的李世民，至于价值判断的问题就留给诸君了。

大事年表

大业十三年（617年）

五月二十日，李渊父子于晋阳起兵。

七月，李渊以四子李元吉为镇北将军、太原留守，偕长子李建成、次子李世民率三万精兵向隋都大兴挺进。

十一月初九，李渊义军攻克隋都大兴。

义宁二年（618年）

三月，隋炀帝在江都被杀。

五月二十日，李渊登基称帝，改国号为唐，建元武德，唐朝建立。

六月初七，李渊立长子建成为皇太子，次子世民为秦王，四子元吉为齐王。

武德二年（619年）

二月十九日，王世充兴兵犯境，与李世民交战于九曲，秦叔宝、程咬金等人降唐。

三月，刘武周、宋金刚南下进攻李唐。

八月，度索原大战，唐军裴寂部被宋金刚全歼，裴寂只身逃归晋州。

九月初六，刘文静被杀。

十一月，秦王李世民趁黄河冰冻的机会，率军渡河，征讨宋金刚。

武德三年（620年）

四月，介休大战，宋金刚遭到彻底失败，率残部投奔突厥。刘武周的势力随后瓦解。

七月初一，李渊派李世民率五万精兵东出函谷关，攻击王世充的郑国。十三日，李渊派太子李建成北上蒲州坐镇，以防御突厥可能的袭击。

二十八日，王世充属下洧州长史张公谨投降李世民。

武德四年（621年）

三月，夏王窦建德尽起全国之兵三十万，来援王世充；李建成率军北上，大败刘仚成率领的稽胡军主力于鄜州。二十五日，李世民率三千五百人马入驻武牢关。

五月初二，武牢大战，唐军大胜，夏主窦建德兵败被俘。初九，困守洛阳的王世充献城投降。

七月初九，李世民率东征大军凯旋长安。十一日，窦建德在长安被杀。随后，王世充在被贬往四川的路上为仇人所杀。十九日，窦建德部将刘黑闼起兵反唐。

八月初二，李渊派太子李建成北上，安抚边疆，以防突厥趁火打劫。

十二月十五日，李世民率军东讨刘黑闼。后李世民大破刘黑闼。

武德五年（622年）

六月初一，刘黑闼借突厥之军，再次崛起。

十一月初七，李渊任命李建成为陕东道大行台及山东道行军元帅，令其统率大军东征刘黑闼。刘黑闼旋即被李建成剿灭。

武德六年（623 年）

二月，幽州总管罗艺入朝。

武德七年（624 年）

七月初一，李建成党人、庆州都督杨文干举兵造反，于四日后被剿灭。

武德九年（626 年）

六月初一，太白金星于白日出现于秦地分野；颉利可汗派军攻打乌城。

初二，李建成、李元吉策划发动昆明池政变。

初三，太白金星再次于白日出现于秦地分野；李世民决心在玄武门发动政变。

初四，"玄武门之变"，李世民率尉迟敬德等人在玄武门击杀李建成、李元吉。

参考资料

（按引用程度排名）

〔后晋〕刘昫等:《旧唐书》

〔北宋〕欧阳修、宋祁等:《新唐书》

〔北宋〕司马光等:《资治通鉴》

〔唐〕温大雅:《大唐创业起居注》

〔唐〕官修:《唐六典》

〔北宋〕宋敏求:《长安志》

〔明〕王夫之:《读通鉴论》

〔清〕鸳湖渔叟:《说唐》

〔清〕褚人获:《隋唐演义》

章太炎:《书唐隐太子传后》

蔡东藩:《唐史演义》

阎文儒、阎万钧:《两京城坊考补》

陈荫荣:《兴唐传》

唐西京长安城图

据《增订唐两京城坊考（修订版）》（三秦出版社2006年版）